TERRA NOVA
Globale Revolution und Heilung der Liebe

Impressum:
© Verlag Meiga GbR, 3. Auflage 2015
ISBN 978-3-927266-52-0

Cover Design: Lucia Dregger, Shirly Laor
Coverphoto: Ludwig Schramm
Photos: Tamera Arts, Dieter Duhm, Simon du Vinage, Andrei Iuroaia, Delia Wöhlert
Druck: Advantage Printpool GmbH Gilching

Verlag Meiga GbR
Waldsiedlung 15, D-14806 Bad Belzig
Tel. +49-(0)33841-30538, Fax: -38550
Email: info@verlag-meiga.org
www.verlag-meiga.org

Inhalt

Vorwort des Autors	9
Einführung	11

TEIL I
APOKALYPSE UND ZEITENWECHSEL

1.1	Die globale Katastrophe	18
	Jenseits aller Tränen	19
1.2	Revolution für das Leben	22
	Stoppt den globalen Idiotismus	26
	Systemwechsel im eigenen Leib: Transformationskrankheiten	28
1.3	Das kollektive Trauma	29
	Das morphogenetische Feld der Angst	29
1.4	Zerstörte Liebe	39
	Der Hexenhammer	40
	Maria Magdalena	40
	Ein Dank an die Frauen	42
	Umdenken	43
1.5	Geburt eines neuen Zeitalters	47
	Ist die Welt noch zu retten?	49
	Der universelle Mensch	52
	Dem Einen entgegen	54
	Ein neuer Gencode für unser Leben auf der Erde	56
	Überlebensfelder. Wiederherstellung des Urvertrauens	57
	Überwindung des Faschismus	59
	Gründung des Projekts	62

TEIL II
KONKRETE UTOPIE

2.1	Was kommt nach dem Zusammenbruch der großen Systeme?	66
	Ein Netzwerk neuer Zentren	66
	Terra Nova – Eine Alternative zum Marsprojekt	68
2.2	Der innere Operator	71
2.3	Die Heilige Matrix	75
2.4	Die Christus-Tatsache	77
2.5	Ananda	84
2.6	Das Heilige Land	87

2.7 Wasser, Nahrung und Energie stehen der Menschheit kostenlos zur Verfügung	90
2.8 Die Realität der konkreten Utopie	94
Die unsichtbare Substanz	96
2.9 Kräfte der Verwirklichung	99
Vision und Wirklichkeit	100
Das Prinzip der geistigen Magnetfelder	101
Das Von-Selbst-Prinzip	101
Die universelle Schwingung und das Alpha-System	105

TEIL III
DIE WELT IST HEILBAR

3.1 Die Erde braucht eine neue Information	111
Drehung des globalen Schalters	115
3.2 Heilung im geistigen Raum	119
Geist der Einheit	120
Kollektive Heilung	123
Warum scheitern religiöse, therapeutische und moralische Appelle?	125
3.3 Es ist das Leben selbst, das heilt	126
Das Prinzip der Selbstheilung	130
3.4 Heilung durch die Aktivierung der Urmatrix	131
Das entelechiale Programm	132
3.5 Heilung der Liebe	135
Das hohe Bild der Partnerschaft	140
SD-Forum	140
Grundregeln	141
Wiederverbindung mit der Christusseele	143
Liebesschule	144
Do der Liebe	146
3.6 Befreiung der Sexualität	148
Die Ethik der freien Sexualität	155
3.7 Objektive Ethik	157
Befreiung vom Emotionalkörper	160
Emotion und Geist	162
Der Umgang mit vermeintlichen Feinden	163
3.8 Was ist Frieden?	167

TEIL IV
DER PLAN DER GLOBALEN HEILUNGSBIOTOPE

4.1	Was ist ein Heilungsbiotop?	175
	Ein neues morphogenetisches Feld: Die planetarische Urzelle	177
4.2	Aufbau funktionierender Gemeinschaften	180
	Urgeschichtliche Utopie	185
	Autonomes Individuum und Basisdemokratie	187
	Warum seid ihr an den üblichen Konflikten nicht zerbrochen?	191
4.3	Die heilige Allianz des Lebens	195
4.4	Der globale Campus	199
4.5	Das Wassergeheimnis	200
4.6	Religion: Die Existenz der göttlichen Welt ist eine Tatsache	202
4.7	Charta der Lebensrechte für alle Kreatur	211
4.8	Der morphogenetische Weltprozess. Ausbreitung und Wachstum von Terra Nova	212

TEIL V
TAMERA – EINE GLOBALE FRIEDENSSCHULE

Das Projekt Tamera	220
Anlässlich der aktuellen Situation noch ein Nachtrag	223
Tamera in Bildern	225

Weitere Informationen	237
Über den Autor	238
Literatur	239

Ecce Homo
Aquarell von Dieter Duhm

Vorwort des Autors

Als Student ging ich regelmäßig ins physiologische Institut der Universität Freiburg. Unter mir sah ich Hundegehege aus nacktem Beton. Darin liefen Hunde hin und her. Ich wusste, dass sie für Tierversuche vorgesehen waren und dass sie deshalb ein furchtbares Schicksal erwartete. Ich beschloss, innerlich nicht daran teilzunehmen und das Thema einfach zu verdrängen, um in Ruhe studieren zu können. Ich tat das, was fast alle anderen auch taten, aber es blieb ein schlechtes Gefühl. Im Jahr 2012 wurden allein in Deutschland 3 Millionen Tiere für Tierversuche geopfert. Wenn wir wüssten, was Ratten, Hunde, Affen dabei erleiden, würden wir alles tun, um den Horror zu stoppen. Aber es geht ja noch weiter, denn alles, was Menschen den Tieren antun, tun sie immer auch irgendwo und irgendwann den Menschen an. Das vorliegende Buch soll mithelfen, diesen Wahnsinn definitiv zu beenden.

Etty Hillesum, eine holländische Jüdin, war 29 Jahre alt, als sie ins Konzentrationslager kam. Sie schrieb in ihr Tagebuch: *„Das Elend ist wirklich groß, und dennoch laufe ich oft am Abend, wenn der Tag hinter mir in der Tiefe versunken ist, mit federnden Schritten am Stacheldraht entlang, und dann quillt es mir immer wieder aus dem Herzen herauf – ich kann nichts dafür, es ist nun einmal so, es ist von elementarer Gewalt: Das Leben ist etwas Herrliches und Großes, wir müssen später eine ganz neue Welt aufbauen – und jedem weiteren Verbrechen, jeder weiteren Grausamkeit müssen wir ein weiteres Stückchen Liebe und Güte gegenüberstellen, das wir in uns selbst erobern müssen."* [18]

Sie schrieb dies im Jahre 1943 kurz vor ihrem Tod in der Gaskammer.

Einführung

Wir leben in einer apokalyptischen Zeit. Durch die modernen Informationsmittel gewinnen wir einen Überblick über das, was Tag für Tag auf der Erde geschieht. Wir sehen die Wunder der Technik, den Hochglanz von urbanen Fassaden, den Reichtum der Eliten, und wir sehen die geschlagenen, hungernden, erschossenen Menschen in allen Kontinenten. Wir sehen, wie die äußere Hülle unseres Planeten, die Biosphäre, zunehmend zerstört wird und wie eine außer Kontrolle geratene Monopolwirtschaft immer weitere Gebiete erobert, immer mehr Natur und Leben vernichtet, um ihren Profit zu steigern. Die meisten Zukunftsforscher sind sich heute darin einig, dass wir einen grundlegenden Paradigmenwechsel der menschlichen Zivilisation brauchen, wenn wir das Überleben sichern wollen. Sie denken dabei an neue Systeme für Energie, Ernährung, urbanes Wohnen, Organisation, Kommunikation, Märkte und Finanzen. Darüber hinaus treten durch die Entwicklung der digitalen Technologie Möglichkeiten bis zur Kolonisierung des Mars ins Blickfeld; der futurologischen Phantasie sind keine Grenzen gesetzt.

Gerne würde man sich solchen Trips anschließen, würde ihnen nicht ein fundamentaler Mangel zugrundeliegen. Die Konzepte befassen sich fast ausschließlich mit Themen der Außenwelt und ignorieren dabei die weit fundamentaleren Themen der menschlichen Innenwelt. Es stimmt zweifellos, dass wir einen Paradigmenwechsel brauchen für das weitere Leben auf der Erde. Aber dieser Paradigmenwechsel betrifft auch unsere eigene Denkweise und die Richtung unserer Überlegungen. Die derzeitige Menschenwelt scheitert nicht nur an fehlerhafter Organisation und spätkapitalistischer Monopolwirtschaft, sondern sie scheitert vor allem am Menschen selbst. Der Mensch ist an sich selbst gescheitert, weil er an wesentlichen Aspekten seiner eigenen Innenwelt vorbeigeplant hat. Seine Innenwelt, das sind seine seelischen Antriebskräfte, seine libidinösen Sehnsüchte, seine Sexualität und Animalität, seine spirituellen Kräfte, seine Hoffnungen und Ängste, sein ganzes Potential unerkannter und ungenutzter Energien. Es ist die Innenwelt des Menschen, welche die äußeren Vorgänge in Politik und Wirtschaft steuert. Von den Veränderungen in der menschlichen Innenwelt hängt es ab, ob eine soziale Revolution Erfolg hat oder nicht. Das vorliegende Buch befasst sich deshalb hauptsächlich mit den Kräften der inneren „Transformation", welche im Äußeren zur gesellschaftlichen „Revolution" führen.

Die Diagnose einer gesellschaftlichen und politischen Vorbeiplanung am Menschen gilt mehr oder weniger für die ganze historische Epoche des Patriarchats, die mit dem Bau der großen ägyptischen Pyramiden und dem Gedanken imperialistischer Machtentfaltung eingeleitet worden ist. Seitdem baut die Menschheit an einem System, das nur erhalten werden kann, indem wesentliche Kräfte der menschlichen Seele, vor allem der weiblichen Seele, unterdrückt und ausgeschaltet wurden. Dieses System funktioniert heute so perfekt, dass ihm keine Opposition gewachsen ist. Gleichzeitig aber gehen täglich mehr und mehr Menschen, Tiere und andere Mitgeschöpfe daran zugrunde. Hinter den Parolen der Parteien und den hemmungslosen Verheißungen der Glücksindustrie steckt das seelische Elend einer zerbrechenden Zivilgesellschaft. Kaum jemand kann sich wehren gegen ein Unheil, das von innen kommt. Das bürgerliche Leben ist ein Anhängsel wirtschaftlicher Machtblöcke geworden, die niemand mehr durchschaut. Die Zeiten von Demokratie und freiem Bürgertum sind vorbei, die Ressourcen sind erschöpft, eine Epoche geht zu Ende.

Ich schreibe dieses Buch als Sprecher des Projekts Tamera in Portugal. Das Buch enthält die Erkenntnisse einer vierzigjährigen Forschungsarbeit zu dem Thema: Wie können Menschen miteinander leben? Ich beschreibe nicht das äußere Design der kommenden Welt, sondern ihre menschlichen Grundlagen, soweit sie in unserer Arbeit sichtbar wurden. Nicht das technische, ökonomische und politische Bild der zukünftigen Gesellschaft wird behandelt, sondern ihr Innenbild, ihre sexuellen, sozialen, ökologischen, ethischen und religiösen Grundlagen. Ich möchte zeigen, in welche inneren Regionen unserer menschlichen Existenz wir vordringen mussten, um ein Bild zu gewinnen von den menschlichen Zerstörungen unserer Kultur und von den Möglichkeiten der Heilung. Die Arbeit an der Gemeinschaft wurde zu einer Arbeit an der ganzen Menschheit.

Um herauszufinden, wie man den globalen Wahnsinn beenden kann, mussten wir neue Grundlagen des menschlichen Zusammenlebens schaffen, denn alles Unheil der Außenwelt kommt aus einem Unheil im Inneren. Als wir im Jahre 1978 mit einer kleinen Gruppe den Grundstein für die kommende Gemeinschaft legten, war es eine Basisentscheidung für das ganze Leben. Ich wusste, dass ich von jetzt an in allen Phasen der Gemeinschaftsbildung dabei sein musste, um zu verstehen, wie Gruppenkonflikte entstehen und wie man sie auflöst. Ich war Wissenschaftler und Schriftsteller, aber ich brauchte für die Forschungsarbeit ein Praktikum, und dieses Praktikum hörte nie mehr auf. Mir blieb nichts erspart, was zwischen Menschen geschieht. **Wenn man wissen will, wie die Menschheit funktioniert, sollte man herausfinden, wie eine Gruppe funktioniert, denn sie enthält in sich alle Licht- und Schattenseiten unserer menschlichen Existenz.**

Wir leben in einer schwierigen Welt, und ebenso schwierig sind die geistigen Anforderungen, die sie an uns stellt. Ich weiß, dass einige Abschnitte dieses Buches wegen des schmerzhaften Inhalts nicht leicht zu lesen sind. Wenn es zu viel wird, kann man einfach ein anderes Kapitel aufschlagen. Ich habe versucht, überall das geistige Muster der Heilung durchscheinen zu lassen. Dadurch ergaben sich einige Wiederholungen, sie unterstreichen die Dringlichkeit der Aussagen. So können die einzelnen Abschnitte auch für sich gelesen werden. Durch die kontinuierliche Arbeit in der Gemeinschaft formten sich immer deutlicher die Umrisse einer konkreten Utopie, deren globale Formen in einer neuen Menschlichkeit verankert sind. Vor allem im Bereich von Sexualität und Liebe fanden wir schlüsselhafte Themen für eine Kerndrehung im sozialen Lebenskörper.

„Es kann in der Welt keinen Frieden geben, solange in der Liebe Krieg ist", sagte Leila Dregger. So rückte die Heilung der Liebe, vor allem der Geschlechterliebe, immer mehr ins Zentrum der Arbeit.

Die Gedanken und Visionen dieses Buches umkreisen das Bild einer neuen menschlichen Zivilisation ohne Angst und Krieg. Wir nennen sie „Terra Nova". Dabei ergaben sich erregende Verbindungen zwischen den Höhenlinien der großen Vision und den Entdeckungen im menschlichen Nahbereich. Es sind sinnliche und spirituelle Erfahrungen, die wir brauchen, um an eine erfolgreiche Wendung der globalen Entwicklung glauben zu können. Außerdem ist eine geistig-intellektuelle Arbeit erforderlich, um diese Erfahrungen in einem geordneten Bild zusammenzufügen. Ich bin mir im Klaren, dass das aufgezeichnete Bild von Terra Nova nicht gleich überall verwirklicht werden kann. Wir befinden uns in einem historischen Prozess, dessen Ausgang niemand vorhersehen kann. Aber wir können Anstöße geben für eine neue Richtung. Wichtiger als baldige Realisierbarkeit schien mir das Gesamtbild und die Richtung der großen Transformation, in der wir uns alle befinden.

Bei den folgenden Ausführungen geht es nicht um das Projekt Tamera, sondern es geht um die Grundlinien einer humanen Revolution. Man möge die Wahrheit dieses Buches nicht daran messen, wie weit wir in einer bestimmten Gruppe gekommen sind. Auch dann, wenn neue Turbulenzen kommen und die Entwicklung behindern, gelten die Grundgedanken, die wir in dieser langen Zeit gewonnen haben. Die Zeit ist reif. Mögen sich weltweit viele Gruppen anschließen. Mögen die Gedanken für die Heilung der Liebe und die Pflege aller Mitgeschöpfe in einer weltweiten Gemeinschaft lebendig werden. Terra Nova ist die Vision einer zukünftigen Welt, in der die historischen Ursachen für Gewalt und Krieg überwunden sind. Die Ausführungen dieses Buches mögen zeigen, dass diese Vision realistisch ist. Eine heile Welt ist möglich, sie basiert auf funktionierenden Gemeinschaften. Das geistige Konzept unserer Arbeit führte im Laufe von fast vierzig Jahren zu einer neuen Konzeption für den Aufbau funktionierender Gemeinschaften.

TEIL I
APOKALYPSE UND ZEITENWECHSEL

1.1 Die globale Katastrophe

Es wird zu sinnlos und zu grausam gestorben. Die gegenwärtige Menschheit einschließlich der Tierwelt nähert sich einer globalen Katastrophe. Hungerkatastrophe, Wasserkatastrophe, Energiekatastrophe, Klimakatastrophe, Naturkatastrophe und – Katastrophe der Liebe. Das Unheil zieht sich durch die materiellen wie durch die seelischen Lebensbereiche. Der Krieg im Äußeren und die Depression im Inneren sind zwei Aspekte derselben Fehlentwicklung. Die Katastrophe wälzt sich über den ganzen Planeten, das Inferno kommt näher. Wir erleben zur Zeit den Zusammenbruch der alten Systeme und den Untergang fast aller Hoffnungen. Milliarden von Menschen arbeiten täglich für ein System, das sie längst nicht mehr verstehen. Sie hören in den Nachrichten von den fürchterlichen Dingen, die um sie herum passieren, aber sie glauben nicht mehr an eine Lösung der Probleme. Sie suchen sich eine kleine private Nische, in der sie ihrem Beruf nachgehen können, ohne viel gestört zu werden. Fast alle meiner früheren Freunde haben sich durch ein System privater Beziehungen gegen die globale Wirklichkeit abgeschottet. Die Entwicklung der Menschheit ist in eine Sackgasse geraten, die mit konventionellen Mitteln nicht mehr überwunden werden kann. Wir sind Zeugen einer falsch gelaufenen Zivilisation, der wir selbst angehören. Es geht nicht mehr um Anklage, es geht um den Austritt aus dem Wahnsinn einer Gesellschaft, für deren Aufrechterhaltung täglich immer mehr Mitgeschöpfe getötet, mehr Grundwasser vergiftet, mehr Populationen zerstört und mehr ursprüngliche Lebenssysteme vernichtet werden müssen. Es geht aber auch für uns selbst um den Austritt aus alten Gewohnheiten und den Aufbau einer leitenden Orientierung, mit der wir untereinander wieder Glauben und Vertrauen möglich machen.

Durch eine mehrtausendjährige Kriegsgeschichte und durch die Maßnahmen der kapitalistischen Globalisierung sind elementare Werte von Gemeinschaft, Wahrheit, Solidarität und Anteilnahme verloren gegangen. Die Erdbevölkerung lebt unter einer Hypnose von Angst und Gewalt. Die Jugend, die sich heute gegen den Despotismus der alten Mächte erhebt, braucht eine Vision und eine Perspektive für eine neue Welt. Aus allen Nöten und Kämpfen unserer Zeit erhebt sich die menschheitliche Aufgabe, eine überzeugende Utopie zu entwickeln und planetarische Stützpunkte zu schaffen, wo sie verwirklicht wird. Das Maya-Datum vom 21. Dezember 2012 bezeichnete nicht das Ende der Menschheit, sondern den Beginn eines neuen Zeitalters. Die Schau einer neuen, vernetzten Welt, die von den digitalen Propheten im Silicon Valley verkündet wird, ist nicht falsch, braucht aber dringend eine philosophische und ethische Ergänzung, denn das universelle Informationsmuster, das allen Wesen innewohnt, ermöglicht eine Zukunft ohne Gewalt. Dieser Gedanke soll in dem vorliegenden Buch ausgebreitet werden.

Jenseits aller Tränen
Wir, die wir im Frieden leben, sind von einer alltäglichen Grausamkeit umgeben, die wir nicht ertragen könnten, wenn wir unmittelbar vor ihr stünden. Die Methoden der Globalisierung haben dazu geführt, dass Hunderte von Millionen Menschen keine Heimat, keine eigene Nahrungsquelle, kein gesundes Trinkwasser und keine Lebensperspektive haben. Die Methoden, mit denen heute Kriege geführt, Oppositionelle gefoltert, Nachrichten gesperrt und Zeugen ermordet werden, sind zu grausam, um beschrieben zu werden. Dazu kommen die Strategien der globalen Energiepolitik und der globalisierten Wasserwirtschaft, durch die den armen Gebieten der Erde die materiellen Lebensbedingungen entzogen werden. Diese Entwicklung hat Methode und wird weitergehen, bis wir sie stoppen oder bis sie ein ultimatives Ende findet in einem globalen Holocaust, der seinen Vorgeschmack im März 2011 im japanischen Fukushima gezeigt hat.

Der Schmerz der Welt übersteigt unser Fassungsvermögen. Wir können mitleiden, wenn wir vor unseren Augen den Schmerz eines sterbenden Tieres sehen. Aber wir können nicht mehr mitleiden, wenn wir durch die Medien von dem großen Massaker erfahren, welches täglich an Kindern, Frauen, Völkern, Tieren verübt wird. Die weltweite Barbarei hat eine unvorstellbare

Dimension erreicht. Dieser Schmerz hat kein öffentliches Forum. Die Jugendlichen in den syrischen Städten sterben ohne Nachhall. Schmerz ist besonders schlimm, wenn es keine Hoffnung auf Erlösung gibt.

Die Jugend der Welt schaut in eine Zukunft ohne Sinn und Ziel. Sie verfügt über ein hohes Aktionspotential, das sie nicht mehr sinnvoll einsetzen kann. Dazu kommt die kollektive Erfahrung, am laufenden Band betrogen zu werden. Auf diesem Wege sammelt sich Hass im seelischen Untergrund. Ein Großteil der männlichen Jugend lebt heute weltweit im Killermodus. Sie befindet sich in einer Spirale der Gewalt, aus der sie sich selbst nicht mehr befreien kann. Die epidemischen Formen der Grausamkeit, die heute überall auf der Erde ausbrechen, sind logische Konsequenzen eines Systems, welches diabolischer nicht hätte ausgedacht werden können. Bevor wir die Dimensionen erkennen, in denen eine globale Friedensbewegung arbeiten muss, sollten wir die Dimensionen des Schmerzes kennen, in denen heute viele Menschen zugrundegehen. In einer deutschen Zeitschrift lese ich folgende Nachricht über ein Mädchen aus Vietnam, das zur Prostitution gezwungen wird:

Sina Vann, (…) gekidnappt mit zwölf Jahren aus ihrer Heimat Vietnam. Von Menschenhändlern über die Grenze nach Kambodscha verschleppt, wo Vietnamesinnen begehrte Ware sind, wegen ihres hellen Teints, je weißer, desto teurer. Mit Drogen betäubt, nackt und blutend auf einem Bett in Phnom Penh aufgewacht, ihre Jungfräulichkeit war für ein paar hundert Dollar an einen Sextouristen verkauft worden, Sina weiß nicht, aus welchem Land er kam. Eingesperrt, gefesselt, geschlagen. Vier oder fünf weitere Male als Jungfrau verschachert, an kambodschanische Kunden, die nicht merkten, dass ihre Vagina nur zugenäht war, beliebte Praxis, Hauptsache, es blutet. Mit Elektroschocks gefoltert, wenn sie sich weigerte, Freier zu bedienen. Elektroschocks haben den Vorteil, dass sie die Mädchenkörper äußerlich nicht wertmindernd beschädigen.

Haben wir noch Gefühle, Gedanken, Worte, mit denen wir irgendwie angemessen reagieren könnten auf solche Bestialität? Es hört sich an wie die schlimmste Szene aus einem Horrorfilm.

Aber es ist wahr und geschieht täglich! Es ist eine Szene aus dem alltäglichen Massaker auf der Erde. Alltäglich wie die Kindesmisshandlungen, die in weltweiten Netzwerken für Kinderpornografie in allen Ländern von Kanada über Europa bis Australien betrieben werden. Die Sexualität ist eines der grausamsten Krisengebiete unserer Zeit. Eines unter vielen anderen. Wer seinen geistigen Fokus auf das Leiden unserer Mitgeschöpfe richtet, sieht eine Geschichte, die nirgends endet. Hinter dem Konsum unserer Gesellschaft steht das namenlose Leid von Millionen Mitgeschöpfen. Es steht hinter den Speisekarten unserer Restaurants, hinter den Rezepten unserer Ärzte, hinter den Zahlen an der Börse. Das Wohlergehen auf der einen Seite wird erreicht durch den systematischen Mord auf der anderen Seite. Unzählige Menschen und Tiere zahlen für unseren alltäglichen Konsum mit dem Leben.

Wir müssen etwas tun, was definitiv diese Gräuel beendet. Eine große Aktion, eine Idee, einen Plan finden für die Befreiung des Lebens und aller Kreatur. Einen Plan für die Befreiung der Liebe, einen Plan für eine neue Menschheit auf einer neuen Erde. So entstand der Plan der Heilungsbiotope, der unserer Arbeit zugrunde liegt (siehe Teil IV, S. 173 ff.).

Im Namen des Lebens.
Im Namen der Liebe.
Im Namen aller Kreatur!

1.2 Revolution für das Leben

Der Plan entwickelte sich im Laufe der apokalyptischen Zuspitzungen auf der planetarischen Bühne seit den Siebziger Jahren des vorigen Jahrhunderts. Um es vorweg in aller Kürze zu sagen: Es ist der Plan einer neuen Kulturgründung in Kooperation mit allen Kräften der Natur und im Bündnis mit allen Wesen der großen Lebensfamilie. Auch die innere Natur des Menschen soll aus allen Verdrängungen befreit und in eine höhere Ethik des Lebens eingebunden werden. Schließlich geht es darum, eine Art Basis-Code zu finden für eine humane Zivilisation auf unserem Planeten. Die präziseren Ausformungen dieses Plans werden im Teil IV des Buches beschrieben. Zunächst wollen wir einige Aspekte der derzeitigen Gesamtsituation beleuchten.

Ein innerer Widerspruch zieht sich durch alle Institutionen der gegenwärtigen Gesellschaft: der Widerspruch zwischen den Gesetzen der Gesellschaft und den Gesetzen des Lebens, zwischen Soziosphäre und Biosphäre. Der Mensch ist ein „Zoon politikon", ein gesellschaftliches Wesen, und unterliegt als solches den Gesetzen der Gesellschaft. Gleichzeitig aber ist er mit seiner leiblichen und seelischen Natur ein Mitglied des Biokosmos und unterliegt als solches den Gesetzen des universellen Lebens. Wenn diese beiden Gesetzestafeln zueinander im Widerspruch stehen, entstehen Krankheit, Kriminalität, Gewalt und Krieg. **Heute erleben wir eine planetarische Zuspitzung dieses Widerspruchs. Wir sind an eine apokalyptische Grenze gestoßen, jenseits derer kein Weiterleben möglich ist.**

Was Anfang des Jahres 2011 in den arabischen Ländern begonnen hat, war der Vorschein eines globalen Krieges, der überall auf seine Stunde wartet. Die Bürgerkriege der arabischen Länder werden sich unweigerlich auf die Metropolen der westlichen Welt ausweiten, wenn wir dieser Revolution nicht rechtzeitig eine humane Richtung geben. Das unterdrückte Leben erhebt sich gegen die Unterdrücker. Wir erleben einen globalen Kampf zwischen den Kräften des Lebens und den Mächten der Zerstörung. Ein hochorganisiertes Syndikat von Konzernen, Banken,

Logen, Geheimdiensten und Regierungen hat die Erde mit einem Netzwerk von Ausbeutung und Gewalt überzogen. Deutschland schickt Panzer in arabische Länder, die dann je nach Bedarf gegen die demonstrierende Bevölkerung eingesetzt werden können. Der globale Kapitalismus hat die letzten Gemeinschaften, die letzten Loyalitäten, die letzten Bindungen an Heimat, Gemeinschaft und Ethik zerstört. Aber die Epoche der kapitalistischen Globalisierung kann ohne unvorstellbares Blutvergießen und ohne gigantische Naturzerstörungen nicht weiter fortgesetzt werden, das wissen auch Banken und Konzerne. Ihre Illuminaten sollten sich überlegen, ob sie nicht noch rechtzeitig erwachen wollen.

Die Welt ist aufgebrochen. Die alten Systeme platzen; es entstehen neue Kräfte, die nicht mehr in sie hineinpassen. Überall gehen die Menschen auf die Straßen. Sie protestieren gegen ein System, welches auf allen Linien seine Versprechen gebrochen hat. Alles zusammengenommen ergibt den Ruf nach einem neuen Konzept des menschlichen Lebens auf dem Planeten Erde. Wir sind aus einer höheren Ordnung herausgefallen und müssen sie wiederfinden. Es ist die göttliche Ordnung des universellen Lebens, dem Mensch und Natur gleichermaßen angehören. Wir nennen sie die „Heilige Matrix". Eben darum geht es heute, so vermessen es klingen mag. Wir brauchen eine neue Grundordnung für unser Zusammenleben – und eine neue Ordnung für das Zusammenleben mit aller Kreatur. Heute, zweitausend Jahre nach Jesus von Nazareth, 70 Jahre nach Auschwitz, 13 Jahre nach dem 11. September 2001 sagen wir in aller Gewissheit: Wir brauchen eine neue Grundlage für das Leben auf unserem Planeten. Neue ethische, spirituelle, wissenschaftliche, soziale, sexuelle, ökologische, technologische und ökonomische Grundlagen. Und vor allem brauchen wir eine neue Innenwelt, aus der heraus die Kräfte entstehen für den Aufbau von Terra Nova. Es ist nicht getan mit dem Aufbau von kleinen Landkommunen oder Stadtgruppen, solange sie nicht in einem höheren Zusammenhang stehen. Aber auch die kleinsten Gruppen, Buchläden, Internet-Cafés können mithelfen, diesen höheren Zusammenhang für Terra Nova herzustellen.

Die Revolution kann gewonnen werden, wenn sie mit der Gewissheit eines positiven Zieles verbunden ist. Wir brauchen eine Revolution, die den Geist anerkennt, die Lust und die Liebe, die Existenzberechtigung aller Mitgeschöpfe und die religiöse Sehnsucht der Menschen. Wir brauchen eine Revolution, die den Armen hilft, den Ausgebeuteten und Unterdrückten, den Kindern, den Tieren und allen Wesen, die heute so dringend unsere Hilfe brauchen. Damit helfen wir auch uns selbst. Diese neue Revolution muss den Kindern wieder eine Heimat geben, und sie muss anerkennen, dass auch Tiere, die für Fleisch oder Pelzmäntel vorgesehen waren, ein Herz und eine Seele haben. Hier liegt der tiefste Systemwechsel und der innerste Kern des globalen Dramas. Es geht nicht nur um einen politischen Machtwechsel, sondern es geht um eine fundamentale Umwandlung im Konzept einer humanen Zivilgesellschaft. Es geht um den Wechsel von einer mörderischen Mechanik zu einer anteilnehmenden Solidarität und Hilfe. Wir brauchen eine Revolution, nach deren Sieg es keine Verlierer gibt, weil ein Zustand erreicht wird, der allen hilft.

Der Begriff der Revolution ist missverständlich, weil er sofort mit dem Gedanken der Gewalt verbunden wird. Die gegenwärtige Revolution wird sich von allen Gedanken der Gewalt lossagen müssen, wenn das humane Ziel erreicht werden soll. Eine Revolution, die aus Gewalt und Krieg hervorgeht, wird die alten Strukturen von Gewalt und Unterordnung nur wiederholen, das ist eine Lehre der Geschichte. **Ein humanes Ziel lässt sich nicht mit inhumanen Mitteln erreichen. Das Ziel heiligt nicht die Mittel.** Es geht bei der heutigen Revolution nicht um eine militärische, sondern um eine geistige Auseinandersetzung. Es sind geistige Kraftfelder, aus denen der Aufbau der neuen Kultur hervorgeht. (Wir könnten statt von „Revolution" von „Transformation" sprechen, da es um eine geistige Umwandlung geht. Aber diese Umwandlung ist so radikal, dass ich das radikalere Wort „Revolution" gewählt habe.)

Ein Kernthema der gegenwärtigen Revolution ist im innersten Inneren das Thema der Geschlechterliebe in Verbindung mit einer fundamentalen Schöpfungsethik, also die Wiedervereinigung von Eros und Religion. Religion bedeutet hier keine Kirchenzugehörigkeit, sondern das wiedergefundene Leben in der Einheit der Schöpfung. Eros und Religion, jahrtausendelang getrennt durch die fatale Sittenlehre der großen Weltreligionen, müssen wieder zusammenkommen, damit wir Menschen zu der Quelle emporsteigen können, aus der alles Leben kommt.

Um die Spirale der Gewalt zu beenden, müssen wir eine innere Kraft finden, die uns befähigt, auf erlittenes Unrecht nicht mit Vergeltung zu reagieren. Die von Sabine Lichtenfels geleiteten Pilgerschaften in Kolumbien, Portugal und Israel-Palästina standen im Zeichen dieses Paradigmenwechsels. *„Grace"* nennt sie die Kraft, die *„stärker ist als alle Gewalt"*. [21] Wir waren sehr bewegt, als wir in Israel eine junge Frau trafen, deren Gesicht entstellt war. Ein junger Palästinenser hatte in ihrer Nähe ein Selbstmordattentat verübt, wobei sie schwer verletzt wurde. Sabine Lichtenfels beschreibt diese Situation in ihrem Buch „Grace":

„Sie wurde vor drei Jahren Opfer eines Selbstmordattentäters in einem Bus und hat wie durch ein Wunder überlebt. Wir hatten sie vor Jahren genau hier in Jerusalem Forest getroffen, eine wunderschöne junge Frau. Jetzt sitzt sie wieder da, in unserem Zelt, und erzählt. Zwei Monate lag sie im Koma, die Ärzte hatten sie aufgegeben. Sie bittet uns inständig wahrzunehmen, dass es auch diese Seite gibt, nicht nur die Seite der Palästinenser, deren Leiden sie durchaus sieht. (...)

Der ganze Raum lauscht betroffen ihrer Erzählung. Nach dreieinhalb Wochen in der Westbank, in denen wir vor allem den Schmerz der Palästinenser wahrgenommen haben, erleben wir nun so hautnah die andere Seite. Diese junge Frau wollte einfach nur leben. Ebenso wie die Palästinenser. Die Seele muss immer wieder neu begreifen: Es ist nicht so leicht, es ist nicht möglich, die Welt in Opfer und Täter zu unterteilen. Heilung entsteht nicht aus Anklage. Als wir sie nach ihren Gefühlen gegenüber ihrem Peiniger fragten, sagte sie nur: „Vielleicht hätte ich an seiner Stelle dasselbe getan." [21]

Auf welcher Seite stehen wir? Wer sich für die Seite des Lebens entschieden hat, kann nicht mehr Ja sagen zu den Lebensgewohnheiten, die er oder sie bisher gedankenlos befolgt hat. Wenn wir den Mut haben, die Dinge anzusehen, die heute in der Welt geschehen, dann reagiert unser ganzer Organismus mit einem absoluten Nein! Stoppt ein System, welches solche Dinge tut! Stoppt es auch im eigenen Inneren! Das ist der Aufschrei eines gesunden Emotionalkörpers. Aber die Welt lässt sich nicht durch Emotionen verändern. Jetzt muss der Geist, der analysierende und kombinierende Intellekt, dazukommen, um dieses emotionelle Nein in eine positive, helfende Strategie zu übersetzen. Mit jeder kleinen Handlung, mit jedem Gedanken und jeder Entscheidung können wir uns bewusst auf die Seite des Lebens stellen. Durch unsere alltäglichen Handlungen weben wir an einem Netz, mit dem wir die eine oder die andere Seite stärken. Beim Geschirrspülen können wir entscheiden, *„ob wir dem Teufel dienen oder dem Heiland"*, wie Prentice Mulford schrieb.[33]

Stoppt den globalen Idiotismus!
Millionen und Abermillionen junger Menschen stünden weltweit für den Aufbau einer neuen Welt zur Verfügung, wenn man ihnen dafür eine glaubwürdige Perspektive anbieten könnte. Aber sie kommen nie zu einem humanen Einsatz. Bevor sie sich auf ihre Kraft besinnen können, werden ihre Energien im Sinne der bestehenden Systeme eingeplant, programmiert und kanalisiert. Sie werden eingesetzt, um als Handlanger des Systems Konflikte zu lösen, die sie nicht verursacht haben. Es sind nur sehr wenige Menschen an der Spitze der gesellschaftlichen Pyramide, die ihre Einsatzbefehle erteilen, wie zum Beispiel für die Durchführung der Fußball-Weltmeisterschaft 2022 in Katar. Wie viele Menschenleben werden hier geopfert für einen irrsinnigen ökonomischen *deal*! Und die Welt schaut zu. Tatsächlich sind es immer noch, nach 150 Jahren von Demokratie und Bürgerrecht, kleine, prozentual ganz winzige Machtgruppen, welche das Schicksal von Milliarden Menschen lenken! Wir können diese Geschichte kaum glauben, solange wir mittendrin stehen. Aber bei genügendem Abstand zeigt sich der uneingeschränkte Despotismus, der immer noch in allen Kontinenten die menschliche Gesellschaft steuert.

Herbst 2013. In Istanbul befinden sich junge Polizisten in vollem Kampfeinsatz gegen gleichaltrige Demonstranten. Überall in der Welt dasselbe idiotische Schauspiel. Überall stehen sich zwei befeindete Lager junger Menschen gegenüber, die eigentlich Freunde sein könnten. Feinde, die eigentlich Freunde sein könnten! Wir dürfen nicht zulassen, dass Feindschaften entstehen, weil man verschiedenen ideologischen und politischen Lagern angehört. Diese primitive Gesinnung sollte seit den Indianerspielen unserer Kindheit überwunden sein. Es ist nicht ein persönlicher Hass, der die Menschen zu Feinden macht, sondern die Logik eines verdrehten Systems. *Chega!* Stoppt den ganzen Wahnsinn! Es gibt eine Alternative. Ein anderes Leben ist möglich. Es gibt für uns alle einen anderen Schöpfungsplan. Wir sind nicht hier, um einander zu bekämpfen, sondern um die Welt aufzubauen, die wir brauchen für uns und unsere Kinder. Wir verbinden uns mit allen Friedenskräften gegen den Krieg und gegen jede Art von Heuchelei, von Verharmlosung und Verschleierung. Wir können nicht mehr wegschauen von dem, was da auf der Opferseite wirklich passiert, sei es in Syrien oder im Supermarkt nebenan. Wir haben Freunde in Palästina und Israel, in Kolumbien und Mexiko. Die Kinder, die Freunde und Geliebten, die jetzt sterben, könnten unsere eigenen sein. Wer einmal ihre Schreie gehört hat, vergisst sie nie mehr. **Dieser Krieg ist überall, solange die gesellschaftlichen Strukturen bestehen, die ihn hervorbringen.**

In São Paulo wirft ein Polizist bei einer Demonstration seine Pistole ins Feuer mit den Worten: *„Chega! Ich mache da nicht mehr mit."* Er sollte mit seinen Kollegen zusammen gegen die Demonstranten vorgehen, aber er konnte es nicht mehr tun, weil er wußte, dass das Recht auf deren Seite war. Das Recht war auf der Seite der Demonstranten, das Unrecht war auf der Seite der Regierung. Die Polizei hatte wie überall in der Welt die Aufgabe, das System vor den aufgebrachten Bürgern zu schützen. So wird das Unrecht geschützt, oft mit militärischen Mitteln. So beginnt jede Revolution. Aber auch die Polizei besteht aus jungen Menschen, jung und sympathisch wie die Demonstranten.

Zum Teil wissen die Polizisten, dass das Recht auf der Seite der Demonstranten ist. Immer mehr wissen es, aber sie müssen ihren Job tun und Geld verdienen, und sie haben noch keine andere Perspektive. Auch die Demonstranten werden eines Tages, wenn sie den Krieg verloren haben, auf ihre alten Plätze zurückkehren und ihren „Job" tun. Lasst uns dafür sorgen, dass sie eine andere Perspektive gewinnen!

Was wäre, wenn sie tatsächlich eine andere, realisierbare Perspektive hätten, die Vision einer Gesellschaft, welche frei ist von Ungerechtigkeit und Gewalt? Die Vision einer Gesellschaft, in der sie alle genug zu essen haben, ohne sich falschen Gesetzen unterwerfen zu müssen? Die Vision einer Welt, wo sie frei und ohne Verurteilung lieben dürften, auch die Frauen? Was wäre, wenn die Millionen, die heute auf den Straßen und Plätzen demonstrieren, eine klare Vision hätten und anfingen, diese zu verwirklichen? – Wir hätten die reale Entwicklung einer freien Welt mit funktionierenden Gemeinschaften, mit autonomen Zentren und Subsistenzwirtschaften, mit Liebespaaren ohne Angst vor Strafe, mit freier Religion und freier Kultur. Wir hätten Kinderschulen für die Geheimnisse des Lebens, Forschungsstätten für neue Kommunikationssysteme, für neue Architektur, neue Energien, neue Wohnmöglichkeiten, neue Wasserlandschaften mit Nahrungsbiotopen, neue Heilungsmethoden, neuen Umgang mit Tieren. Wir hätten Liebesschulen für eine neue Begegnung der Geschlechter und neuartige Klosterschulen für die Kooperation mit den geistigen Welten. Überall auf der Erde, in allen Ländern und allen Kontinenten würden und werden die neuen Zentren entstehen. Junge Polizisten würden und werden nicht mehr gegen Demonstranten kämpfen, sondern sich mit ihnen verbünden, um die neue Welt zu errichten. Eine Welt, die heute so greifbar nahe ist wie noch nie, weil wir das dafür nötige Wissen haben.

Systemwechsel im eigenen Leib: Transformationskrankheiten
Die Welt befindet sich in Transformation. Transformation ist die Umwandlung geistiger Systeme. Wir stehen am Ende einer historischen (patriarchalen, imperialistischen, kapitalistischen)

Epoche und am Anfang einer neuen, wir sind „Übergangsmenschen". Wir leben auf der Hängebrücke zwischen der alten und der neuen Zeit. Der anstehende Systemwechsel vollzieht sich auch in unserem Inneren. Wo im menschlichen Organismus alte und neue Energiefelder zusammenstoßen, kommt es zu Kollisionen, welche in unseren Leibern bestimmte Krankheitsbilder hervorrufen können. Wir sprechen hier von „Transformationskrankheiten".

Alle psychosomatischen Erkrankungen, Kopfschmerzen, Gelenkschmerzen, Hautkrankheiten, Koordinationsstörungen bis zu Ansätzen von Parkinson können Transformationskrankheiten sein, die von selbst heilen, sobald sich im Inneren des Organismus eine Lösung auftut. Wir erleben die schwierige Zeit des Übergangs auf vielen verschiedenen Ebenen, von den geistigen Problemen der Sinnfindung über persönliche Probleme in Liebe oder Beruf bis zu den ökologischen und politischen Weltproblemen. Viele Probleme, Konflikte und Nöte, an denen wir bisher privat gelitten haben, weil wir glaubten, sie individuell lösen zu müssen, entstammen nicht einer persönlichen Insuffizienz, sondern einer objektiven Weltsituation, welche auf einen totalen Wandel hindrängt. Wir brauchen ein neues Denken und ein neues Wissen, welches uns den Ausweg zeigt. Es war ein Gründungsgedanke des Projekts der Heilungsbiotope, so viel wie möglich von diesem Wissen an einem Ort zusammenzubringen, um den Geist zu öffnen für die Möglichkeiten einer umfassenden Heilungsarbeit. Wir mussten das Bild sehen, um an seine Verwirklichung glauben zu können. Heute entsteht ein solcher Ort im südlichen Portugal.

1.3 Das kollektive Trauma

Das morphogenetische Feld der Angst
Hinter der Krise unserer Zeit steckt die Kernkrise der menschlichen Beziehung. Hinter den grauenhaften Massakern unserer Zeit, wie wir sie heute (2014) exemplarisch in Syrien erleben, steckt ein kollektives Seelenmuster, das offenbar in allen Kontinenten ungefähr dasselbe ist. Es ist ein Muster der Angst. Im Hintergrund unserer Zivilisation steht das „morphogenetische Feld" der Angst. Es entstehen Formen von exzessiver Grausamkeit, mit denen die Angst im eigenen Inneren gleichsam „totgeschlagen" wird. Wenn wir auf der Erde einen dauerhaften Frieden erzeugen wollen, müssen wir dieses Seelenmuster der Angst umwandeln in ein Grundmuster des Vertrauens. Das ist leicht gesagt, aber die Angst ist tief verankert im Zellsystem unseres Organismus. Sie ist ein fester Bestandteil unseres genetischen und physiologischen Systems geworden, sie funktioniert reflexartig und ohne Bewusstsein. *„Die Angst muss von der Erde verschwinden!"*, hat Michael Gorbatschow gesagt. Ich weiß nicht, ob er die Tiefe dieser Aussage verstanden hat; er hat das tiefste und umfassendste Ziel genannt, vor dem wir heute stehen, wenn wir der Evolution eine humane Richtung geben wollen. Das Ziel der Heilungsarbeit besteht in der Ermöglichung eines Lebens ohne Angst. Das morphogenetische Feld der Angst muss vollkommen ersetzt werden durch ein morphogenetisches Feld des Vertrauens.

Die Angst ist das Resultat der letzten Jahrtausende. Walter Schubart hat in seinem Buch „Religion und Eros" [41] geschrieben, dass auf dem Grund allen seelischen Leidens eine Urangst liege: die Angst vor Trennung. Es ist die Angst vor Trennung, die uns Menschen zu den irrsinnigsten Taten veranlasst. Trennung von der Heimat, von der Familie, vom Liebespartner, von der Gruppe oder der *Gang* – scheint nicht durch alle diese Ängste etwas Gleiches hindurch: eine Urangst vor einer Urtrennung? Es ist schwer, diese seelischen Urgründe mit Worten zu erreichen. Immer wieder – Generation für Generation – wurde der Mensch getrennt von dem, was er in seiner ursprünglichen Natur am tiefsten liebt, was er liebt wie ein Kind, einfach weil er ein Mensch ist, ein atmendes, sinnliches, lebendiges Wesen. Wir sind aus der Einheit herausgefallen und finden nicht den Weg zurück. Wir leben in der „Verbannung", wie Friedrich Weinreb es genannt hat. Heilung wäre dann die Wiederverbindung des Menschen mit seiner eigentlichen Heimat. Dies ist die entelechiale Richtung der gegenwärtigen Evolution: die Wiedervereinigung der Menschenwelt mit ihrer ursprünglichen Heimat im Leben, in der Liebe, in den Geboten der Heiligen Matrix.

Die Angst ist kein privates Problem, sie ist der seelische Niederschlag einer falsch gelaufenen Epoche. Sie ist entstanden in den kollektiven Grausamkeiten der Menschheit. Im Rahmen einer globalen Friedensarbeit geht es darum, jenes kollektive Trauma aufzulösen, welches eine mehrtausendjährige Geschichte von Krieg und Vertreibung, von Verrat und Betrug im kollektiven Unterbewusstsein der Menschheit hinterlassen hat.

Wissen wir, dass unsere ganze Kultur, unsere Staaten und Nationen aus Krieg hervorgegangen sind? Überall, wo heute ein Staat ist, gab es einmal ein anderes Volk und ein Land, das erobert wurde, da waren gläubige Menschen, Liebespaare und spielende Kinder. Die Vereinigten Staaten von Amerika mussten Indianervölker ausrotten und Millionen von Afrikanern versklaven, um ihre Nation aufbauen zu können. Wahrlich keine guten Voraussetzungen für die Entwicklung einer humanen Zivilisation! Die Wirtschaft der westlichen Länder lebt unter anderem von Rüstungsindustrie und Waffenhandel. So selbstverständlich ist der Krieg geworden, und so gedankenlos haben wir uns daran gewöhnt! Der Krieg ist ein fester Bestandteil unserer Gesellschaft geworden. Wir leben in einer Kriegsgesellschaft, die sich aus wirtschaftlichen Gründen den Frieden nicht leisten kann. Wenn Deutschland auf die Kriegswirtschaft verzichten würde, würden Millionen Menschen arbeitslos. Sie alle könnten mithelfen am Aufbau einer neuen Friedenswirtschaft.

In unserer Zivilisation herrscht ein tiefer Idiotismus, eine echte Erkrankung des Geistes. Dass Menschen absichtlich aufeinander schießen, gehört nicht zum Plan des Lebens, nicht zum Code einer humanen Welt. Krieg ist die Folge einer ungeheuerlichen Verirrung. Und wenn behauptet wird, dass es schon immer Krieg gegeben hätte, dann antworten wir, dass es höchste Zeit wird, diesen historischen Wahnsinn zu beenden. Krieg gehört ab heute nicht zur menschlichen Kultur, ebenso wie Eifersucht nicht zur Liebe gehört. Haben wir Tausende von Jahren gebraucht, um diese einfache Wahrheit zu entdecken? Unsere Nachfahren werden es nicht verstehen können, dass Menschen sich aus Eifersucht gegenseitig umgebracht haben. Ebenso wenig werden sie verstehen können, dass sie tatsächlich aufeinander geschossen und noch viel Schlimmeres getan haben. Die neue Kultur ist definitiv eine Kultur ohne Krieg. Da helfen keine Hinweise auf die Gewalt in der Tierwelt oder auf ein Zitat von Heraklit. Solche Argumentationen gehen davon aus, dass die Welt so bleiben muss, wie sie „immer schon" war. Sie übersehen die Schöpfernatur des Menschen und die Möglichkeiten der Umgestaltung. Wir sind definitiv nicht das Produkt der Vergangenheit, nicht determiniert durch Naturgesetze. Wir sind die Schöpfer unseres Lebens. Wir haben die Freiheit und die Aufgabe, eine bessere Welt aufzubauen, und sie wird funktionieren, wenn sie mit den Regeln der Heiligen Matrix übereinstimmt. Es gibt in der Evolution keine fertigen Gesetze, es gibt auch keine endgültigen physiologischen Gesetze unseres Leibes, es gibt nur fixierte Verhaltensgewohnheiten. Und es gibt in unserem Inneren eine Freiheit, mit der wir uns zu einer höheren Lebensform erheben können. Ich möchte hier ein Zitat von Satprem anführen. Satprem war ein Schüler des indischen Philosophen Sri Aurobindo und der „Mutter" in Auroville.

Er schreibt: *„Nachdem all die evolutionären Schichten durchdrungen sind, erreicht man in der Tiefe des Körpers auf einmal etwas, in dem die alten Gesetze der Welt keine Macht mehr haben. Man merkt, dass ihre Macht einzig aus einer ungeheuren kollektiven Suggestion bestand. Aus einer alten Gewohnheit, und NUR aus einer Gewohnheit. Es gibt keine Gesetze, es gibt nur fossilierte Gewohnheiten. Und der ganze Weg besteht aus dem Durchdringen dieser Gewohnheiten. (...) Das Ziel aber ist, dass der Körper spontan und natürlich immer in diesem Zustand lebt;*

das heißt, der Körper muss von all seinen Bedingtheiten befreit werden. Dann gelangt man zu etwas ganz und gar Phantastischem. Ich kann mir vorstellen, wie phantastisch der erste Gleitflug eines Vogels gewesen sein musste! Es gab diesen Augenblick, in dem ein altes Reptil abhob und Vogel wurde." [37]

Wenn wir hineinleuchten in die fürchterlichen Dinge, die hinter dem Wort „Krieg" stecken, dann sehen wir die Schreckensbilder, die im Erbgedächtnis der Menschheit gespeichert sind, Bilder von Massenmord, Verstümmelung, Flucht und Hunger. Das sind Erfahrungen, die sich Generation für Generation über Jahrhunderte und Jahrtausende wiederholt haben. Sie haben sich tief in das kollektive Erbgedächtnis der Menschheit eingeprägt. Auf der Kollektivseele der Menschheit lastet ein Alptraum.

In uns allen steckt eine traumatische Kapsel, die jederzeit hochgehen kann. *„Ein jeder hat sein Vietnam",* hat Claude AnShin Thomas gesagt, der als Kriegsveteran und buddhistischer Mönch durch die Lande gepilgert ist, um für den Frieden zu arbeiten.[45] Was sich heute in den Exzessen der Gewalt, in Bandenkriegen und Jugendgefängnissen, Schulen, Stadtvierteln, Fußballstadien, Folterkellern abspielt, ist die Folge eines menschheitlichen Traumas, das sich so lange wiederholen wird, bis die Ursachen der Gewalt ein für allemal beseitigt sind.

Es sind die in langer Kriegsgeschichte entstandenen unterbewussten Schreckensbilder, die zusammen den **„traumatischen Kern"** der Menschheit bilden. Dieser traumatische Kern vollführt in den Kellern der Seele eine unterbewusste Tyrannei, er schießt Angstbilder in unseren Organismus, er verrät die Liebe und verhöhnt den Glauben, er produziert für alle Dinge negative Deutungsmuster und bekämpft die Andersgläubigen, er produziert falsche Vorstellungen von Krankheit und Heilung; er steuert unsere psychophysischen Vorgänge, unsere Wahrnehmungen und Reflexe, unsere Hormonausschüttungen, unsere Nerventätigkeiten und Muskelkontraktionen. Wir sind unterbewusst auf die Informationsmatrix des Traumas eingestellt.

Wir leben im unterbewussten Szenario einer allgegenwärtigen Gefahr, gegen die wir uns wehren müssen. Die Welt erscheint wie eine anonyme Gerichtsbarkeit, vor der wir uns schützen und rechtfertigen müssen. Es gibt ein kollektives Gefühl, verurteilt zu werden. Hinter allen seelischen Fehlentwicklungen, allen Neurosen und Psychopathien steckt das große kollektive Trauma, eine Krankheit der ganzen Menschheit.

Ich möchte hier eine Textstelle aus dem Buch „Eine neue Erde" von Eckhart Tolle einfügen. Tolle spricht beim kollektiven Trauma vom „Schmerzkörper" der Menschheit. Er schreibt:

„Dieses Energiefeld alter, aber noch sehr lebendiger Emotionen, das jeder Mensch in sich trägt, ist der Schmerzkörper. Der Schmerzkörper ist jedoch seinem Wesen nach nicht nur auf das Individuum beschränkt, er hat auch Anteil an dem Schmerz, den unzählige Menschen im Lauf der Menschheitsgeschichte, einer Geschichte von anhaltenden Stammeskriegen, Sklaverei, Plünderei, Vergewaltigung, Folter und anderen Formen der Gewalt, erlitten haben. Dieser Schmerz ist in der kollektiven Psyche der Menschheit noch immer lebendig und wird täglich vermehrt, wie man sieht, wenn man die Abendnachrichten im Fernsehen oder die Beziehungsdramen bei seinen Mitmenschen sieht." [45]

Wir haben uns an die Horrornachrichten gewöhnt, sie haben uns eingenebelt. Im Augenblick des Erwachens überfällt uns ein seltsamer Gedanke: Ist das alles wirklich wahr? Haben wir da tatsächlich mitgemacht? Und: Wie kommen wir da wieder raus? Es ist kaum möglich, die inneren Mechanismen der bestehenden Gesellschaft zu durchschauen und trotzdem die alten Wege weiterzugehen. Müssen wir aussteigen? Aber wie? Wohin? Um aussteigen zu können, brauchen wir eine Alternative, in die wir „einsteigen" können. Die gibt es noch nicht in fertiger Form, sondern sie entsteht durch den konkreten Aufbau der neuen Welt und ihrer Zentren. Hier werden Hunderte, Tausende und Millionen von Mitarbeitern gebraucht, die zusammen die neuen Strukturen, die neuen Arbeitsplätze und die neuen Berufssysteme schaffen, welche für die Entwicklung von Terra Nova gebraucht werden. Alle Zeitgenossen, die noch ein sinnvolles Amt in der bestehenden Gesellschaft haben, mögen es nutzen für die

Weichenstellung in Richtung Terra Nova. Die Revolution braucht nicht nur radikale Aktivisten, sondern auch Mittler zwischen der alten und der neuen Welt.

Infolge des großen Traumas kommt es im zwischenmenschlichen Nahverkehr zu typischen Störungen, die bei fast allen Menschen nach einem ähnlichen Strickmuster ablaufen. Es sind unterbewusste Glaubenssätze, durch die der latente Krieg im zwischenmenschlichen Untergrund dauernd neu erzeugt wird.

Ich möchte drei Beispiele nennen:

1. Viele Menschen leben in der unbewussten Vorstellung, von anderen nicht akzeptiert zu werden. Die Folge ist, dass sie die Reaktionen ihrer Gesprächspartner in diesem Sinne deuten. Ein Lob kann dann als Ironie aufgefasst werden, ein nachdenklicher Blick als Verurteilung, eine Frage als Aggression, ein guter Vorschlag als Kritik etc. Dadurch entstehen im Untergrund der Kontakte heftige Störfelder, die oft nicht durchschaut werden und dadurch bis zum Hass führen können. In vielen politischen Gesprächsgruppen erlebt man Diskussionen, die immer länger und immer sinnloser werden, weil sie untergründig gesteuert werden von den Schmerzfeldern unterbewusster Glaubenssätze, die gar nichts mit dem anstehenden Sachthema zu tun haben. Besonders fatal werden derlei neurotische Deutungsmuster in den Liebesbeziehungen. Wenn sich zwei Liebespartner in den Schlingen solcher Missverständnisse verfangen haben, dann gibt es meistens keinen Ausweg mehr, weil jede rationale Korrekturmöglichkeit verschlossen ist. Wieviele Beziehungen scheitern an den Verletzungen, die sich die Partner im Deutungsmuster der Nicht-Akzeptanz gegenseitig zufügen! Und wenn sie sich gründlich zerstritten haben, findet die Vorstellung der Nicht-Akzeptanz eine offensichtliche Bestätigung. Das ist ein krasses Beispiel der *„self-fulfilling prophecy"*. Der Neurotiker hat dann allen Grund, seine Wahnvorstellung für Realität zu halten. Er wehrt sich dann gegen alles, was ihn heilen könnte. Das ist tatsächlich ein Kardinalproblem unserer Gesellschaft: die tief in

ihrem psychologischen System verankerte Abwehr gegen alles, was sie heilen könnte.

2. Ein zweites Beispiel, eng verwandt mit dem ersten, ist die Trennungsangst in der Liebe. Infolge des großen Traumas leben viele Menschen in der Vorstellung, nicht geliebt zu werden. Wenn sie einen Liebespartner gefunden haben, glauben sie innerlich dennoch nicht an dessen Liebe und leben deshalb in latentem Misstrauen und latenter Trennungsangst. Die Folge ist, dass sie alles tun, um die Trennung zu verhindern und gerade dadurch eine wirkliche Trennungsgefahr heraufbeschwören. Denn die Methoden, mit denen man in der Trennungsangst agiert, Methoden wie Klammern, Jammern, Schimpfen, Erpressen etc. sind nicht geeignet für die Liebe. Ich habe als Therapeut mitangesehen, wie dieses fatale Muster der sich selbst erfüllenden Prophezeiung in fast allen Paarbeziehungen präsent war. Es ist nicht leicht, an die Liebe zu glauben in einer Gesellschaft, deren Sexualgesetze die meisten Menschen zur heimlichen Lüge gegenüber ihrem Partner zwingen. Die therapeutische Konsequenz besteht schließlich darin, eine Gemeinschaft aufzubauen, in der niemand lügen muss.

3. Ein schier unglaubliches Beispiel für die Wirkung unterbewusster Paradigmen liefert uns der Erste Weltkrieg. Hier herrschte auf allen Seiten die unbewusste Vorstellung, angegriffen zu werden – ein typisches Relikt des großen historischen Traumas. Die Nationen, die den Krieg in Gang brachten – neben Deutschland waren es vor allem Österreich-Ungarn, Russland und Frankreich – lebten in der Meinung, bald von irgendeiner Seite her angegriffen zu werden. Die Historiker sind sich einig, dass es keinerlei rationalen Grund für einen Krieg gab. Es war ein psychologisches Schauspiel ohnegleichen. Man könnte es mit Humor auf die Bühne bringen, wenn nicht etwa 15 Millionen Menschen daran gestorben wären. Wir haben hier ein klassisches Beispiel für die psychopathologischen Hintergründe der globalen Politik, solange sie von Menschen betrieben wird, die das unterbewusste Trauma nicht bewältigt haben.

Ich bin ausgebildeter Psychoanalytiker und habe diesen Beruf im Grunde nie verlassen, sondern habe ihn in fast vierzigjähriger Gruppenarbeit fortgeführt, vertieft und korrigiert. Um zu verstehen, was zwischen Menschen passiert, musste ich viele Seelenschichten kennenlernen: bewusste und unbewusste, offene und verdrängte, biografische und karmische. Ich habe über hundert Gruppen und Projekte kennengelernt und gesehen, wie sich überall dieselben neurotischen Grundmuster in ähnlicher Weise wiederholen. Das beste Forschungsobjekt war ich selbst, denn nach und nach haben sich in mir selbst die seelischen Vorgänge, die Reaktionsbildungen und Tarnungen, die verdrängten Bilder und Impulse offenbart, aus deren Gesamtheit sich der untergründige Krieg in unserer Zeit zusammensetzt. Der Krieg war latent auch in mir. Aber da war ein innerer Punkt, von dem aus ich die Dinge erkennen und korrigieren konnte. Dies nennen wir den „Gottespunkt" im Menschen. Es ist der innere Reflexionspunkt, von dem aus wir eine unmittelbare Spiegelung erhalten, so dass wir immer auf der entelechialen Bahn bleiben können. Ich vermute, dass er in allen Menschen existiert. Alle Menschen wären somit tendenziell fähig, ihre Unzurechnungsfähigkeit zu erkennen und in ein verantwortliches Leben einzutreten.

Die allererste Bedingung für eine erfolgreiche Heilungsarbeit der Menschheit ist die Auflösung ihres traumatischen Kerns. Mit dieser Feststellung stehen wir außerhalb aller revolutionären Konzepte, die in der bisherigen Geschichte entwickelt worden sind. Wir brauchen Lebensformen, die in der Lage sind, das schlimme Erbe der Geschichte zu überwinden. Die Erzeugung solcher Lebensformen ist das aktuelle Kernthema unserer Zeit. Man begreift auf der Stelle, dass hier ein Phänomen angesprochen ist, welches weder durch eine politische Revolution noch durch individuelle Therapie gelöst werden kann. **Wir brauchen eine kollektive Lösung, eine Heilung des seelischen Fundaments.**

Wir wissen aus langjähriger Heilungsarbeit, wie schwer die seelischen Folgen des Traumas zu überwinden sind. Die Gruppen, die heute an den menschlichen und politischen Frontlinien stehen, brauchen ein unerschütterliches Wissen vom Leben und seinen Heilkräften, um den Konflikt gut zu überstehen. Mit jeder Handlung können wir die Kräfte der Heilung aktivieren. Die Arbeit der neuen Zentren ist zum großen Teil eine fundamentale Bewusstseinsarbeit. Es bedarf eines kollektiven Trainings, um kontinuierlich die positive Seite zu wählen. Das alte Hologramm von Wut und Angst muss durch eine historische Aktion umgewandelt werden in ein Hologramm des Vertrauens und der Liebe. Wir müssen dies mit allen Kräften tun, in allen Friedensgruppen und Projekten, weltweit, **bis die Information des Friedens eine feste genetische Größe im Zellsystem des Homo sapiens geworden ist.**

1.4 Zerstörte Liebe

Unter dem Hammer der mehrtausendjährigen Gewalt zerbrach die Liebe. Kein Bereich wurde schlimmer zerstört als die Liebe. Hinter dem Unglück unserer Zivilisation steht ein kollektives Unglück in der Liebe. Millionen junger Liebespaare finden keinen Ausweg aus ihrem Schmerz, weil sie in einem System leben, in dem es keinen Ausweg gibt. Sie haben sich geliebt, dann haben sie jemand anderen begehrt, dann mussten sie sich belügen, dann kam der schleichende Hass. **Sie beginnen zu hassen, was sie einst geliebt haben. Und schließlich glauben sie nicht mehr an die Liebe und müssen ihre tiefe Frustration kompensieren durch Konsum und alle die Dinge, an denen heute die Welt zugrunde geht. Auch der Krieg ist eine solche Kompensation. Das ist die Tragödie unserer Zeit.** Hinter den etablierten Lebensgewohnheiten und Konsumgewohnheiten steckt eine Tragödie der Liebe. Die Kinder werden davon angesteckt. Sie werden misstrauisch, verschlossen oder kriminell. Es sind Kinder aus lieblosen Elternhäusern, die oft zu extremistischen Gewalttätern werden. Die derzeitige Gesellschaft hat viel zu tun, um mit den Verbrechen fertig zu werden, die aus der Verzweiflung in der Liebe hervorgegangen sind. **Die globale Friedensbewegung wird die Mächte der Zerstörung nur überwinden können, wenn sie hier, im Liebesbereich, eine glaubwürdige Alternative gewonnen hat.** Hier liegt die schwierigste und wichtigste Basisarbeit in Tamera seit den Gründertagen des Projekts. Hier liegt auch die Stelle, die bislang in der Welt so wenig anerkannt worden ist, die aber verstanden werden muss, damit ein sinnvolles Gespräch beginnen kann.

Der Schmerz der verunglückten Liebe ist als kollektive Information in den Lebenscode aller heutigen Menschen eingeschrieben. Viele schützen sich so sehr vor einer Wiederkehr dieses Schmerzes, dass sie sogar die Erinnerung an die Liebe aus ihrem Seelenleben gestrichen haben. Man weiß nicht mehr, wovon man spricht, wenn von Liebe die Rede ist. Wir berühren hier ein tiefes Drama der menschlichen Geschichte. Es ist bei der

Frau vielleicht noch tiefer als beim Mann, weil die weibliche Seele in besonderer Weise mit dem unterdrückten Leben verbunden ist. Ihre sexuelle Hoffnung konnte nie aufgehen, solange die männliche Welt fortfuhr, Leib und Leben zu misshandeln. Wir sehen in der Entwicklung unseres Heilungsbiotops, wie sehr das weibliche Geschlecht zu blühen beginnt, wenn es nicht mehr zu sexueller Heuchelei gezwungen ist.

Der Hexenhammer
Die patriarchale Welt brauchte für den Aufbau ihrer Macht in Kirche und Staat die Unterdrückung der Sexualität und die Unterwerfung der Frau unter die Gesetze männlicher Herrschaft. Der Gehorsam der Frau war eine Bedingung der männlichen Potenz. Es entstand eine fatale Verbindung von Sex und Macht. Frauen, die nicht gehorchten, wurden bestraft oder beseitigt wie Hypatia von Alexandria und viele andere. Die männliche Gewalt gegen die Frau nahm in vielen Ländern unvorstellbare Formen an. Im Mittelalter erschien im Jahre 1487 der „Hexenhammer": ein Buch für die Tötung aller Frauen, die nicht für die Fortpflanzung gebraucht werden. Das Buch ist von zwei Mönchen geschrieben worden und war schon bald nach der Bibel das meistgelesene Buch in Deutschland. Man muss diese Nachricht einige Male hören, um sie glauben zu können. Folgerichtig wurden Frauen, die durch ihre Attraktivität oder ihre Intelligenz, ihren Eigenwillen und ihren Mut auffielen, als Hexe verleumdet und lebendig verbrannt. Lebendig verbrannt!
Dasselbe geschieht heute noch in vielen Ländern; Steinigung, Verbrennung, Verstümmelung, Säure-Attentate... Opfer sind immer die Frauen.

Maria Magdalena
Die Unterdrückung der weiblichen Sexualität war und ist eine Grundvoraussetzung patriarchaler Macht und Herrschaft. Alle patriarchalen Systeme, egal wie unterschiedlich sie sonst sein mögen, sind sich einig in der sexuellen Unterdrückung der Frau. Als der König Kekrops in der Mitte des zweiten Jahrtausends v. Chr. die Einehe in Griechenland einführte, da galt das für die

Frau, nicht für den Mann. Es war ein barbarischer Einschnitt in die Natur der weiblichen Sexualität. Die Frau, von Natur aus tief verbunden mit der körperlichen Liebe, sollte ab jetzt nur einem einzigen Mann gehören. Was heute vielen Menschen als das hehre Bild der Ehe erscheint, ist das Ergebnis eines historischen Vorgangs, der mit grausamsten Mitteln der Frau aufgezwungen wurde. Wie absolut die männliche Welt auf ihrer Kommandogewalt gegenüber der Frau bestehen musste, um die eigene Position zu sichern, zeigt ein Vorgang, der sich Anfang des vorigen Jahrhunderts in einem winzigen Bergdorf in Nordfrankreich abgespielt hat. Das Dorf heißt Rennes-le-Château. Die Geschichte dreht sich um einen Dorfpfarrer namens Bérenger Saunière. Der fand bei einer Grabung unter dem Altar der Dorfkirche einen Schatz, der ihm sehr viel Geld brachte. Es waren vermutlich Originalmanuskripte aus früheren Jahrhunderten, aus denen hervorging, dass Jesus und Maria Magdalena eine Liebesbeziehung und wahrscheinlich sogar ein gemeinsames Kind hatten. Diese Entdeckung war ein so heftiger Verstoß gegen die Kirchenlehre, dass bald öffentliche Würdenträger bei dem Pfarrer auftauchten und ihm viel Geld dafür boten, dass er ihnen die Manuskripte überließ. Diese Geschichte entwickelte sich zu einer der surrealsten Kriminalgeschichten des vorigen Jahrhunderts, es gab dabei viele Tote. Wenn Jesus tatsächlich in einer sexuellen Liebesbeziehung zu Maria stand, dann bricht das ganze kirchliche Lehrgebäude von Keuschheit, Unzucht und Hölle in sich zusammen. Wo die sinnliche Liebe erlaubt ist, da entfällt das Sexualtabu als wichtigstes Dressurmittel des Menschen. Sollte diese Entwicklung gar zu freier Liebe führen, dann würde der Mensch vollends unregierbar. Das spürten die Despoten in Staat und Kirche mit dem untrüglichen Instinkt der Macht. Logenkämpfe, Glaubenskämpfe, Bücherverbrennungen, Ketzerverbrennungen, die Legenden um Leonardo da Vinci drehten sich um das sexuelle Thema von Jesus und Maria Magdalena. Es war zu einem politischen Thema geworden, welches wie kaum ein anderes die religiöse Kultur des Abendlandes prägte!

Ein Dank an die Frauen
Wenn man das weltweite Leiden auf weiblicher Seite einmal wahrgenommen hat, wundert man sich, dass es überhaupt noch liebesfähige Frauen gibt. Das ist eine tiefe Geschichte, ich möchte mich an dieser Stelle beim weiblichen Geschlecht bedanken. In der weiblichen Hälfte des Menschen muss ein sehr stabiles und treues Herz wohnen, treu gegenüber der männlichen Hälfte, von der es einige Jahrtausende lang unterdrückt und geschlagen wurde.
Auch heute ist die sogenannte Gleichberechtigung noch lange nicht erreicht. Vor allem im sexuellen Bereich gelten sehr verschiedene Maßstäbe. Wenn ein Mann des öffentlichen Lebens fremdgeht, ist es ein „Kavaliersdelikt". Wenn eine Frau des öffentlichen Lebens fremdgeht, ist es ein „Skandal".
Wenn wir zurückblicken auf unsere Kulturgeschichte, erkennen wir den ganzen Wahnsinn. Der Mann hat die Frau erniedrigt und dabei sich selbst zerstört. Er hat den Eros geschändet und sich dabei selbst um den Verstand gebracht. Generation für Generation, Jahrhundert für Jahrhundert hat er die falsche Propaganda weitergegeben, mit der das Fleisch verteufelt, Kinder gezüchtigt und Hexen verbrannt werden mussten. Die körperliche Lust, die ursprünglich für die Liebe und die Freude da war, wurde geächtet und verfolgt. So begannen die Menschen, das zu verleugnen, was sie einst geliebt hatten. Noch heute leidet unsere Kultur an dieser Pervertierung der Werte. **Man hat die Fleischeslust als Unzucht bezeichnet und mit grausamen Mitteln ausgetilgt. Seitdem war keine Wahrheit mehr möglich. Nicht die Fleischeslust, sondern ihre Unterdrückung ist die Ursünde des Menschen.**

Nicht Cybersex, sondern erfüllter Eros und erfüllte Liebe sind Bedingungen des menschlichen Glücks, Grundpfeiler der konkreten Utopie, unverzichtbare Fundamente für eine Zukunft ohne Krieg. Wo Sex und Liebe unerfüllt bleiben, da entsteht Frustration, und aus Frustration entsteht unterschwellige Aggression – bis sie offen ausbricht. Hinter vielen Fällen ehelicher Konflikte steckt die uneingestandene Wut der Frau, die ihre sexuellen Bedürfnisse jahrzehntelang hinter einer Tarnung von Liebe und Dienstbereitschaft verbergen musste.

Umdenken

Wenn wir erkennen, in welchem Ausmaß die menschliche Gesellschaft im Bereich der Geschlechterliebe einem kollektiven Trauma erlegen ist, dann wird klar, warum sich die Gründer unseres Projekts im Namen einer globalen Heilungsarbeit von Anfang an so stark auf das „Thema Nummer Eins" konzentrieren mussten. Dies trug uns in der deutschen Öffentlichkeit die schlimmsten Verleumdungen ein: Sexismus, Sex-Sekte, Frauenverachtung, Pornografie und Kindesmissbrauch – die Diffamierungen in den Medien kannten keine Grenze. Man sagte über uns genau das Gegenteil von dem, was wir wirklich sagten und taten. *„Dieter Duhm predigt Gewalt gegen Kinder"*, so lautete die Überschrift in einem Bulletin der evangelischen Kirche. Alle Projektträger erhielten öffentliches Redeverbot. Veranstaltungen, die schon zugesagt waren, wurden wieder abgesagt. Plakate waren mit faschistischen Parolen beschmiert, und Reporter, die etwas Positives über uns berichten wollten, wurden von der Redaktion zurückgepfiffen. Wir hatten keine Chance der Richtigstellung. Ich wusste nicht, dass so etwas in Deutschland noch möglich ist. Wir mussten durchhalten, bis diese erste Wand von Widerständen und Verleumdungen durchbrochen war. Heute, wo die ganze Welt vor dem Kollaps steht, können unsere Meldungen neu in die Welt gehen.

Ende der Sechziger Jahre des vorigen Jahrhunderts gehörte ich zu den Aktivisten der deutschen Studentenbewegung, bis ich endgültig gesehen habe, dass wir mit den marxistischen Konzepten die Welt nicht mehr verändern können. Stärker als die äußeren Zwänge waren die Zerstörungen im Inneren der menschlichen Beziehungen. Als abends ein Genosse aus unseren Reihen beim Biertrinken in der Kneipe zusammenbrach, weil er von Freunden, die ihn für einen „Verräter" hielten, vergiftet wurde, war endgültig der Zeitpunkt gekommen, aus diesem Zug auszusteigen. Anfang der Siebziger Jahre zerbrachen unzählige

Wohngemeinschaften und Kommunen unter der Last ungelöster menschlicher Konflikte. Es waren meistens Kämpfe um Sex und Liebe, Autorität und Geld. Es waren nicht politische, sondern elementar menschliche Probleme, an denen die Gruppen zerbrochen sind. Die Schlussfolgerung war klar: Wir brauchen eine neue Denkrichtung, die eine Antwort geben kann auf die äußeren **und** auf die inneren Verwüstungen des Lebens. Das private Thema muss ein politisches werden. **Die intimsten Fragen von Sex, Liebe, Partnerschaft, von Treue, Vertrauen und Gemeinschaft, von Eifersucht, Konkurrenz und Trennungsangst sind politische Fragen von globalem Ausmaß.** Der Schalter, den wir in der Hand halten, um unsere privaten Entscheidungen zu treffen, ist jetzt nicht mehr nur ein privater Schalter, sondern ein menschheitlicher. Es ist von politischer Bedeutung, wie wir mit unseren antiautoritären, sozialen und sexuellen Problemen umgehen. Politisches Engagement für den Frieden ist definitiv verbunden mit neuen ethischen Entscheidungen in unseren menschlichen Beziehungen. Es kann in der Welt keinen Frieden geben, solange wir untereinander heimliche Kriege um Macht und Sex führen. **Um wirkungsvoll für den Frieden zu arbeiten, brauchen wir lebendige Gemeinschaften, in denen menschliche Grundwerte wie Wahrheit, Vertrauen, Solidarität und gegenseitige Unterstützung neu entdeckt und verwirklicht werden.** Mit dieser Feststellung verändert sich das Konzept der sozialistischen Revolution für alle, die den Begriff des Sozialismus mit humanen Inhalten verbinden wollen. Solche Einsichten führten über viele Stufen schließlich zur Gründung des Projekts Tamera.

Es war ein tiefer Wandel, der sich im Bewusstsein vollzog. Die Ziele einer sozialistischen Gesellschaft, die wir in der Neuen Linken der Sechziger Jahre vertreten hatten, konnten ohne eine gründliche Überwindung des traumatischen Kerns nicht erreicht werden. Der Krieg, der in der äußeren Welt tobte, konnte nicht beendet werden, solange ein innerer Krieg unsere Solidarität und unsere Liebesbeziehungen zerstörte. Wenn der Liebeskummer stärker ist als das revolutionäre Ziel, bleibt man auf den eigenen Problemen sitzen, statt sie zu lösen. Solange die inneren Konflikte ungelöst bleiben, werden im Äußeren keine nachhaltigen Erfolge eintreten. Um etwas zu erreichen für eine nachhaltige globale und individuelle Heilung, mussten Wege für die Beendigung des inneren Krieges gefunden werden. Das war eine definitive Erkenntnis. Aber der Versuch, die Heilung unserer **Innenwelt** in die politische Arbeit einzubeziehen, war so neu, dass es dafür keine Leitbilder gab. Karl Marx hatte diese Arbeit nicht im Blick, er wusste nicht, wie er in Trier sein Verlangen nach der Haushälterin politisch interpretieren sollte. Die politische Welt ist voll von solchen Episoden, denn sie ist von Menschen inszeniert, und alle Menschen sind menschlich. Vielleicht werden auch heute noch die politischen Entscheidungen der großen Welt mehr von den kleinen sexuellen Episoden und Wünschen gesteuert als von rationalen Programmen. Putin, der immer gegen sexuelle Entartungen geschimpft hatte, hat seinem italienischen Freund Berlusconi ein kostbares Doppelbett geschenkt – welch eine Anerkennung unter Männern und welch augenzwinkernde Komplizenschaft, dass man zwar das eine sagen, aber das andere tun dürfe!

Ich hatte während der deutschen Studentenrevolution den Satz geprägt: *„Revolution ohne Emanzipation ist Konterrevolution"*. Er erschien im Jahre 1968 als Titel einer Broschüre in hoher Auflage. Alle sprachen davon, aber kaum jemand wusste, welche Konsequenzen für die individuelle und politische Lebensführung darin steckten. Die Teilnehmer unserer Gemeinschaft mussten in den ersten Projektjahren viel riskieren und viele Fehler machen, bis sich ein überzeugender Weg herauskristallisieren konnte. Wir mussten uns hindurcharbeiten durch unsere eigenen Widerstände und durch die eben genannten Formen von öffentlicher Verleumdung, Sektenverfolgung und Berufsverbot. Ich selbst hatte dabei die Liebe verloren. Alle meine früheren Wegbegleiter, die ich infolge meiner Wut und meiner eigenen eingefleischten Angststruktur verletzt habe, möchte ich an dieser Stelle um Verzeihung bitten. Es ist nicht zu fassen, wieviele Verletzungen wir uns gegenseitig – oft mit bester Absicht – zufügen, weil wir in unserer unterbewussten Buchführung die Umwelt als Feind betrachten. Und wie sich dieses Bild im Sinne einer *self-fulfilling prophecy* bewahrheitet, wenn wir es nicht rechtzeitig entdecken und korrigieren. Das ganze Hologramm von Feindschaft und Angstprojektion muss aus den emotionellen Blutkreisläufen der zukünftigen Friedensarbeiter verschwinden, damit das menschliche Fundament gefunden wird, welches den Erfolg sichert. Das Fundament ist die bedingungslose Solidarität aller, die es ernst meinen.

1.5 Geburt eines neuen Zeitalters

Wir leben nicht nur in einer Welt der zunehmenden Barbarei, sondern auch in einer Wendezeit, wo immer mehr Kräfte der Erneuerung sichtbar werden. Mit Erstaunen und Freude erfahren wir, dass selbst der Vatikan (Papst Franziskus) in seiner Publikation „Evangelii Gaudium", veröffentlicht am 26. November 2013, nicht mehr einzelne Mißstände, sondern das ganze System der kapitalistischen Welt angreift: das herrschende ökonomische System des Kapitalismus sei *„in der Wurzel ungerecht"* betonte er, *„diese Wirtschaft tötet"*. Jetzt, wo die Botschaft der Revolution selbst den Vatikan erreicht hat, könnten auch andere Eliten sehr nachdenklich werden und ihre Position neu überdenken.

Der Traum einer neuen Welt ist nicht nur ein subjektiver Wunsch, sondern auch eine objektive Notwendigkeit und Möglichkeit, das heißt eine in den Strukturen der Wirklichkeit real angelegte Matrix für ein anderes Leben. Die konkrete Utopie ist eine latente Realität des Universums, wie der Schmetterling eine latente Realität der Raupe ist. Sie liegt im Aufbau unserer physikalischen und biologischen Welt, in unserer genetischen Ausrüstung und in unserer tieferen ethischen Orientierung. Im Rahmen einer konsequenten Friedensarbeit geht es längst nicht mehr um einzelne Reparaturen innerhalb der bestehenden Systeme, sondern es geht um einen grundlegenden Systemwechsel. Nicht die einzelnen Bausteine der bestehenden Gesellschaftsmaschine müssen ausgewechselt werden, sondern die ganze Maschine ist falsch konstruiert.

Um die Sackgasse zu überwinden, brauchen wir keine Megastädte und keine billionenschweren Technologien für die Auswanderung zum Mars, auch wenn darin wirklich interessante Perspektiven liegen, sondern **wir brauchen intelligente Konzepte für eine neue Besiedelung des Planeten Erde**. Wir brauchen keine Reform, sondern wir brauchen eine neue Richtung der menschlichen Evolution. Wir stehen wahrscheinlich am Beginn der größten Revolution in der Geschichte der Menschheit. Es ist ein menschheitlicher Vorgang, sein Ausgang ist noch ungewiss. Eine Menschheit, die ein funktionstüchtiges Fahrzeug mit digitalem Chemielabor auf den Mars geschickt hat, könnte auch in der Lage sein, ein neues Konzept für eine gewaltfreie planetarische Existenz zu entwickeln. In den folgenden Kapiteln sollen einige Bausteine eines solchen Konzeptes vorgestellt werden.

Die erste, fundamentale und überall gültige Bedingung einer humanen Zukunft kann sofort genannt werden: Der neue Weg verlangt die Wiedereinbettung des menschlichen Lebens in die Grundgesetze des Lebens, der Gemeinschaft, der Liebe und der Erde. Dazu gehören auch ethische, soziale, biotopische Gesetze. **Jede Gewalt, die wir den Mitgeschöpfen zufügen, kommt langfristig als Krankheit oder Wahnsinn auf uns zurück. Die kommende Zivilisation ist frei von jeder Grausamkeit. Pflanzen und Tiere sind unsere Kooperationspartner in der Erschaffung eines neuen Lebens auf der Erde.** Die Gesetze des gesellschaftlichen Lebens und die Gesetze der Schöpfung müssen zusammenkommen, damit globale Heilung geschehen kann. Auf einer Tafel unseres Platzes steht der Satz: *„Es gibt die Welt, die wir erschaffen. Und es gibt die Welt, die uns erschaffen hat. Die beiden müssen zusammenkommen. Das ist das Ziel der Reise."*

Für die globale Heilungsarbeit brauchen wir vor allem zwei Lebensquellen: gesundes Wasser und lebendige Liebe. Was das Wasser für die Natur ist, das ist die Liebe für den Menschen. Mit der Heilung des Wassers heilen wir die Natur, mit der Heilung der Liebe heilen wir den Menschen. Die Heilung des Wassers und die Heilung der Liebe erfordern gleichermaßen eine vollkommene Umwälzung („Re-volution") der bestehenden gesellschaftlichen Verhältnisse. In beiden Bereichen treffen wir auf die gleichen Grundgesetze des Lebens, die im gleichen Gegensatz stehen zu den Grundgesetzen der kapitalistischen Welt. Das neue Zeitalter entwickelt sich in dem Maße, wie die Grundgesetze des Lebens von der kommenden Menschheit entdeckt, wahrgenommen und befolgt werden.

Um die Richtung in eine humane Zukunft aufzeigen zu können, brauchen wir überzeugende Modelle. Sie sollen zeigen, wie das menschliche Zusammenleben in den universellen Kraftfeldern des Lebens und der Schöpfung verankert werden kann. Wenn irgendwo ein funktionierendes Modell steht, ein Lebensmodell für die Beendigung des Geschlechterkriegs, für die Heilung der Liebe, die Kooperation mit der Natur und die Solidarität zu allen Mitgeschöpfen, dann ist ein neuer Bezugspunkt geschaffen für das internationale Gespräch. Die Friedensprojekte in aller Welt haben eine neue Basis, von der aus sie denken und sprechen können. Es ist wie ein Quantensprung des politischen Denkens. Um dies zu ermöglichen, müssen wir unsere Arbeit verstärkt auf die Innenwelt konzentrieren, denn es ist die menschliche **Innenwelt**, aus der die Konflikte und Kriege hervorgehen. Je tiefer wir die globalen Themen erkennen, desto tiefer erkennen wir unseren eigenen Anteil daran. Alles, was wir an der Welt beklagen, finden wir rudimentär auch unter uns, in unserer eigenen Lebensführung und in unserer Gemeinschaft, selbst unter Freunden. Solange die inneren Strukturen nicht gereinigt sind von der Barbarei der Vergangenheit, werden wir die Barbarei auch im Äußeren reproduzieren. **Um es krass zu sagen: Solange es Lüge, Betrug, Angst und Gewalt in der Liebe gibt, gibt es auch Militär, Rüstungsindustrie und Waffenhandel in der Gesellschaft.** Wir befinden uns in einem Widerspruch, wenn wir äußerlich für den Frieden demonstrieren und innerlich voller (heimlichem) Hass stecken. Wenn wir im Inneren anfangen, die Gemeinschaft, in der wir leben, zu lieben, dann wird uns diese Gemeinschaft am nächsten Tag verwandelt und verschönert entgegentreten. **Ob die äußere Welt friedlich oder gewalttätig auf uns reagiert, hängt weitgehend davon ab, mit welchen Gedanken und Gefühlen wir ihr begegnen.** Gedanken von Verachtung, Hass oder Rache, und seien sie nur leise und heimlich, erzeugen Angst, Gewalt und Krieg. Mit jedem Gedanken von Zuversicht und Versöhnung entziehen wir dem Krieg seine innere Quelle. So beteiligen wir uns täglich an der Geburt des neuen Zeitalters. Wir müssen Lebenssituationen erschaffen, wo wir bereit und willens sind, diese Wandlung in uns selbst zu vollbringen.

Marx hatte recht, als er sagte, es seien die gesellschaftlichen Verhältnisse, welche das Bewusstsein bestimmen. Aber er hat übersehen, dass eben diese gesellschaftlichen Verhältnisse von einem menschlichen Bewusstsein geschaffen worden sind. Von wem denn sonst? Es ist der „subjektive Faktor", also die Innenwelt von Gedanken, Bildern und Impulsen, welche alles hervorbringt, was wir dann als fertige Tatsache vor uns sehen. Wenn wir diese Tatsachen ändern wollen, müssen wir logischerweise das Bewusstsein, also die Innenwelt, verändern. Heilungsbiotope sind Zentren für diese Bewusstseinsveränderung, Kristallisationskerne der globalen Transformation.

Das universelle Bewusstsein führt uns heute zu einem neuen Lebensmodell, in dem die Basiswerte der menschlichen Existenz – Werte wie Wahrheit, Liebe und Solidarität, Heimat, Treue und Glaube – auf neuer, reflektierter und autonomer Ebene wieder aufgenommen werden können. Es gibt eine ursprüngliche Heiligkeit des Lebens und eine entsprechende geistige und ethische Grundordnung, deren Werte wir nicht ignorieren dürfen, auch wenn sie von Staat und Kirche und zuletzt im Faschismus so fürchterlich missbraucht worden sind. Wir brauchen Gemeinschaften, in denen wir bewusst und zielsicher zusammenleben mit den heiligen Kräften des Universums und der Liebe. **Heilung ist die Wiederverbindung mit dem Urkraftfeld des Lebens. Das gilt für den einzelnen Organismus, für den Organismus einer Gemeinschaft und für den Organismus der ganzen Menschheit.**

Ist die Welt noch zu retten?
So viele Versuche sind schon gestartet worden, um die Welt zu heilen, und trotzdem wurde sie nicht besser, sondern eher schlimmer. Vielleicht hatten wir nie auf der Erde einen derartigen „globalen Schmerz". Vielleicht war nie so viel Tod, so viel Trauer und gleichzeitig solche Teilnahmslosigkeit. Denn der anonyme Schmerz dort draußen übersteigt unsere Fähigkeit der Teilnahme. Es sind immer die anderen, die sterben.
Ist die Welt noch zu retten? Ist die Erde heilbar? Gibt es die Möglichkeit einer Gesamtheilung für Mensch und Erde? Gibt es eine realistische Möglichkeit für eine Zukunft ohne Krieg? –

Solche Fragen werden heute eher belächelt als ernst genommen. Die derzeitigen Diskussionen um Veränderungen und Reformen für eine bessere Welt gehen meistens davon aus, dass bestimmte Kernstrukturen in Politik und Wirtschaft den Charakter von Naturkonstanten haben und deshalb nicht verändert werden können. Begriffe wie „Markt", „Rendite", „Bank" oder „Rüstung" gehören zur heiligen Liturgie des Systems und können nicht hinterfragt werden. Die Reformgedanken bewegen sich deshalb von vornherein in einem engen Rahmen, für strukturelle Veränderungen bleibt wenig Spielraum.

Ist die Welt noch zu retten? Die bekannte Autorin Naomi Klein sagt: *„Ja, aber nicht innerhalb des Systems".* So ist es. **Um zu verstehen, wie und warum unter den genannten Umständen dennoch eine Rettung möglich ist, müssen wir austreten aus den alten Kategorien des politischen Denkens und eintreten in eine Denkwelt, die mit anderen Informationen und anderen Parametern arbeitet.** Die Welt, so beschädigt sie ist, ist etwa so wenig oder so viel zu retten, wie der Organismus eines Menschen, der nach Meinung der Ärzte an einer „unheilbaren" Krankheit leidet. Und dennoch verfügen wir über eine schier endlose Kasuistik sogenannter „Wunderheilungen". Es gibt also neben den Parametern der konventionellen Medizin noch ganz andere Gesetze und Kräfte, die eine Rettung möglich machen. Die Wunderheilung ist in Wahrheit eine Heilung, die nach anderen Gesetzen erfolgt als nach denen, die von der bestehenden Medizin anerkannt werden. Der Mensch besitzt neben seinem physischen Körper noch einen anderen Körper, den ich der Einfachheit halber den „Geistkörper" nennen möchte. In ihm wirken andere Gesetze als im materiellen Körper. Wenn es uns gelingt, die richtigen Informationen in den Geistkörper einzugeben, verändert sich auf der Stelle der ganze Organismus. Wenn ich zum Beispiel einem schüchternen Menschen sage, wie mutig er ist, dann beginnt sofort eine andere Hormonausschüttung. Wir erhalten eine Information, empfangen sie mit dem Geistkörper, der sofort entsprechende Steuerimpulse in den physischen Körper sendet. – Was für den individuellen Organismus gilt, könnte das nicht auch für den globalen Organismus der ganzen Menschheit gelten? Der Gesamtorganismus der Menschheit besäße demnach einen Geistkörper (Noosphäre), der nach anderen Gesetzen arbeitet als der materielle Körper. Wenn in diesen Geistkörper neue Informationen eingegeben werden, dann verändert sich der ganze Organismus. Dies ist die grundlegende Hypothese in der politischen Theorie von Tamera. Natürlich ist die Welt noch zu retten, wenn wir die richtigen Informationen in sie hineingeben.

Der universelle Mensch
Wenn die Beziehungen des Menschen zur Welt nicht mehr blockiert sind durch Angst und Misstrauen, dann eröffnen sich neue Kanäle der Wahrnehmung, neue Kontakte zur Natur und neue Gefühle für alle lebendigen Wesen. Durch das neu gewonnene Vertrauen erkennt der Mensch seine innere Beziehung zur Umwelt und zu allem, was Leib und Seele hat. Es entsteht ganz real ein neues Weltbild mit einer neuen Position des Menschen im Ganzen der Schöpfung. Der Mensch erfährt sich als ein verantwortliches Mitglied in der großen Familie des Lebens. Kraft seiner Denkfähigkeit wird er zum Denkorgan des Lebens oder, wie Julian Huxley es formulierte, zum „Auge der Evolution". Dadurch kann er die Entwicklung erkennen und steuern.

Wenn die inneren Blockaden beseitigt sind, erkennen wir, dass die Lebensströme, die durch die Liebe fließen, auch im Wasser fließen, in den Wolken oder im Wachstum der Pflanzen. Es gibt eine universelle Grundenergie, die nicht nur durch physikalische Prozesse, sondern auch durch unsere Gedanken und Handlungen in bestimmte Richtungen gelenkt wird. Unsere Aufgabe ist es, diese universelle Energie richtig zu lenken – zum Wohle aller Wesen. Tatsächlich wurde diese Energie in einer vieltausendjährigen Kriegsgeschichte in falsche Richtungen gelenkt; so ergab sich auf der Erde eine energetische Entität von Angst und Gewalt. Es entstand das morphogenetische Feld der Angst, das Generation für Generation das menschliche Leben steuerte, bis man es für normal und richtig hielt, weil man es nicht mehr bewusst wahrnahm. So wirkte es aus dem Unbewussten und erzeugte das Leiden, das wir heute auf der Erde sehen.

Wir müssen hineinschauen in unsere Seele und die reflexartigen Reaktionen wahrnehmen, bevor sie vom rationalen Bewusstsein verdrängt werden. Unsere unterbewussten Reflexe und Reaktionen sind auf Feind und Abwehr eingestellt. Unsere Filmwelt liebt die Bilder von Zerstörung und Untergang. Wenn in einem *science fiction* außerirdische Wesen die Erde besuchen wollen, dann werden ihnen automatisch feindliche Absichten unterstellt, weil die Kollektivseele in unserer Zeit kaum etwas anderes denken kann. Die Welt der Phantasie, vom Gilgamesch-Epos über Grimms Märchen bis Hollywood, ist eine Welt von Gefahr und Untergang. Der Mensch, der aus der universellen Ordnung herausgefallen ist, ist auf sich allein gestellt und muss versuchen, die Schwierigkeiten seines Lebens mit seinen Ego-Kräften zu lösen, da ihm das universelle Ich nicht mehr zur Verfügung steht.

Wo die menschliche Gemeinschaft wieder eingebettet ist in die große Ordnung von Natur und Schöpfung, da entsteht als neues morphogenetisches Feld der universelle Mensch – im Gegensatz zum individualisierten „Ego-Menschen". Der universelle Mensch lebt in einer universellen Verbundenheit. Er ist definitiv aus seiner historischen Isolierung, die er „Individualismus" nannte, ausgetreten. Selbst der Beamte am Schalter oder der Polizist bei der Verkehrskontrolle (falls es ihn noch gibt) wird ein Teilnehmer dieser neuen Menschengemeinschaft. Der universelle Mensch hat das entelechiale Bild gesehen, in dem wir alle miteinander und mit allen Mitgeschöpfen verbunden sind. Das große Bild der Einheit. Durch die Wiedereinordnung in die universelle Lebensgemeinschaft wirken im Organismus universelle Energieströme, welche auch vermeintlich unheilbare Krankheiten heilen können.

Ich möchte hier den großen deutschen Mystiker und Theologen des Mittelalters, Meister Eckhart, zitieren: „*Alles Fernsein und Fremdsein der Wesen untereinander und gegenüber Gott ist wider Gott. Denn Gott lockt und zieht alles zur Einheit und Gemeinsamkeit. Und im Grunde trachten alle Geschöpfe, auch die geringsten Kreaturen, nach Gemeinsamkeit, nach Einheit, die im Letzten Einssein mit dem Einen ist.*" [30]

Dem Einen entgegen
Alle Wesen sind in dem Einen Sein und dem Einen Bewusstsein miteinander verbunden. Alle Wesen tragen dieselbe Grundinformation des Einen Lebens in ihrem Zellkern, alle tragen dieselbe mathematische Grundstruktur in ihrem genetischen Code! Alle Wesen streben nach Kontakt und Vereinigung, „Toward the One". In dieser Vereinigung wirkt eine religiöse Komponente. „*Gott*" sagte der Mensch, als er (oder sie) die Einheit erlebte. „*Nur Gott existiert*", sagte Jacques Lusseyran, als er im Konzentrationslager Buchenwald die Einheit erlebte und dabei die KZ-Wärter einbezog. Dadurch konnte er überleben als einer von 30 Franzosen, die als einzige aus einer Gruppe von 2000 französischen Widerstandskämpfern das Konzentrationslager lebendig überstanden haben.[27] „*Alles ist Vasudeva*" sagte Sri Aurobindo, als er im Gefängnis saß und die Todesstrafe erwartete. Er wurde freigesprochen. Das waren keine leeren Sätze, sondern konkrete Erfahrungen einer höheren Daseinsstufe, die hier als göttliche *Unio mystica* erlebt wird. In diesen Berichten wird uns nebenbei mitgeteilt, dass das Bewusstsein der Einheit mit einer hohen Schutzfunktion verbunden ist.

Menschen, Gruppen oder Projekte, die sich als Teil eines höheren Ganzen empfinden, stehen unter kosmischem Schutz, falls dieses Höhere mit der Heiligen Matrix übereinstimmt. Könnte eine solche Einheitserfahrung kollektiv entstehen, zum Beispiel im Nahen Osten, dann hätten wir auf der Stelle eine vollkommen neue Basis für das harmonische Zusammenleben der beiden Völker. Die Wiedervereinigung von Israel und Palästina wäre nicht mehr das Thema eines langen Krieges, sondern das Thema eines gemeinsamen Weges dem Einen entgegen. Die ehemaligen Soldaten und Gefängniswärter würden sich im Kraftfeld der neuen Friedensgedanken tief verwandeln. Aus hassvollen Fanatikern würden engagierte und befreundete Friedensarbeiter. Das ist nicht nur ein Wunschtraum. Es ist eine reale Möglichkeit unserer Entwicklung – und es ist wahrscheinlich die einzige, die wir noch haben.

War nicht etwas Ähnliches gemeint mit dem „Heiligen Land"? Und können wir nicht auf neuer Stufe mit Theodor Herzl sagen:

„Wenn ihr wollt, ist es kein Märchen"? Doch, wir können es! *„Yes, we can!"* Aber vorher müssen wir unsere Liebesbeziehungen in Ordnung bringen. Ich sage dies absichtlich in dieser lapidaren, fast kalauerhaften Form, aber es ist die Wahrheit, die sich in langer Forschungserfahrung herausschälte. Wir müssen gewiss vieles verändern, müssen ökologische, spirituelle, technologische, politische Innovationen schaffen – aber am meisten brauchen wir ein neues Feld für unser menschliches Zusammenleben, vor allem für die Liebe der Geschlechter, eine menschheitliche Korrektur unserer Vorstellungen von Liebe, Sex und Familie. Daran ist bis jetzt alles gescheitert. Solange es in der Liebe die Strukturen von Kleinfamilie, Eifersucht, Hass und Rache gibt, gibt es in der Welt Gewalt und Krieg. Solange es üblich ist, dass Liebespartner ihre sexuellen Neigungen zu anderen voreinander verbergen müssen, kann es in der Welt keinen Frieden geben. Das sind die Zusammenhänge, die wir verstehen müssen, um realistische Konzepte zu entwickeln für die Heilung von Mensch und Erde und für den Aufbau funktionierender Gemeinschaften. Wahrheit in der Sexualität, Heilung der Liebe, Beendigung des Geschlechterkriegs – es führt kein Weg daran vorbei.

Der Mensch ist ein Teil der Gemeinschaft, die Gemeinschaft ist ein Teil der Menschheit, und die Menschheit ist ein Teil des lebendigen Universums. Jeder Mensch ist ein Bürger des Universums. Er unterliegt deshalb nicht nur den gesellschaftlichen Gesetzen, sondern auch den geistigen und ethischen Gesetzen der kosmischen Welt. Es sind die Gesetze der Einheit, der Resonanz, der Kraft und der Liebe. Der universelle Mensch ist ein Individuum, das sich im Innersten wiederverbunden hat mit dem universellen Lebenskörper, mit den Gesetzen des universellen Lebens, mit dem Urkraftfeld der Liebe und mit der grundlegenden Ethik der Anteilnahme. Er ist endgültig ausgestiegen aus dem großen Trauma, das ihn einzwängte in den Egokäfig verlassener Seelen. Dies ist vielleicht das Größte, das unserer Vorstellungskraft noch erreichbar scheint: für immer auszusteigen aus dem trostlosen Bild der Verlassenheit und einzusteigen in ein neues Feld der Einheit, der Kraft und der Solidarität mit allen Wesen. *„Tat twam asi."* (Das bist du.)

Ein neuer Gencode für unser Leben auf der Erde
Die Menschheit braucht eine neue Informationsmatrix, einen neuen Gencode für das Leben auf der Erde. Es ist ein Forschungsauftrag unserer Zeit, eine solche Matrix zu erstellen und ihr gemäß unsere Umgangsformen, unsere Liebesbeziehungen, unsere Gärten, unsere Behausungen, unsere Versorgungssysteme und unsere Kommunikationssysteme einzurichten. In der alltäglichen Arbeit verwirklicht sich die konkrete Utopie. Wer zum Beispiel einen Garten anlegt, wird mit den Bodenbewohnern und den sogenannten „Schädlingen" kooperieren, statt sie zu vernichten. Ich verweise auf die Arbeit mit den „Friedensgärten" von Eike Braunroth.

Es geht bei allen künftigen Bemühungen um die Wiederverbindung der menschlichen mit der göttlichen Welt. Und dies nicht auf der Basis herkömmlicher religiöser Systeme, sondern auf dem höchsten Niveau unseres derzeitigen Wissens und Könnens. Noch einmal der einfache Gedanke: Eine Menschheit, die digitale Waffensysteme hervorgebracht hat, wird auch in der Lage sein, ein neues Humankonzept zu entwickeln, wenn sie ihre Kräfte in dieser Richtung fokussiert. Aus den Garagen von Silicon Valley sind die weltumspannenden Systeme von Google, Apple, Facebook etc. hervorgegangen. Ähnlich wird die neue Menschenwelt aus den ersten Gemeinschaften hervorgehen, die verbindlich in der neuen Richtung arbeiten. Sie arbeiten nicht für sich allein, sondern sie arbeiten an einem Plan, der in der „impliziten Ordnung" unseres Universums reif geworden ist für die Ernte. Indem sie diesen Plan aktivieren, bringen sie den Geistkörper der Erde, die „Noosphäre", in die Richtung seiner (des Planes) Verwirklichung. Die Welt befindet sich in einem „angeregten Zustand" für die Geburt eines neuen Zeitalters. Die Evolution führt die getrennten Partikel der Schöpfung in ihren Einheitspunkt zurück. Dort ist das neue Ich, der Keimling des globalen Selbst im Bewusstsein einer erwachenden Menschheit. Von hier aus fügt sich das Leben in einer neuen Einheit zusammen. Die Revolution unserer Zeit besteht in einem Systemwechsel von der Welt der Trennung in die Welt der Wiedervereinigung mit der großen, universellen Familie des Lebens.

Überlebensfelder. Wiederherstellung des Urvertrauens
Wir sehen die Zerstörungen in der äußeren Welt. Durch Naturzerstörung und falsche Wasserwirtschaft, durch die Vorgänge von Zentralisierung und Globalisierung ging der Menschheit die Basis einer gesicherten materiellen Existenz verloren. Die materielle Notlage in weiten Gebieten der Erde ist dermaßen augenfällig, dass daneben der innere Aspekt zu wenig beachtet wird: der Aspekt der psychischen Verelendung. Die westlichen Gesellschaften sind vor allem dadurch bedroht, dass ihnen die innere Basis einer gesicherten Existenz verloren ging. Zu dieser Basis gehören Selbstakzeptanz, Anteilnahme, Vertrauen und Geborgenheit. Das Überleben gelingt dann, wenn jedes Einzelwesen in einer höheren Gemeinschaft geborgen ist. Glück ist die Geborgenheit in Größerem. Auch Partnerschaft und Familie sollen eingebettet sein in die höhere Ordnung einer funktionierenden Gemeinschaft. Sobald das Einzelwesen diese Geborgenheit verliert, beginnt seine Verzweiflung. Heute befindet sich ein großer Teil der Menschheit in dieser Art von Verzweiflung. An die Stelle eines angstfreien Urvertrauens ist ein System von allgemeiner Vorsicht und Absicherung getreten. Jedes Kind kommt mit vorbehaltlosem Urvertrauen auf die Welt, aber meistens ist es schon nach zehn Jahren ein kleiner, misstrauischer Erwachsener geworden. Wenn wir irgendwo die Gelegenheit haben, Kinder in einer geschützten Umgebung zu beobachten, dann sehen wir sofort, was mit „Vertrauen" gemeint ist. Es ist zauberhaft, mit welcher Liebe, Fürsorge und Fairness sie aufeinander zugehen. Hier ist ganz unmittelbar ein Stück konkreter Utopie sichtbar. Außerdem sehen wir ihre Neugier, ihren Übermut und die Saltos, die sie ins Wasser machen. Die Schöpfungsfreude – Ananda – ist unzweifelhaft ein Bestandteil unserer genetischen Ausstattung, denn sie ist ein Bestandteil der göttlichen Welt. Ebenso sind Sex, Liebe, Partnerschaft, Gemeinschaft Bestandteile der Heiligen Matrix, wenn sie nicht durch die Angst verfälscht und zerstört worden sind.

Um überleben zu können, muss die Basis des Urvertrauens wieder hergestellt werden. Gemeint ist das Vertrauen unter Menschen, das Vertrauen zwischen Mensch und Tier und das

Urvertrauen des Menschen in die höheren Welten. **Ein Ziel der Heilungsbiotope ist die Herstellung dieses Urvertrauens.** Eine Schlüsselfrage an alternative und politische Gruppen heißt: Habt ihr Vertrauen zueinander? Vertrauen ist nicht nur ein seelischer, sondern vor allem ein politischer Begriff, der revolutionärste von allen, denn wir müssen das ganze gesellschaftliche System erneuern, um nachhaltiges, strukturelles Vertrauen zu ermöglichen. **Sobald das Einzelwesen wieder eintreten kann in eine Atmosphäre des Vertrauens, kann es sich öffnen für die Liebe. Durch diese Öffnung wird die Energie des göttlichen Urkraftfeldes wiedergefunden, damit beginnt die neue Ära des freien Menschen.**

Der Mensch arbeitet seit einigen Jahrhunderten an einer Wissenschaft der Materie, aber wir haben noch keine Wissenschaft der Liebe. Wir gingen von der Annahme aus, dass unsere Welt durch physikalische Gesetze bestimmt sei. Wir könnten aber auch von der Annahme ausgehen, dass sie von seelischen Gesetzen bestimmt ist, die mit der Liebe zu tun haben. Liebe ist der Torweg zwischen Mensch und Gott, die Verbindung von personaler und transpersonaler Welt. Im Zustand dieser Verbindung entsteht eine untergründige Freude und Gewissheit, die das Verhalten lenkt. Wenn sich dieser Prozess in den kommenden Gemeinschaften vollzieht, dann entsteht ein kollektives Überlebensfeld, welches schließlich stärker ist als die Todesfelder der gegenwärtigen Globalisierung. Ab einer bestimmten Reife und Intensität treten diese Überlebensfelder in eine hohe Resonanz untereinander und mit den Schwingungen der Heiligen Matrix. Daraus ergibt sich eine „Trägerwelle", welche die Parameter der neuen Informationsmatrix im planetarischen Lebensfeld verbreitet. Wenn irgendwo in diesem heiligen Netzwerk ein Gebet gesprochen wird, dann wirkt es überall. Die ganze Biosphäre beginnt zu jubeln, wenn diese Resonanz erreicht ist.

Jedes wirkliche Heilungsbiotop erzeugt ein Überlebensfeld. Die zukünftige planetarische Gemeinschaft entwickelt sich aus dem Netzwerk solcher Überlebensfelder. Die Überlebensfelder ergeben sich aus einer beständigen Kombination von geistiger Arbeit, technischer Arbeit, Naturarbeit und Liebesarbeit. Auch die Arbeit mit Tieren gehört dazu. In allen Bereichen wirkt dieselbe universelle Energie, in allen Bereichen können wir die Lebensströme in Richtung Heilung lenken. Die Projektträger der einzelnen Bereiche stehen in einer kontinuierlichen Kommunikation untereinander, um aus den verschiedenen Bereichen ein einheitliches und kohärentes Informationssystem (KIS) aufzubauen.

Überwindung des Faschismus

Wir leben in einer Wendezeit. Wir stehen vor einer planetarischen Erneuerung, die wir noch nicht im Blick hatten, als wir in der Studentenbewegung des vorigen Jahrhunderts mit antifaschistischen Parolen gegen das System vorgingen. Der latente Faschismus ist überall vorhanden, er ist die Krebserkrankung der Menschheit. Es reicht nicht, den Faschismus ideologisch zu bekämpfen, dadurch kann sich nicht viel verändern. Wenn man einmal begriffen hat, was im deutschen Faschismus unter Hitler tatsächlich geschehen ist, welche grauenvollen Dinge von Millionen Bürgern tatsächlich getan oder gebilligt wurden, dann verstummen alle Antifa-Parolen und alle demokratischen Beteuerungen, denn man merkt, dass hier eine andere Sache thematisiert ist.

Der Faschismus ist ein immanenter Bestandteil unserer Gesellschaft, er wurzelt im Untergrund unserer menschlichen Beziehungen, er ist latent gegenwärtig. Hier, im emotionellen Untergrund einer falsch gelenkten Zivilisation, liegen die furchtbaren Kräfte, die zum Faschismus geführt haben und die heute in vielen Ländern der Erde zu genau denselben Gräueln führen.

Um den Faschismus zu überwinden, brauchen wir ein neues Modell unserer Zivilisation, in welchem eine fundamentale Erneuerung unserer menschlichen Kernbereiche von Sex, Liebe, Partnerschaft und Gemeinschaft möglich wird, denn vor allem hier liegen die seelischen Ursachen für die Entstehung faschistischer Gewalt. Alice Miller hat die Lebensläufe bekannter Gewalttäter und Diktatoren studiert und überall dasselbe Bild gefunden: **Wo schon im Kindesalter Gedanken und Gefühle** unterdrückt werden, da wird die Saat ausgestreut für Hass und Gewalt.[31, 32]

Wo die juristischen und moralischen Systeme nicht mehr ausreichen zur Kontrolle der Gewalt, da kommt es zu Epidemien der Grausamkeit, die heute um den ganzen Erdball gehen. Ich scheue mich, noch einmal hineinzuleuchten, aber die Dramatik unserer Tage verlangt es: Ich sah im Fernsehen eine amerikanische Mutter, deren Sohn als Soldat im Irak getötet wurde. Man hat ihr mitgeteilt, er sei von Anhängern des alten Systems getötet worden. Was man ihr nicht mitteilte: dass er lebendig an ein Auto gebunden und zu Tode geschleift worden war. (Die Amerikaner haben Ähnliches getan.) Es ist nicht mehr allein die Gewalt des Tötens, sondern es ist eine infernalische Grausamkeit, mit der die Hinrichtung vollzogen wird. Wer sind die Mörder, und warum tun sie das? Wenn wir in die einzelnen Biografien hineinleuchten, finden wir kaum irgendwo eine Kindheit, in der sie, die Mörder, hätten Freude und Vertrauen tanken können.

Der Faschismus ist die Folge einer kollektiven sexuellen und emotionellen Verdrängung sowie die Folge einer kollektiven Entmündigung des Menschen. Das deutsche Volk war unter Hitler faschistisch explodiert, weil ihm über Jahrhunderte der Ausdruck elementarer sexueller und emotioneller Energien verwehrt worden war. Hier hat Wilhelm Reich richtig gesehen. Unter diesem Gesichtspunkt sind wir herausgefordert, unsere sexuellen und emotionellen Beziehungen von aller Unwahrheit und Gemeinheit zu befreien, wenn wir eine Zukunft ohne Gewalt kreieren wollen. In Tamera haben wir eine Forschungsabteilung, die wir „Arbeit am Trauma" oder „Auflösung der inneren Minenfelder" nennen. Wir müssen die positiven Kräfte so verstärken, dass der innere Konflikt nicht mehr zu faschistischen Gedanken oder Handlungen führen kann. Wo sich zwei Parteien einer Gemeinschaft in einem Konflikt befinden, da kann nichts Schlimmes passieren, wenn die Gemeinschaft stabile positive Kräfte aufgebaut hat. Das sind Kräfte des Vertrauens. Wenn sie dies aber versäumt hat, wird sie zerbrechen. Mit jeder geplatzten Gemeinschaft geht ein Traum zu Ende, die Beteiligten bleiben fassungslos zurück und sind um eine Enttäuschung reicher.

Unsere Zeit ist voll von solchen Negativerfahrungen. In den letzten Jahrzehnten sind weltweit Hunderte oder Tausende von Gemeinschaften zerbrochen, deshalb kann oder will kaum noch jemand an den Traum der Gemeinschaft oder an den Erfolg der Liebe glauben. Trotzdem aber wachsen überall neue Kräfte, die entschlossen sind, mit dem Leben zu kooperieren und nie mehr mit den Kräften des Todes. Für diese Kräfte eine gemeinsame Basis und ein gemeinsames Ziel zu schaffen – das ist der Sinn des Projektes der globalen Heilungsbiotope. Wir erschaffen ein „morphogenetisches Feld des Friedens". Es sind Feldkräfte, die das individuelle Verhalten steuern. Feldkräfte sind stärker als private Meinungen. Wir können uns nicht mit Eigenkräften gegen eine Macht auflehnen, die mit Feldkräften arbeitet. Der Faschismus hat mit den Feldkräften des Kriegs gearbeitet und deshalb eine große Macht über alle individuellen Meinungen gewonnen. Die Friedensbewegung muss ebenso lernen, mit Feldkräften zu arbeiten. Ein Einzelner, und sei er noch so tapfer, scheitert an den Feldkräften der gegebenen Kriegswelt. Wir haben im Fall der Ukraine gesehen, wie durch die Feldkräfte der öffentlichen Meinung jeder Ansatz des Friedens verhindert wurde. Es waren Feldkräfte, welche die Herrscher in Kiew veranlassten, ihre Armee in die Ostukraine zu schicken. Sie konnten nicht selbst darüber nachdenken, denn sie waren von Anfang an ein Teil dieses Feldes.

Ich möchte hier einige Gedanken zur Bedeutung der morphogenetischen Feldbildung einfügen. Wir brauchen sie, um zu verstehen, was im deutschen Faschismus passiert ist, warum es passieren konnte und wie wir es für immer verhindern können.

Wodurch wurde der Aufstieg Adolf Hitlers ermöglicht, welche Kräfte haben dafür gesorgt, dass ihm fast die ganze Welt zu Füßen lag? Der Schlüssel für Hitlers Erfolge liegt in dem historisch gewachsenen **morphogenetischen Feld des Krieges**. Das ganze deutsche Volk lebte in einem latenten Kriegsfeld. Die ganze Welt stand unter der Dämonie dieses Feldes. Hitler und seinem Propagandaminister Göbbels war es gelungen, dieses morphogenetische Feld bis ins Äußerste zu aktivieren. Ganz Deutschland befand sich jetzt in einem hochaktivierten Kriegsfeld. Einzelne Menschen, die wie der evangelische Theologe Dietrich Bonhoeffer den Christusimpuls dagegen setzen wollten, hatten keine Chance, sie wurden umgebracht. – Um dem Faschismus angemessen begegnen zu können, müssen neue Feldkräfte aufgebaut werden. Das morphogenetische Feld des Krieges muss durch ein morphogenetisches Feld des Friedens ersetzt werden. Aber die beiden Felder stehen in einem ungleichen Verhältnis. Das morphogenetische Feld des Krieges existierte schon, es war in einer mehrtausendjährigen Geschichte in Herz und Hirn der Menschen eingepflanzt worden. Das morphogenetische Feld des Friedens gibt es noch nicht, es muss erst aufgebaut werden. **Es ist die Aufgabe der neuen Zentren und ihrer Medien, das morphogenetische Friedensfeld aufzubauen und zu verbreiten, Es ist das Gründungsfeld einer neuen Kultur.** Wenn es weit genug entwickelt ist, steht es in voller Resonanz mit den Kräften der Heiligen Matrix und ist deshalb in der Lage, das alte Kriegsfeld zu überwinden. (Diese Sätze sollen von allen Studenten sehr langsam gelesen werden.) **Das morphogenetische Feld des Friedens umfasst mehr als die moralische Haltung Einzelner, es umfasst unser Verhältnis zur Natur und allen Mitgeschöpfen, es umfasst eine neue Einbettung der menschlichen Gesellschaft in das Universum des Lebens. Friede mit Menschen, Friede mit Vögeln, Fischen und aller Kreatur, Friede mit der Erde.**

Gründung des Projekts
Nach all den politischen, therapeutischen, spirituellen Durchgängen, die wir gemacht hatten, kamen wir auf einen menschheitlichen Urgrund zurück. Es sind urmenschliche Werte wie Wahrheit, Vertrauen, Liebe und Gemeinschaft, die den Krieg überwinden und das Überleben sichern. Es liegt in unserer Entscheidung, für diese Werte neue Lebenssysteme zu entwickeln; Lebensformen, die uns nicht mehr zur Lüge zwingen. Gemeinschaften, in denen List und Betrug keinen evolutionären Vorteil mehr bringen. Liebesbeziehungen, die frei sind von Gemeinheit und Heuchelei. Wir gründen „Gewächshäuser des

Vertrauens", Heilungsbiotope für ein vertrauensvolles Zusammenleben der Menschen mit allen Mitgeschöpfen. Ja, wir brauchen diese neue Richtung der Evolution, wo eine uralte Erinnerung zu uns kommt: die Urerinnerung an die Heiligkeit des Lebens und an die heilige Allianz mit allen Mitbewohnern, den sichtbaren und den unsichtbaren. In den Siebziger Jahren des vorigen Jahrhunderts wuchs der innere Druck in dieser Richtung so mächtig, dass wir anfangen mussten.

Im Frühjahr 1978 bildete ich zusammen mit Sabine Lichtenfels, Rainer Ehrenpreis und fünf weiteren Freunden in Deutschland eine Arbeitsgruppe zur Frage der globalen Heilung. Daraus entstand eine Gemeinschaft und später das Projekt Tamera. Wir haben versucht, auf die Basisthemen des menschlichen Lebens eine Antwort zu finden, zunächst auf die menschlichen Fragen von Sex, Liebe, Partnerschaft, Kinder und Gemeinschaft, dann immer mehr auf die globalen Problemfelder Wasser, Nahrung, Energie – in Verbindung mit der wachsenden Einsicht in die inneren Zusammenhänge aller dieser Bereiche. Die biologischen und technischen Voraussetzungen einer gesunden menschlichen Existenz sollten verbunden werden mit den seelischen, sexuellen, ethischen und spirituellen Voraussetzungen. Heute befindet sich das Zentrum des Projekts in Tamera im südlichen Portugal. Tamera ist eine Forschungsstation mit derzeit ca. 160 Mitarbeitern, wo ein erstes Modell für Terra Nova entwickelt werden soll.

Es ist nicht leicht, eine dauerhafte Gemeinschaft aufzubauen aus Menschen, die sich vorher nicht kannten. Wir standen vor einer unbekannten Menge von sexuellen, sozialen, pädagogischen und ethischen Fragen, auf die es noch keine Antworten gab. Es gab am Anfang laufend Missverständnisse, auch die Gründer selbst wussten oft nicht, welcher Weg zu gehen war. Weil es ein echtes Pilotprojekt war, haben wir in der Öffentlichkeit Widerstände hervorgerufen, auf die wir nicht gefasst waren. Wir mussten am eigenen Leib erfahren, wie schnell man als Sekte verleumdet wird, wenn man ernsthaft den Versuch unternimmt, das Leben zu verbessern. „Weltverbesserer" ist ein Schimpfwort geworden. Ich darf hinzufügen, dass das Projekt wächst und noch lange weiter wachsen wird, weil es einer objektiven Notwendigkeit entspricht und weil es eine menschliche Grundlage hat, die auch schwere Konflikte erträgt. Wir freuen uns über jeden weiteren Mitarbeiter in Tamera und im weltweiten Netzwerk.

TEIL II
KONKRETE UTOPIE

2.1 Was kommt nach dem Zusammenbruch der großen Systeme?

Ein Netzwerk neuer Zentren
Die patriarchale Epoche begann mit dem Aufbau der ägyptischen Pyramiden. Damals geschah eine historische Weichenstellung in der Evolution des Bewusstseins. Die ursprüngliche Entdeckung des Ewigen und Heiligen hatte sich in einen Machtimpuls verwandelt. Die Pyramiden, mit denen kosmische Kräfte aufgefangen und konzentriert werden sollten, wurden zu einem Symbol und Instrument irdischer Macht. Seitdem sind 5000 Jahre vergangen. Diese Zeit war geprägt durch die Feldgesetze männlich-imperialistischer Macht und durch die Vernichtung der weiblichen Lebensquellen. Spätestens mit dem Sieg Roms vor zweitausend Jahren war die gegenwärtige Welt in ihren psychologischen Grundzügen historisch etabliert. Die letzten zwei Jahrhunderte (seit 1800) folgten dem Feldgesetz des Kapitals, welches sich schnell über den ganzen Planeten ausbreitete – ein klassisches Beispiel morphogenetischer Feldbildung, leider in katastrophaler Richtung. Alle Lebenssysteme – Konsum, Energie, Wasser, Nahrung, Kunst, Moral, Liebe, Sport etc. – wurden dem Kapitalgesetz unterworfen, und die Menschheit folgte dem Gesetz. Ein Gemälde, und sei es noch so banal, gilt heute als künstlerisch wertvoll, wenn es auf dem Kunstmarkt für 10 Millionen Dollar versteigert wurde. Eine Firma gilt als erfolgreich, wenn sie genügend Profit abwirft, egal mit welchen Mitteln und Methoden. Eine Blumenfirma wurde erfolgreich, indem sie in Afrika Blumenplantagen anlegte, für deren Bewässerung den heimischen Siedlungen das Grundwasser entzogen wurde. Die ganze Erde litt und leidet noch unter einer internationalen Barbarei, für die niemand mehr die Verantwortung übernehmen will oder kann. Wer mithalten will, muss den Spielregeln der Barbarei folgen. Zur Zeit erleben wir seltsame Dinge in der internationalen Politik, es sind Anzeichen einer allgemeinen Verwahrlosung und Orientierungslosigkeit. Das System scheint sich nicht mehr halten zu können. Was wird jetzt folgen?

In äußerster Verkürzung können wir Folgendes sagen: An die Stelle der alten Megasysteme treten dezentrale, kleine, weitgehend autarke Systeme für die Grundversorgung des Menschen mit materiellen Gütern (Wasser, Nahrung, Energie) sowie für die Versorgung mit Kultur, Geist und Eros. Diese Bewegung führt zu einer allmählichen Auflösung der Nationalstaaten. An ihre Stelle tritt ein planetarisches Bürgertum. Der Heimatort des Menschen bezieht sich nicht mehr auf seine Herkunft, sondern auf seine Stellung und Mitarbeit im großen Plan. In allen Kontinenten bilden sich neue internationale Gruppen für den Aufbau von Terra Nova. Junge Menschen finden ihren Ort dort, wo sie mit ihren Kräften am besten mithelfen können. Die neuen Siedlungen sind untereinander organisch verbunden durch technologische, politische und spirituelle Kommunikationssysteme, sie bilden zusammen eine Grundstruktur der neuen Weltgesellschaft. Das kommende Zeitalter bildet sich aus einem Netzwerk solcher autonomer Zentren. Sie haben die Aufgabe, für die neue Kulturbildung ein neues morphogenetisches Feld aufzubauen. Um dies zu ermöglichen, arbeiten sie gemeinsam an einem Netzwerk globaler Kommunikation und Information, in welchem die neuen Erfahrungen an alle Teilnehmer weitergegeben werden. Auf diesem Wege entsteht die morphogenetische Feldbildung als historischer Prozess einer immer dichter werdenden Information. Es ist die Information von Terra Nova.

Die neue planetarische Gemeinschaft wird sich rapide ausbreiten, sobald die ersten funktionierenden Modelle existieren. Der Aufbau von Heilungsbiotopen, Modelluniversitäten, regionalen Zentren, neuen Siedlungsmodellen mit Wasser-Retentionslandschaften, von ökologischen Stadtteilen und futurologischen Wüstenstädten, globalen Kommunikationsformen und Netzwerken neuer Art – das sind Dinge, die wir wahrscheinlich schon in den nächsten zwei bis drei Jahrzehnten weltweit erleben werden. Die Welt geht schwanger mit dem großen Plan von Terra Nova. Sobald dieser Plan irgendwo abgerufen und umgesetzt wird, entsteht auf der Erde eine „Holowelle" für die Verwirklichung dieses Plans. Überall auf der Erde – von den Anastasia-Gruppen in Russland über die Menschenrechtsgruppen in Europa bis zu den Friedensdörfern in Kolumbien – werden neue Zentren entstehen, die sich unter dem Dach der neuen Erde miteinander verbunden wissen.

Wenn sich das Modell durchsetzt, werden auf der Erde viele Tausende dieser neuen Lebenszellen entstehen, denn fast jeder Boden kann in fruchtbare Erde umgewandelt werden und den Menschen genügend Nahrung geben. Die Information der vollkommenen Heilbarkeit von Mensch und Natur wird mit hoher Macht über die Erde gehen und neue Initialfunken setzen im Bewusstseinskörper der Menschheit. Wenn die getrennten Elemente der großen Lebensfamilie wieder zusammenfinden, wenn die neuen Gruppen der Welt ihr Netzwerk ausgebreitet haben, wenn die Liebe wieder einziehen kann in die Herzen der jungen Revolutionäre, dann wird die globale Kettenreaktion nicht mehr zu stoppen sein.

Die imperialistische Epoche hat fünftausend Jahre gedauert. Jetzt zerbricht sie, weil sie nicht übereinstimmt mit den Grundordnungen des Lebens und der Erde. Je tiefer eine neue Menschheit diese Grundordnungen anerkennt, desto tiefer wird das Trauma überwunden werden, welches eine furchtbare historische Sackgasse in das globale Herz der Menschheit eingepflanzt hatte. Der Vorgang einer grundlegenden Metanoia (geistige Umwandlung) vollzieht sich weltweit, er bildet den geistigen Ziel-Hintergrund der derzeitigen globalen Transformation. Es ist eine „Anderswerdung" des Menschen, eine anthropologische Revolution.

Terra Nova – eine Alternative zum Marsprojekt
Ein riesiges Forschungsprojekt der NASA und einiger privater Institute beschäftigt sich mit der Aufgabe, den Mars zu kolonisieren. Das ist kein Witz. Die Wissenschaftler sehen, dass die Erde bald nicht mehr bewohnbar sein könnte, und suchen nach neuen Siedlungsmöglichkeiten. Dabei überlegen sie ernsthaft, den eiskalten Planeten Mars, der 50 Millionen Kilometer entfernt ist, so umzuwandeln, dass er für Menschen bewohnbar wird. Ich bin fasziniert vom utopischen Ausmaß solcher Pläne, zeigen sie doch, was man heute für möglich halten kann, wenn man

technisch auf dem Laufenden ist. Diese Visionäre übersehen allerdings, dass sie dann alle die inneren, die menschlichen, sozialen und geistigen Strukturen, die zur Verwüstung der Erde geführt haben, einfach auf einen anderen Stern exportieren würden. Wieviel Kraft, wieviel Intelligenz und Geld wird investiert in so ein irrwitziges Projekt! Wäre es nicht intelligenter, sich über neue Lebensformen auf unserem eigenen Planeten Gedanken zu machen, so dass eine lebenswerte Zukunft hier auf Erden möglich wird? Sollte dies wirklich schwieriger sein als eine Kolonisierung des Mars? Die Möglichkeiten für eine humane Kolonisierung der Erde sind noch lange nicht ausgeschöpft. Wir fangen gerade erst an, sie zu entdecken. In allen Bereichen der gegenwärtigen Forschung öffnen sich neue Tore. In Wissenschaft und Technik, in Sport, Medizin und Pädagogik stehen wir vor Offenbarungen, die wir noch vor wenigen Jahrzehnten für baren Unsinn gehalten hätten. In diesem Zusammenhang appelliere ich an die High-Tech-Arbeiter in Silicon Valley und an alle Visionäre der digitalen Welt: Nutzt eure Möglichkeiten für die Mitarbeit an dem Projekt Terra Nova. Digitale Welt und geistige Welt liegen nah beieinander, beide basieren auf Information. Es ist deshalb möglich, geistige Informationssysteme – das sind die Informationssysteme der lebendigen Welt und des menschlichen Bewusstseins – in digitale Systeme zu übersetzen. Also bitte: aktiviert die Information des Friedens und der Liebe, digitalisiert den „Christus-Code", findet ein Informationsmuster für die Noosphäre, in welchem die universelle Lebensschwingung („Alpha-Frequenz") mit dem Christus-Code verbunden ist. Gebt es ein in eure Informationssysteme. Es wäre eine interessante Forschungsaufgabe, für das in diesem Buch beschriebene morphogenetische Feld der neuen Kultur ein digitales Muster zu entwickeln.

Das Projekt Terra Nova besteht in einem neuen Besiedlungskonzept des Planeten Erde unter Ausnutzung aller Möglichkeiten, die uns in einer synergetischen Kooperation mit der Erde gegeben sind. Der Mars ist noch weitgehend unentdeckt. Gilt nicht dasselbe auch für die Erde, für ihren Sand, ihr Wasser, ihre Geschöpfe und ihr eigenes Leben? Was für eine Wasserwirtschaft wird die

Menschheit entwickeln, wenn sie den Entdeckungen von Viktor Schauberger folgt? Diesem Mann waren Geheimnisse eingegeben, welche schon in naher Zukunft zu einer revolutionären Erneuerung der Wasser- und Energiewirtschaft führen werden. Die vergangene Epoche war geprägt durch die Ausbeutung der Erde und ihrer Wesen, die neue Epoche ist geprägt durch die Kooperation mit ihren Kräften und ihren Geschöpfen. Ich meine das wörtlich: Kooperation auch mit Ratten und allem, was wir bisher als „Ungeziefer" betrachtet und bekämpft haben. Nichts war in der Feldforschung unseres Projekts überraschender als die Kooperation mit Ratten. Sie verließen unsere Häuser, als wir ein wirklich freundliches Feld zu ihnen aufgebaut hatten, und sie hielten sich einigermaßen an die vereinbarten Regeln. (Wer darüber nachdenkt, wie so etwas funktionieren könnte, möge sich mit dem Konzept der „Devas" befassen.) Auch die Ratten sind ein Mitglied der großen Lebensfamilie, der wir selber angehören. Je mehr wir eintreten in diese Familie, desto tiefer erkennen wir den Zusammenhang ihrer Lebewesen. Wir werden sie unterstützen, statt sie zu zerstören. Das ist ein Paradigma der neuen Epoche: dass wir allen Mitgeschöpfen hilfsbereit und solidarisch begegnen.

2.2 Der innere Operator

Satprem, Schüler von Aurobindo, erzählt uns eine wunderbare Geschichte über seine eigene Rettung.[38] Sie zeigt, wie durch den Eingriff eines höheren Bewusstseins ein Mord verhindert wird: Eines Morgens steht Satprem am Rande des Canyon an der Stelle, wo er seine Morgenmeditationen zu machen pflegte. Auf einmal kommen drei Männer mit dem Auftrag, ihn umzubringen. Er reagiert nicht, sondern sieht das ganze Spektakel wie von außen. Darauf sinkt die Hand, die zum Schlag angesetzt hatte, und die Mörder fliehen. Sie waren nicht mehr fähig, den Mord auszuführen. Die Steuerbefehle der Gewalt waren erloschen, als Satprem ihnen keine Resonanz gab, indem er nicht mit Angst oder Hass reagierte. Hier hatte der „innere Operator" eingegriffen und die Szenerie verwandelt. Satprem stand da ohne die Angst, die er normalerweise gehabt hätte. Dadurch gab er keine Resonanz auf die Gewalt. Wenn wir der Gewalt keine Resonanz geben durch Angst oder Gegengewalt, dann erlischt sie. Die Steuerbefehle für Gewalt und Mord waren auf einmal erloschen, die gedungenen Mörder konnten ihren Auftrag nicht mehr ausführen, sie rannten einfach weg.

Die Geschichte erinnert an das Training der Samurais, die nur zum Erfolg kommen konnten, wenn sie in der Lage waren, auf die Schläge des Gegners nicht mit Angst oder Hass zu reagieren. Wir treffen hier auf eine Grundregel stabiler Friedensarbeit: Reagiere auf den Gegner nie mit Angst oder Hass. Reagiere auch auf die allgemeine Weltlage nie mit Angst oder Hass. Mit jeder Angst und mit jedem Hass verlieren wir Kraft. Eine innere Dauerhaltung ohne Angst und ohne Hass ist ein Prinzip siegreicher Friedens- und Heilungsarbeit. Wir brauchen dafür die Kenntnis jenes höheren Bewusstseins, welches uns zu solcher Dauerhaltung befähigt.

Laotse schreibt im Tao Te King: *„Wer das Leben recht zu fassen versteht, wandert durch das Land, ohne vor Tiger und Nashorn zu fliehen. Der kann durch Feindesheer ohne Panzer und Waffen ziehen, denn das Nashorn hat nicht, wo es sein Horn einbohre, der Tiger hat nicht, wo er seine Tatze einschlage, und das Schwert hat* *nicht, wo seine Schneide eindringe. Das Reich gewinnt man nicht durch Gewalt."*

Was Laotse hier behauptet, ist geradezu eine Ungeheuerlichkeit: Er sagt, dass es eine innere Führung im Leben gebe, die einen vor jedem Unheil bewahrt. Wenn wir uns innerlich in der richtigen Frequenz befinden, wird uns nichts passieren. Wer einen Wasserfall hinunterfällt und in seinem Hara (Bauchzentrum) bleibt, wird heil unten ankommen. Es gibt also eine absolute Überlebensfrequenz. Gibt es die wirklich?

Ich kenne sie aus eigener Erfahrung. Es gibt einen inneren Operator, der uns in einer kritischen Situation an ein tieferes Lebenswissen erinnert oder der selbst das Steuer übernimmt, wenn wir nicht mehr in der Lage sind, die rettende Handlung zu finden. Jeder Mensch hat einen sogenannten „Schutzengel". Wir können dies deuten als ein immanentes Bewusstseinsorgan, welches für die anstehende Heilung oder Rettung die notwendigen Anweisungen gibt oder Aktionen durchführt. Die Möglichkeiten, die in uns stecken, scheinen unbegrenzt zu sein. Offenbar gibt es in uns Menschen eine Art Supergehirn, welches uns Fähigkeiten zuspielt, die außerhalb unseres gewohnten Bereiches liegen. Die Parapsychologie spricht hier von Psi-Fähigkeiten. Egal, wie wir sie deuten, sie stammen aus der Metawelt und fordern für ein genaueres Verständnis ein gründlicheres Studium der in der geistigen Welt geltenden Funktionen und Regeln. Das „Supergehirn" ist unser Helfer und Retter in kritischen Situationen. Wie weit es uns helfen kann, hängt davon ab, wie weit wir uns für seine Instruktionen offen und empfänglich halten. K.O. Schmidt, ein Experte für das Thema der spirituellen Heilung, schreibt:

„Es gibt eine Macht in mir, die allgegenwärtig, allwissend und allvermögend ist. Sie weiß, was meinem Wohle dient und wie es bewirkt wird. Göttlichen Ursprungs, wirkt sie in meinem Wesen, in meinem Körper und darüber hinaus in meiner Umwelt ordnend und harmonisierend, führend, helfend und heilend in dem Maße, wie ich mich für ihre Weisung und Hilfe offen und empfänglich halte." [40]

Wir sollten solche Sätze nicht überlesen. Was wäre, wenn sie wahr wären? Diese Macht existiert objektiv, sie ist das höchste Zentralorgan des Menschen. Blitzschnell können von dort die rettenden Impulse kommen, wenn wir uns in einer ausweglosen Situation befinden. Blitzschnell konnte Satprem sein Bewusstsein umschalten, als die gedungenen Mörder vor ihm standen. So konnten sie ihm nichts mehr tun. Blitzschnell hat eine höhere Macht mein Steuer ergriffen, als mein Auto auf einer vereisten Straße im Harz in den Gegenverkehr hinein schleuderte. Wir können dieser Macht verschiedene Namen geben: der „Operator", das „höhere Selbst", das „Supergehirn", das „Supra-Mental" – oder einfach „Gott". Wichtig ist in unserem Zusammenhang nur, diese Macht anzuerkennen und ihr in der künftigen Lebensgestaltung einen weit größeren Raum zu geben als bisher. Die Präsenz und Funktionsweise der höheren Macht sollte ein Unterrichtsfach sein in den Hochschulen der neuen Erde.

Sri Aurobindo, der berühmte indische Yoga-Philosoph, arbeitete im indischen Befreiungskampf gegen England auf der Seite der Revolution und sollte zusammen mit seinem Bruder zum Tode verurteilt werden. Kurz vor der Gerichtsverhandlung erschien ihm Vasudeva (indischer Gott) und sagte ihm:

„Merke dir wohl, dich niemals zu fürchten, niemals zu zögern. (...) Merke, dass Ich es bin, der handelt, nicht du noch irgendein anderer. Was immer für Sturmwolken kommen mögen, was immer für Gefahren und Nöte, was immer für Schwierigkeiten, was immer für Unmöglichkeiten: Es gibt nichts Unmögliches, keine Schwierigkeit, denn Ich bin es, der handelt."

Aurobindo wurde freigesprochen. Sein Bruder, der dieselbe „Straftat" begangen hatte, wurde hingerichtet.

Hier erhalten wir eine erste Auskunft auf die Frage, wer denn diese innere Macht sein könnte. Sie nennt sich „Ich", spricht also von sich selbst in der ersten Person, sie ist „Gott". Gott (Vasudeva) sagt zum Menschen: *„Ich bin diese Macht, nicht du noch irgendein anderer."* Da aber doch diese Macht im Menschen sein soll, wie K.O. Schmidt geschrieben hat, müssen wir in uns – neben dem gewohnten Ich – ein höheres Ich haben, welches uns jederzeit leitet, sofern wir für diese Leitung bereit sind. Wir stehen somit vor einer gewaltigen Hypothese, welche das Leben der ganzen kommenden Epoche bestimmen könnte: dass wir „kleinen" Menschen selbst jene große Instanz in uns tragen, die wir früher über alle Dinge gestellt und „Gott" genannt haben. Wir haben die Kräfte, die Fähigkeiten und Möglichkeiten in uns selbst, die wir früher auf einen äußeren Weltenschöpfer geworfen haben! Das geheimnisvolle Subjekt der Welt, das göttliche „Ich" – das sind wir letztlich selbst, wenn wir uns mit unserem „höheren Selbst" verbunden haben. Dies also könnte die Reise sein, die uns in der kommenden Kulturgeschichte bevorsteht: die innere Reise vom Ego-Ich zum Universal-Ich oder Gottes-Ich, vom privaten Denken zum universellen Bewusstsein, von der individuellen Kraft zur Universalmacht. Je weiter der Mensch auf dieser Reise kommt, desto mehr Macht gewinnt er über sich selbst, seine Emotionen, Affekte und Gewohnheiten. Er ist auf dem Weg, die verlorene Macht zu sich zurückzuholen.

Es ist der Weg der Heilung. Es ist die Botschaft der neuen Zeit. Es ist die große Verheißung hinter dem kleinen Satz „Let God do". Wer unter solcher Führung steht, der braucht sich nicht mehr zu sorgen, denn *„Nicht ihr seid es, die da reden, sondern der heilige Geist ist es."* (Mk.13:11) Es gibt jemanden, der uns vertritt, wo wir selbst nicht weiterkommen. Eine Intelligenz über unserer eigenen, ein Wissen, welches sich einschaltet, wenn wir die entsprechenden Kanäle öffnen – als wären auf einmal alle hundert Prozent unseres Gehirns aktiviert anstelle der geschätzten zehn Prozent unseres gewohnten Lebens. Hier haben wir eine Linie in der spirituellen Evolution des kommenden Menschen: **die Übergabe unseres Lebens von der eigenen Regie an eine höhere Intelligenz, die letztlich doch unsere „eigene" ist. In dieser Übergabe liegen Sinn und Ziel der gegenwärtigen Transformation.**

2.3 Die Heilige Matrix

Warum gibt es durch die Kulturgeschichte der Menschheit hindurch eine universelle Zeichensprache, die überall wiederkehrt? Warum befindet sich im genetischen Code und im I Ging dasselbe mathematische Grundmuster? Warum haben die Baumeister früherer Zeiten versucht, ihre Bauten nach bestimmten Zahlenmustern der „heiligen Geometrie" zu entwerfen? Weil es im Universum ein universelles Muster gibt, welches durch alles Existierende hindurchleuchtet. Ein phantastisch anmutendes Beispiel für diesen Tatbestand ist die mathematische Analogie von I Ging und genetischem Code. In beiden Fällen handelt es sich um eine Art von Weltformel. Im I Ging ist es eine Weltformel aus dem Bereich der Weisheitslehren, im genetischen Code ist es eine Weltformel aus dem Bereich der Biogenetik. Die Strukturen beider Weltformeln sind mathematisch fast identisch; dasselbe kosmische Grundmuster in zwei Weltbereichen, die unterschiedlicher nicht sein könnten!

Die Heilige Matrix ist das kosmische Muster, das „morphogenetische Feld" des Universums, welches der Organisation des universellen Lebens zugrunde liegt. Es steuert die Informationen und Energien, die für die Entwicklung und Erhaltung des Lebens notwendig sind. Wenn sich der Mensch mit dieser Steuerung verbindet, öffnen sich die Kanäle für die Heilungskräfte. Wenn er seine irdische Existenz, seine Wohnsysteme, Energiesysteme, Wasser- und Nahrungssysteme an der Heiligen Matrix orientiert, öffnen sich globale Kanäle für globale Heilungskräfte. Das Prinzip der globalen Heilung liegt in der Übereinstimmung unseres Handelns mit den Energierichtungen und Sinnlinien der Heiligen Matrix. Diese Übereinstimmung ist im Bauplan der Schöpfung vorherbestimmt, denn die Heilige Matrix befindet sich auch im genetischen Muster des Menschen als molekulare Grundstruktur des genetischen Codes. Sie befindet sich im Seelenleben als Urmatrix der Liebe, und sie befindet sich im Zusammenleben der Menschen als Urmatrix der Gemeinschaft. Heilung entsteht durch die Aktivierung der Urmatrix.

Die Urmatrix der menschlichen Gemeinschaft verlangt eine neue Form des Zusammenlebens mit allen Wesen der großen Lebensfamilie. Es muss eine neue Form des „Kommunismus" oder „Sozialismus" sein. Die Begriffe sind historisch abgewirtschaftet, aber inhaltlich fangen sie gerade erst an, sich mit Sinn und Zukunft zu füllen. Der neue Sozialismus enthält alles, was zur Urmatrix der Gemeinschaft gehört, die Befreiung der Sexualität, die Kooperation mit der Natur, die Kommunikation mit kosmischen Wesen. Es ist eine Aufgabe unserer Zeit, diese Urmatrix in eine neue politische Sprache zu übersetzen und die „Regierungsformen" zu finden, mit denen sich die Zellen der neuen Weltgesellschaft gewaltfrei koordinieren.

Es gibt ein genetisches Grundmuster, welches unser Verhalten steuert. Durch die kulturelle Prägung einer menschlichen Gesellschaft werden bestimmte Informationen in diesem Grundmuster (bestimmte Segmente der DNS) aktiviert und andere deaktiviert bzw. eingeschläfert. Das Ergebnis ist die kollektive Orientierung einer Gesellschaft an einer Matrix aktivierter Informationen. Die Friedensarbeiter unserer Zeit haben die Aufgabe, diese Matrix zu verändern und neue Informationen zu entwickeln, die sich an den Regeln der Heiligen Matrix orientieren. Das soll nicht nur symbolisch geschehen wie in der heiligen Geometrie, sondern konkret und dynamisch im Aufbau der neuen Systeme. **Sobald die neuen Systeme kompatibel sind mit der Heiligen Matrix, können sie sich weltweit durchsetzen, denn alle Menschen sind an diese Matrix angeschlossen.**

2.4 Die Christus-Tatsache

Die Heilige Matrix ist im Menschen genetisch abgebildet durch ein Informationsmuster, welches wir den „Christus-Code" nennen können. Ich weiß, welchen Unmut ich bei vielen Lesern bewirke, wenn ich von „Christus" spreche, aber ich kenne keine andere Vokabel für das Gemeinte. Gemeint ist nicht der historische Jesus und auch nicht die christliche Kirche, in deren Namen die wahre Christuskraft verfolgt und unterdrückt wurde. Der Christus-Code steckt in allen Menschen, egal welcher Religion und Kultur sie angehören. Ob es dafür in anderen Kulturen einen anderen Namen oder überhaupt einen Namen gibt, entzieht sich meiner Kenntnis. Ich bitte deshalb um Nachsicht und Verständnis, wenn ich weiterhin das Wort „Christus" verwende. Im Laufe einer langen historischen Verdrängung ging das Christus-Bewusstsein in der Menschheit weitgehend verloren; wir müssen es auf neuer Ebene wiederfinden, um die Heilungskräfte zu gewinnen, welche allem Leben innewohnen. Wir leben seit Jahrtausenden in einem Hologramm von Angst und Gewalt; auf dem Grund der kollektiven Seele liegt ein morphogenetisches Feld des Krieges. Alle Menschen sind an dieses Feld angeschlossen, aber nicht alle sind deshalb „böse". Viele haben sich eine ursprüngliche Ethik des Guten bewahrt und befolgen diese Ethik, soweit dies möglich ist. Sie folgen damit einer Kraft, die wir den „Christuskern" des Menschen nennen können. **Der Plan der Heilungsbiotope folgt dem Ziel, für diesen Christuskern eine gemeinsame soziale Basis zu schaffen. Die neue Zivilisation basiert auf einer „globalen Vernetzung der Christuskerne".**

Christus ist eine kosmische Entität, die als hohes archetypisches Bild in der Menschenseele angelegt ist. Wir alle kennen das Bild, wir lieben es, auch wenn wir es abwehren. Die Christusgestalt steht als kosmisches Muster über allen Konfessionen. Sie gehört zum Menschen, nicht zu einer Kirche. Diese Tatsache allein kann die Welt verändern. **Sobald es einigen Gruppen gelingt, die innere Christusnatur zu aktivieren, könnte eine morphogenetische Welle ausgelöst werden, die alle erfasst, denn in allen steckt das Christusmuster.** Die Anerkennung der Christus-Tatsache ist keine Frage des privaten Glaubens, sondern ein Gebot des aufgeklärten Menschen. Sobald wir verstehen, was hier gemeint ist, verändern sich unsere Vorstellungen der Liebe und der Heilung. Nichts kann die Liebesbeziehung zweier Menschen tiefer verändern als die Entdeckung ihres Christuskerns. Und nichts wird unsere Vorstellungen der Heilung tiefer verändern als die Entdeckung der Christuskraft.

Es ist heute schwer, sich über das Christus-Phänomen zu verständigen. Die meisten Menschen, die in den letzten fünf Jahrtausenden den Mut hatten, ihrer entelechialen Christusgestalt zu folgen, wurden umgebracht. Sie passten nicht in das System, sie erhoben sich gegen die Methoden von Unterdrückung und Gewalt und mussten deshalb beseitigt werden. Sie landeten wie Johannes Hus auf dem Scheiterhaufen oder wie Dietrich Bonhoeffer in Hitlers Konzentrationslagern. Jesus, der Mann, in dem sich das Christusmuster so stark manifestiert hatte, starb am Kreuz. Das System war stärker als die in Jesus wirkende Gotteskraft. Dieser Vorgang des „Christusmords" war nicht auf eine spezielle Religion, ein spezielles Land oder eine spezielle Zeit beschränkt, sondern er zog sich durch sämtliche Machtsysteme der imperialistischen Epoche und läuft heute weiter in der Propaganda der Medien, in den Maßnahmen der Politik und in den Folterkellern der Geheimpolizei. Wer heute in einer öffentlichen Position, zum Beispiel im Bundestag oder im Aufsichtsrat von Siemens, von der Aktivierung der immanenten Christusnatur sprechen würde, würde als „Gutmensch" verlacht und von der Presse entsprechend verhöhnt, anschließend würde er wegen Inkompetenz seines Amtes enthoben. Das morphogenetische Feld des Krieges erträgt keine Christusmenschen. Die gegenwärtige Menschheit hat sich deshalb von ihrer Christusseele weit entfernt. Und doch liegt allein hier, in der Christusseele der Menschen, die Chance einer epochalen Wandlung – Metanoia.

Jesus, Mani und viele andere, die ihrer Christusseele die Treue hielten, scheiterten an der Übermacht des Systems. Hier stand ein Einzelmensch dem System gegenüber. Ein Einzelmensch gegen das morphogenetische Feld des Krieges – er hatte keine Chance. Wenn wir heute siegen wollen, dann müssen wir ein neues

„System" aufbauen, welches die Christuskraft in der sozialen und ökologischen Ordnung neuer Gemeinschaften verankert. Dieses System heißt „Terra Nova". Es ist dann nicht mehr ein Einzelner, der seine Kraft durchsetzen muss, sondern es ist die Bandbreite eines komplexen Systems von Menschen, Tieren, Gewässern und unsichtbaren Helfern, welches in Resonanz steht mit der Heiligen Matrix. Hier liegt ein Schlüssel! Wir treten nicht mehr als Privatpersonen in die Öffentlichkeit, sondern als Vertreter von Terra Nova, einer höheren Entität in der geistigen Hierarchie des Universums. Es ist nicht mehr ein persönlicher Mut, der sich durchsetzen muss, sondern es ist die geistige Macht des neuen Systems. Sie wirkt sich in kleinsten Dingen aus. Wenn ein Aktivist eine Anordnung des bestehenden Systems überschreitet und zur Rechenschaft gestellt wird, dann ist es energetisch ein großer Unterschied, ob er sagt: *„Ich kann diese Anordnung nicht akzeptieren"* oder: *„Ich arbeite für Terra Nova"*.

Christus ist ein Urbild der menschlichen Seele. Der Tiefenpsychologe C.G. Jung sprach bei solchen Urbildern von den „Archetypen" des kollektiven Unbewussten. Christus ist ein Archetyp des kollektiven Unbewussten. Ein Archetyp enthält große Kräfte und zieht, wenn er aktiviert wird, weitere Kräfte an. Wenn also der Christus-Archetyp aktiviert wird, werden Kräfte mobilisiert, die sonst nicht in Erscheinung treten. Es sind vor allem Kräfte der Liebe, des Heilens und höhere Kräfte des Sehens und der Verwirklichung. Es ist eine grundlegende Zielsetzung der neuen Gemeinschaften, den inneren Christusarchetyp der Teilnehmer voll ins reale Leben zu bringen. Wenn wir Fotos von dem jungen Vladimir Putin sehen, dann können wir uns vorstellen, wie sich dieser gewalttätige Mensch entwickelt hätte, wenn früh seine inneren Christuskräfte aktiviert worden wären und nicht seine Kräfte von Trauer, Misstrauen und schließlich Hass. Hier hat, wie so oft, ein junger Mann sein Herz verschlossen, weil er in einer Umwelt lebte, die nicht geeignet war, seinen Christus-Archetyp zu aktivieren. Wenn wir diese Tatsachen zur Kenntnis nehmen, wird es unausweichlich, dass wir eine menschliche Gesellschaft aufbauen müssen, in welcher der immanente

Christus aktiviert wird und nicht, wie bisher, der immanente Teufel. Das ist einer der Basisgedanken für die Erschaffung einer lebenswerten Zukunft. Ein Kind, welches in einem Milieu von Liebe und Vertrauen aufwächst, kann kein Verbrecher werden, es wird seine Christusnatur verwirklichen.

Christus ist eine futurologische Gestalt, ein Zukunftsbild des Menschen. Er ist in uns angelegt wie der Schmetterling in der Raupe. Es spielt keine Rolle, wie wir ihn nennen, wichtig ist allein die Anerkennung der Christus-Tatsache und die Entscheidung, mit dieser Tatsache zu arbeiten. In Platons Ideenlehre finden wir das „Agaton", das absolut Gute. Diese Idee wäre nicht entstanden, wenn das Agaton nicht als latente Möglichkeit im Menschen angelegt wäre. Die Berichte, die Jacques Lusseyran über seine Erlebnisse im Konzentrationslager Buchenwald geschrieben hat, liefern bewegende Einblicke in die Christusnatur von Mithäftlingen, die vorher als Kriminelle galten. Hier liegt zweifellos ein großes Potential des zukünftigen Menschen, welches sich dann realisieren wird, wenn sich der bewusst werdende Mensch aus seiner Verpuppung befreit und zu seiner eigentlichen Gestalt hinaufgearbeitet hat.

Die kollektive Verwirklichung der Christusseele ist die Voraussetzung einer Zukunft ohne Krieg. Wenn das Wort „Christus" zu männlich erscheint, dann können wir auf weiblicher Seite von der „marianischen" Natur sprechen. In jedem Menschen kann sich Christus manifestieren, so wie er sich in Jesus manifestiert hat. Das ist die innere Gestalt des höheren Menschen, des „Adam Kadmon" in der Kabbala, es ist die Kernfigur des Menschen in einer humanen Welt. Wir tragen sie in uns in jener Form, die wir oft als unser „höheres Selbst" bezeichnen. Wo wir uns unserer Christusnatur nähern, da öffnet sich ein ganz spezielles Lebenstor, wir sehen die Welt im Geist der Liebe. Die Geschichte des Projekts Tamera ist die Geschichte einer solchen Hinführung, sie hat gerade erst begonnen. Alle Gruppen und Projekte, die heute am großen Plan mitarbeiten, werden diesen Prozess durchlaufen. Sobald es gelingt, die Urbilder der Liebe von allen Sentimentalitäten und allen moralischen Zeigefingern zu befreien, werden die Mitglieder der neuen Gemeinschaften das große Ziel erkennen, für das wir alle unterwegs sind. Der Satz „Gott ist die Liebe" hatte lange Zeit seinen Sinn verloren. Vielleicht können wir ihn heute neu verstehen. Terra Nova ist eine Liebesaffäre.

Jesus hatte eine globale Feldwirkung, weil er den kosmischen Christus verkörperte. Er stand damit in Resonanz mit einer Kraft, die in allen Menschen latent vorhanden ist. Er weckte diese Kraft in vielen Menschen und weckt sie heute noch. Dass sich das „Jesus-Feld" historisch nicht wirklich ausbreiten konnte, lag daran, dass sein Evangelium sofort von den Gegenkräften der römischen Welt und später von den Gegenkräften der Kirche diabolisch verfälscht wurde. (Siehe dazu die Arbeit von Karlheinz Deschner.[11]) Wenn wir uns heute durch einen neuen Kulturansatz von diesen alten Mächten befreien, können wir auf neuer Ebene die Botschaft aufnehmen und in die „Nachfolge" treten. Vor allem müssen wir die Christuskraft hineintragen in denjenigen Kernbereich unseres Lebens, in dem sie bisher noch kaum zu Hause war: in den Bereich der Geschlechterliebe. Vor allem hier, in der Begegnung von Mann und Frau, kann sich reale Christuskraft manifestieren, um die große Neugeburt in Gang zu bringen. Ich wünsche, alle Leser könnten erleben, wie dieser Vorgang sich in der sozialen Wirklichkeit einer lebendigen Gemeinschaft abspielt. In der Geste des Verlangens manifestiert sich Sexus, in der Geste der Liebe manifestiert sich Christus. Wir werden staunend erleben, dass dies kein Gegensatz ist.

Christus ist der genetische Abdruck der Heiligen Matrix im Homo sapiens. Indem wir bewusst dieses genetische Muster aktivieren, betreten wir eine neue Stufe der menschlichen Evolution im erotischen und sozialen wie im politischen Bereich. Indem wir die Christus-Matrix aktivieren, öffnen wir den Zugang zu den göttlichen Weltkräften.

Die Cherokee-Indianerin Dhyani Ywahoo hat geschrieben: *„Mit der bewussten Entscheidung, in heiliger Weise zu leben, ziehen wir das Verständnis, die Lehren und die Informationen an uns heran, die uns helfen werden, unsere Gaben zum Wohle aller zu entfalten."* [49]

Gibt es eine konkrete Utopie des Menschen? Darauf gibt es eine klare Antwort: Ja, die gibt es. Es ist der Mensch, der seine Christusseele verwirklicht hat. In der Christusseele steckt eine ganz spezifische Verbindung von Kraft und Liebe; das ist Festigkeit ohne Härte, Weichheit ohne Schwäche, Klarheit ohne Kälte. Die Gemeinschaften der Zukunft bestehen aus Menschen, welche die innere Christusnatur aneinander entdeckt haben. Zwischen ihnen kann es keine Feindschaft geben. Die Christusseelen und die marianischen Seelen haben einander gesehen und sich als gleiche erkannt. Von da an entwickelt sich eine menschliche Kultur des Vertrauens und der absoluten Solidarität. Dies ist das Bild einer universellen Menschlichkeit, die eigentlich mit dem Wort „Humanität" gemeint war. Wer dieses Bild sehen kann, leistet schon dadurch einen Beitrag zur Verwirklichung.

Die Christus-Tatsache hat einen mächtigen Effekt auf unsere menschlichen Beziehungen, vor allem in der Liebe. Sie löst nämlich die „Beziehung" auf und stellt uns auf eine höhere Basis der Liebe. Man bezieht sich nicht aufeinander, wenn man sich im Christusfeld begegnet. Man sieht sich, erkennt sich und unterstützt sich, aber man bezieht sich nicht aufeinander im Sinne einer persönlichen Beziehung, denn man ist gemeinsam auf ein Drittes bezogen. Durch das Konzept der „persönlichen Beziehung" ging bisher jede Liebe kaputt. Es ist das System, in dem man immer meint, füreinander da zu sein, und immer verletzt ist, wenn der andere die Spielregeln dieses Füreinanders nicht einhält. Fast jede persönliche Beziehung füllt sich im Laufe der Jahre mit einem Untergrund von Enttäuschung, Ärger oder Langeweile. Das System der persönlichen Beziehung ist verbunden mit Verletzung, Vorwurf, Aufrechnung und Angst vor Trennung. Wenn hingegen Menschen sich im Christusfeld begegnen, dann begegnen sie sich von vornherein auf einer anderen, aber beiden gemeinsamen Ebene – und beide kennen diese Ebene, beide wissen, dass sich nur hier die Liebe verwirklichen kann. Auf einmal wird die Liebe sehr groß und sehr sachlich. Wir arbeiten für die Liebe, auch wenn wir streiten. Da wird niemand persönlich verletzt. Wenn doch eine Verletzung geschieht, dann liegt es daran, dass unsere Seelen noch mit dem alten Betriebssystem verbunden sind. Wer an der Transformation arbeitet, nimmt solche Missverständnisse in Kauf. Die Belohnung ist groß, denn man findet tatsächlich den Schatz der Liebe. Wenn dies zwischen zwei Menschen geschieht, dann können sie „heiraten", denn dann brauchen sie keine Trennung mehr zu befürchten. Jetzt kann ein großer Traum in Erfüllung gehen, der Traum der Liebe. Der ist genetisch in unsere Seelen eingeschrieben. Jeder Mensch ist ein potentieller Christus. Wenn man mich fragt, warum ich meiner Partnerin Sabine Lichtenfels ein Leben lang treu bleibe, dann ist die Antwort einfach: weil ich in ihr von Anfang an die Christusnatur (die marianische Seele) gesehen habe. Sobald sich die Christusnatur des Menschen in den ersten Gruppen verwirklicht, entsteht ein neues morphogenetisches Feld der Liebe. Mit diesem Feld gelingt der große Kulturwechsel. Ohne dieses Feld gelingt er nicht.

Die morphogenetische Feldbildung, an der wir arbeiten, kann nur in dem Maße gelingen, wie sich die Christusseele unter Menschen ausbreitet und manifestiert, denn Christus ist die entelechiale Basis der neuen Kultur.

Das Christus-Bewusstsein war bisher nur in einzelnen Menschen vertreten, es war noch kein kollektives Feld. Es konnte kein Feld werden, denn die ganze Gesellschaft war anders organisiert. Heute stehen wir vor der Aufgabe, eine gesellschaftliche Organisation zu schaffen, welche der Christusmatrix entspricht und die Menschen auf einen kollektiven Weg der Liebe führt. Das ist jetzt kein Traum mehr, sondern eine objektive Aufgabe und der objektive Kern von Terra Nova.

2.5 Ananda

Neben der gequälten Welt gibt es noch eine andere: die Welt der Freude, Ananda. Deren Gesetze sollen die Grundlage bilden für die neue Kultur. Ananda nennen indische Yogis den Urzustand des Seins. Ananda bedeutet so etwas wie Urfreude. Urfreude ist ein Teil des Lebens, solange es nicht gestört ist. Spielende Hunde und Katzen sind voll von Ananda. Wir sind berührt von ihrem Spiel, denn wir wissen instinktiv, was sie tun. Auch wir Menschen tragen das „Ananda-Gen" in uns. Auch die Pflanzenwelt ist voll davon. Ananda ist der Quell des Lebens. Es ist bewegend zu sehen, wie schnell sich eine fast verdurstete Landschaft regeneriert, wenn in ihr Wasser-Retentionsbecken angelegt worden sind. In kürzester Zeit hat sich die erodierte Trockenzone in ein blühendes Biotop mit vielfältiger Flora und Fauna verwandelt. Beispielhaft dafür sind die Teichlandschaften des Permakultur-Spezialisten Sepp Holzer sowie die Teichlandschaften in Tamera. Man muss es gesehen haben, um es zu glauben. Es ist, als wäre in der Natur das Programm der Lebensfreude immer gegenwärtig und könnte sich sofort verwirklichen, sobald der Mensch die Voraussetzungen dafür schafft. Die Urmatrix der Natur wartet nur darauf, vom Menschen verstanden und neu geweckt zu werden. Dasselbe gilt für unser Verhältnis zu Tieren. Tiere begegnen dem Menschen mit vorbehaltloser Freude, wenn sie gemerkt haben, dass sie vor ihm keine Angst mehr haben müssen. Wir haben in Tamera viele Beispiele des zunehmenden Vertrauens von Tieren erlebt: Wasserschildkröten kamen auf uns zu geschwommen, bis sie uns berührten, Wasserschlangen wickelten sich um die Beine. Eine Schlange legte sich auf den Bauch einer Frau. Schweine sprangen vor Freude in die Luft, wenn wir morgens das Haus verließen und zu ihnen kamen. Eines drehte dabei in der Luft eine perfekte Pirouette. Adler und Geier ziehen ihre Kreise. Wir spüren die Freude der gegenseitigen Entdeckung zwischen allen Lebewesen. Wir kennen die schönen Fotos, Bilddokumente des Vertrauens zwischen Tier und Mensch: Tierwärter, die von Löwen umarmt werden, oder ein Kleinkind, das einer Riesenschlange den Kopf bürstet. Könnte diese Welt nicht wirklich ein Paradies sein? Nach einem Zeitalter der Angst und Trennung sehnt sich alles nach Kontakt und Vereinigung. Die Welt erwacht aus der Erstarrung und beginnt mit einem Freudentanz wie die Antilopen in der Wüste Namib, wenn nach langer Trockenzeit der erste Regen kommt. Das ist pure Schöpfungswonne. Hier liegt konkrete Utopie in Hülle und Fülle. Hier ist Terra Nova.

Betrachten wir daneben nur ganz kurz die Dinge, die alltäglich in Schlachthöfen, Pelztierfarmen oder Tierlabors geschehen, betrachten wir es fast wie einen historischen Rückblick. Krasser könnte kein Gegensatz sein. Hier stehen wir alle definitiv vor der Entscheidung: Wie lange wollen wir uns noch direkt oder indirekt an solcher Barbarei beteiligen? Das Thema der Mittäterschaft ist ein ethisches und ein politisches Thema. Die autarken Systeme, die im Namen von Terra Nova errichtet werden, sind schon aus ethischen Gründen unumgänglich, weil sie uns aus der Abhängigkeit von einem grausamen Produktions- und Konsumsystem befreien. Wir können nicht voll eintreten in die Kooperation mit der göttlichen Welt, solange wir ihre Geschöpfe quälen oder kontaktlos ignorieren, denn wir alle sind Teile desselben Lebens und Mitglieder derselben Familie. Die Wiederherstellung dieser ursprünglichen Einheit ist eine Grundvoraussetzung für eine Zukunft ohne Angst. Die heilige Allianz der großen Lebensfamilie will wieder zusammenkommen. Wir sehen ja, dass es so sein könnte in der Schöpfung. Wir sehen eindeutig eine Welt ohne Angst. Kein Tier hat Angst vor dem Menschen, wenn der Mensch keine Angst mehr hat vor Tieren und deshalb kein Tier mehr quält. Kein Mensch hat Angst vor dem Menschen, wenn es keinen Grund mehr gibt für Hass und Gewalt. Wir befinden uns in heiliger Allianz mit allen Wesen, so steht es im Schöpfungsplan geschrieben – und wenn es noch nicht der Plan der alten Welt war, dann ist es der Plan der neuen Welt, den wir in der kommenden Stufe der Evolution verwirklichen wollen. An die Stelle der Urangst tritt eine Lebensfreude, eine Urfreude, die an keine Bedingung gebunden ist, denn **das Leben ist Urfreude.** Das zeigt uns jede Katze, jeder Hund und jedes Kind, sogar Kinder in den Flüchtlingslagern der Kriegsgebiete.

Das Leben ist Urfreude, das hatten wir fast vergessen. Zum Fest der Natur gesellt sich das Fest der Liebe. Der heilige Gral befindet sich jetzt nicht mehr in düsteren Wäldern, sondern in der Daseinswonne aller Kreatur. Wenn uns das Entsetzen über die Vorgänge in der Welt überwältigen will, dann sollen wir wissen, dass Ananda eine bessere Grundlage ist, um die Welt zu heilen.

2.6 Das Heilige Land

Es ist ein Fest, mit allen Mitgeschöpfen der Natur die neue Erde aufzubauen. Wo Menschen sich gemeinsam in einem solchem Fest befinden, da entsteht das Heilige Land. Der Jesus-Traum von der Ankunft des „Reiches" geht in Erfüllung, und das „Himmlische Jerusalem" ist herunter auf die Erde gekommen. Wir sind angekommen im verheißenen Land „Kanaan", aber dieses Land liegt nicht westlich oder östlich vom Jordan, sondern überall, wo Menschen auferstehen. Dafür muss kein Volk vertrieben und kein Biotop zerstört werden. Wir kennen die sakralen Mythologien vom „Heiligen Land" und vom „Königreich Gottes auf Erden". Der Gedanke, das irdische Reich in ein Gottesreich zu verwandeln und umgekehrt, begann früh in der patriarchalen Geschichte. Die großen ägyptischen Pyramiden erstellten eine kosmologische Verbindung zwischen Menschenwelt und Gotteswelt, und der Pharao Echnaton gründete die Sonnenstadt Amarna, um die göttliche Welt auf die Erde zu bringen. Aber diese Versuche scheiterten, weil sich eine ursprüngliche Erleuchtung, die durchaus echt gewesen sein kann, in einen imperialistischen Machtrausch verwandelt hatte. Es fehlte die transformierende Kraft der Liebe.

Es war Jesus von Nazareth, der vor 2000 Jahren vorgeführt hat, wie die Verbindung des irdischen Lebens mit der göttlichen Welt im Sinne der Liebe aussehen könnte. Jesus ist bis heute für sehr viele Menschen eine Leitfigur für das Leben, wie es „eigentlich" sein sollte. In gewisser Weise stehen wir heute in seiner Nachfolge, indem wir versuchen, seinen Weg fortzusetzen unter Einbeziehung der dafür notwendigen gesellschaftlichen Voraussetzungen. Viele Versuche sind seitdem unternommen worden, um Gottesreich und Menschenreich zu vereinigen. Man hat versucht, neue Bausysteme im Sinne sakraler Proportionen zu entwickeln; von Jerusalem bis Brasilia weht ein Wind in dieser Richtung. Aber bei allen Versuchen, Gott auf die Erde zu bringen, wurde der Eros vergessen. Ich habe in meinem Buch „Die Heilige Matrix" gezeigt, wie in allen Sozialutopien bis heute das Thema Nummer Eins ausgeklammert war. Es ist ungeheuerlich zu sehen, wie die Menschheit in ihrer geistigen Entwicklung alles unternommen hat, um den Weg zu Gott zu finden – und wie bei fast allen Versuchen das Kernthema unseres Lebens ausgeklammert blieb. Hier liegt ein Thema, so heiß wie die Atombombe, an dem wir uns alle die Finger verbrannt haben. Ein Thema, welches im Laufe der Geschichte so furchtbar mit Eifersucht, Blut und Rache verbunden wurde, dass niemand es neu aufnehmen wollte. Aber ohne das Thema Sexualität zu lösen, ohne diese wunderbare Verheißung zwischen den Geschlechtern auf eine gute und gewaltfreie Weise einzulösen, wird es keine freie Welt geben.

Das Heilige Land ist nicht an eine Religion gebunden, und es ist auch nicht auf Israel und Palästina beschränkt, denn es ist überall, wo Menschen diese große Sache sehen und realisieren. Es wird ein leuchtender Teppich sein, der sich über die Länder webt und nach und nach die Erde umfasst. Wir arbeiten an einem Urgrund des Lebens, der allen Bewohnern dieses Planeten gemeinsam ist. Das soll immer wieder ins Bewusstsein kommen: Die Heilungsbiotope, die neuen Zentren und Kommunen entstammen einer Weltbewegung und einer Ethik, die von allen Bürgern unseres Planeten gewünscht und unterstützt wird. **Es ist nicht das Ego kleiner Gruppen, sondern das globale Selbst unseres Planeten, welches diese Bewegung hervorbringt.** Wir Menschen sind ein Teil der Welt. Wir haben die Welt verletzt und wollen sie jetzt im Sinne ihrer eigenen Matrix wieder heilen. Das Heilige Land ist das Testament des 21. Jahrhunderts, es gilt für alle Völker der Erde. Alles Leben soll geheilt werden. Das ist die Botschaft. Es ist die ultimative Aufgabe der neuen Gruppen, diese Botschaft „herunterzuladen" und zu verwirklichen.

„Wenn ihr wollt, ist es kein Märchen!" hat Theodor Herzl seinen jüdischen Freunden zugerufen, als er ihnen die Vision eines neuen israelischen Volkes nahebringen wollte, aber er ignorierte dabei die palästinensischen Siedlungen, die dort schon existierten, und er kannte noch nicht die inneren sexuellen, sozialen und ökologischen Voraussetzungen einer humanen Welt. *„Wenn ihr wollt, ist es kein Märchen"* – so können wir heute noch einmal

sagen, wenn wir dabei eine vereinigte Menschheit meinen, die in tiefer Kooperation mit den Schöpfungskräften das Paradies auf die Erde bringt, wie es im entelechialen Programm aller Wesen vorgesehen ist.

Dies ist die höchste und vorerst letzte Schlussfolgerung, zu der uns die gegenwärtige Reise durch alle wissenschaftlichen und religiösen Verheißungen führt: dass wir in eine Welt eintreten werden, in der wir unsere Umgebung lieben und pflegen, weil wir in ihr die göttliche Gegenwart erkennen. Jede Pflanze wird zu einem Zeichen der höheren Welt, weil in ihr das Geheimnis offenbar geworden ist. Wer wirklich eine Blüte gesehen hat, kehrt mit verändertem Leben daraus zurück.

2.7 Wasser, Nahrung und Energie stehen der Menschheit kostenlos zur Verfügung

Die Natur produziert im Überschuss, was der Mensch braucht: Sauerstoff, Wasser, Nahrung. Alle Menschen und alle Tiere der Erde könnten sich ernähren, wenn die Methoden der Weltwirtschaft sich nicht am Kapitalgesetz, sondern am Naturgesetz orientieren würden. Die Urmatrix der Natur wartet nur darauf, vom Menschen verstanden und neu geweckt zu werden.

Die Erde wird zerstört durch die politischen und wirtschaftlichen Maßnahmen der kapitalistischen Globalisierung, besonders durch die Kämpfe um Wasser, Nahrung und Energie. Für die Produktion von Energie, Lebensmitteln und anderen Konsumgütern werden ganze Regionen verwüstet und ihrer natürlichen Ressourcen beraubt. Wenn wir hineinleuchten in die Schicksale der unzähligen Lebewesen, die den Maßnahmen der Globalisierung zum Opfer fallen, dann erkennen wir die absolute Notwendigkeit neuer Autarkie-Konzepte, welche der Erdbevölkerung die Möglichkeit geben, unabhängig von Kartellen und Syndikaten ihre materiellen Lebensbedingungen zu erfüllen. **Dezentrale Autarkie im Sinne einer größtmöglichen Selbstversorgung ist eine Voraussetzung für die Entwicklung einer gewaltfreien Zivilisation.** Ein Energiekonzept, welches Stauseen benötigt, kann nicht im Sinne der Schöpfung sein. Was geschieht mit den Menschen, die dort leben, wo die Konzerne neue Ressourcen erschließen wollen? Was geschieht mit den Tieren und mit dem ganzen Feingewebe der Natur, welches im großen Organismus des Lebens seine Aufgaben erfüllt? Können wir hineinschauen in die Millionen von Höhlen, Nischen, Nestern und Kleinbiotopen, in denen die Tierwelt ihre Heimat hatte, und die jetzt gnadenlos überflutet werden? Zentimeter für Zentimeter! Ein Symbol für die unaufhaltsame Walze der Vernichtung, die heute über den Erdball rollt. Was ist in der Natur von Portugal passiert, als sie den Staudamm Alqueva gebaut haben? Was geschieht zur Zeit in Brasilien durch das Staudamm-

Projekt Belo Monte, wo über vierzigtausend Ureinwohner von ihren Heimatplätzen vertrieben werden? Was geschieht in der Seelenwelt der Natur und was in der Seelenwelt der menschlichen Gesellschaft? Es ist unbeschreiblich, mit welchen Methoden von Bestechung, Intrige und gezielter Falschinformation solche Profit-Projekte durchgedrückt werden.

Wir brauchen weder Staudämme noch Atomkraftwerke noch sonstige Megaprojekte, um Energie und Nahrung zu sichern, denn die Natur stellt uns alles im Überfluss zur Verfügung. Wenn einmal die Methoden benutzt werden, die mit den Namen Viktor Schauberger, Sepp Holzer, Masanobu Fukuoka oder Nikola Tesla und Jürgen Kleinwächter verbunden sind, wird es keinen Mangel mehr geben. Landwirtschaftliche Experimente in China und Afrika haben gezeigt, wie schnell sich die Natur regenerieren kann, wenn sie nicht durch eine naturfremde Art der Bewirtschaftung daran gehindert wird. Kürzlich war John Liu bei uns, der bekannte Filmemacher, der sich für die Wiederbegrünung großer Trockengebiete einsetzt. Er zeigte uns seine Filme und gab uns einen Einblick in die realen Möglichkeiten der Wüstenbegrünung, die wir weltweit nutzen könnten, wenn es eine Lobby gäbe, welche solche Projekte finanziert. Riesige Wüstengebiete in China konnten mit einfachen Mitteln aufgeforstet werden. Ähnliche Beispiele der Naturheilung hat er in Äthiopien, Ruanda und anderen Ländern dokumentiert. Derartige Modellversuche zeigen, welche Möglichkeiten der Menschheit zur Verfügung stehen, wenn sie nicht mehr durch Konzerne und ihre politischen Agenten blockiert werden.

Rajendra Singh, den man auch den „Wasser-Gandhi" nennt, hat in Rajasthan (Indien) in etwa 25 Jahren mit Hilfe von traditionellen „Johads" (kleinen Retentionsteichen) über 8600 Quadratkilometer Wüste wiederbegrünt. Mit einfachsten Mitteln haben die Dorfgemeinschaften diese Retentionslandschaft angelegt, mit der das Grundwasser wieder aufgefüllt wird. Heute können sich Millionen von Menschen von diesem Land ernähren und müssen nicht in die Städte auswandern. Fünf Flüsse führen wieder ganzjährig Wasser. Und der Regen ist zurückgekommen.

Um die Natur gegen erneute Ausbeutung zu schützen, haben sie ein Flussparlament gegründet.

Weltweit existieren etliche Projekte, die in ähnlicher Weise aktive Hilfe anbieten, aber noch relativ alleine stehen. Sie brauchen einen internationalen Zusammenhalt, damit das globale Feld für die neue Erde wachsen kann. Die Heilung der Natur, regionale Selbstversorgung und internationale Zusammenarbeit sind Grundbedingungen für die Beendigung des Welthungers. Jedes neue Zentrum sollte ein Amt für internationale Information und Kommunikation besitzen.

Viele weitere Entwicklungen für dezentrale Versorgung mit Wasser und Energie sind weltweit im Gang. Viele kommen noch nicht zur Produktreife, weil sie nicht übereinstimmen mit den bestehenden Vorstellungen und deshalb nicht finanziert werden. Dazu gehören auch Forschungen zur Nutzung der „Freien Energie" oder die Entwürfe und Entwicklungen des Ingenieurs und Erfinders Jürgen Kleinwächter für neue Nutzungsmöglichkeiten der Solarenergie und den Aufbau entsprechender energieautarker Lebenssysteme. „Solarvillage" nennt er sein System, welches in Tamera installiert werden soll.

Kein Kind muss verhungern, wenn eine freie Menschheit anfängt, die vorhandenen Möglichkeiten zu nutzen. Nahrung entsteht überall, wo der Mensch etwas sät. Allen Völkern der Erde muss dieses Recht auf Selbstversorgung schnell und bedingungslos zurückgegeben werden. Wir sind uns klar darüber, dass die neuen Autarkie-Systeme im Konflikt liegen mit den Vorstellungen der anderen Seite. Die von den Globalisierungsmächten angestrebte „neue Weltordnung" kann keine regionale Autarkie erlauben. Aber die „andere Seite" besteht auch nur aus Menschen, und das System, dem sie noch dienen, wird wahrscheinlich nicht mehr lange halten. Wir hoffen auf Möglichkeiten der Kooperation. Der Machtkampf zwischen den Kräften des Lebens und den Kräften des Profits muss umgewandelt werden in ein neues Modell der Kooperation, so weit dies möglich ist. Es muss möglich werden, denn die alten Zeiten des revolutionären Kampfes sind vorbei. Es gibt nicht mehr die „heilige, allerletzte Schlacht". Die Friedensbewegung sollte ein intelligentes Konzept entwickeln für die Kooperation mit denjenigen Teilen des kapitalistischen Imperiums, die den ökonomischen und humanitären Wahnsinn erkannt haben. Wir sollten nicht zu schnell sein mit der leichtfertigen Behauptung, dass solche Gedanken zu naiv seien. Sie sind nicht naiv, denn auch hohe Vertreter des gegenwärtigen Systems kommen nach Tamera, um Möglichkeiten der Zusammenarbeit zu erkunden. Sie sehen, dass ihre Methoden (z.B. in der Wasserwirtschaft) nicht mehr lange funktionieren können. Die Möglichkeiten im Universum sind grenzenlos, wenn einmal das Tor für das universelle Lebenskonzept geöffnet ist.

2.8 Die Realität der konkreten Utopie

Terra Nova ist der Traum einer neuen Menschheit auf einer geheilten Erde. Saubere Flüsse, blühende Wiesen, duftende Wälder und eine vereinigte Menschheit im kreativen Kontakt mit allen Mitgeschöpfen – dieser Traum ist mehr als bloßer Wunschtraum, denn er ist real in der gegenwärtigen Welt enthalten. Die Flüsse reinigen sich von selbst, wenn wir sie nicht weiter verschmutzen. Alles Lebendige hat eine intentionale Richtung, eine Entelechie, eine innere Zielgestalt. Die Zukunft ist dem Leben eingeschrieben. Die konkrete Utopie steckt in jedem Wesen als Zielbild seiner Entwicklung, wie der Plan des Apfelbaumes schon in seinem Samenkorn vorgezeichnet ist. Wir alle befinden uns unterwegs zu einem Ziel, das in uns angelegt ist, das wir aber noch nicht erreicht haben. Dieses „Noch-Nicht" ist kein Mangelzustand, sondern ein innerer Motor des Lebens. Ernst Bloch spricht hier in genauer lateinischer Übersetzung vom großen „Nondum", dem „Noch-Nicht" der Geschichte, dem Entwicklungsziel, das als „utopische Latenz" dem Leben eingebaut ist, so wie der Traum des Baumes in seinem Samen enthalten ist.[3] Der Traum von Terra Nova ist die konkrete Utopie der Menschheit, das große „Noch-Nicht", das Bloch'sche Nondum, das real als Möglichkeit in ihr steckt. *„Das Königreich Gottes ist inwendig in euch"*, hat Jesus seinen Anhängern zugerufen. (Lk.17:20-21) Ebenso können wir heute sagen: *„Terra Nova ist inwendig in uns"*. Wenn wir Freude haben an wissenschaftlichen Formulierungen, können wir sagen: Terra Nova ist das Hologramm, das jetzt abrufbereit in der „impliziten Ordnung" liegt und durch die richtigen Frequenzen heruntergeladen werden kann. Ob sich diese Utopie manifestieren wird oder nicht, hängt ab von den Schlüsselinformationen, die wir in den globalen Lebenskörper eingeben. Mit jeder Handlung, jedem Wort und jedem Gedanken aktivieren oder blockieren wir den historischen Vorgang, aktivieren wir die konkrete Utopie oder ihr Gegenteil.

Die Zukunft sitzt in jeder Zelle. Aus der berühmten Raupe wird der berühmte Schmetterling. Das ist die Realität ihrer konkreten Utopie. Der Schmetterling ist die latente Utopie der

Raupe. Die Raupe weiß nichts davon, und doch lebt in ihr die Matrix ihrer zukünftigen Existenz, nämlich die Information des Schmetterlings. Könnte nicht in analoger Weise auch im Menschen eine entelechiale Information liegen, die bislang nicht verwirklicht werden konnte? Wenn wir vom „höheren Selbst" sprechen oder vom „inneren Christus", könnte damit nicht die konkrete Utopie des Menschen gemeint sein, auf deren Realisierung wir zugehen?

In einer Séance fragte ich meine Partnerin Sabine Lichtenfels: Was ist jetzt zu tun, nach den Katastrophen von Fukushima, Oslo, London etc.? Es kam die Antwort: *„Ihr müsst der Welt zum Trotz das Heile sehen, denn das Heile ist parallel immer da. Je mehr ihr dafür die Frequenzen öffnet, desto weiter kann es strahlen und Wunder bewirken."*

Das Heile ist immer da. Es verwirklicht sich, wenn es von uns gesehen und „angestoßen" wird. Die konkrete Utopie kann sich verwirklichen, wenn sie von den ersten Menschen gesehen und gewollt wird. **Die Möglichkeit der globalen Heilung muss gesehen und gewollt werden. In jedem Wesen, und sei es noch so deformiert, steckt eine heile, heilige Urmatrix und beginnt sofort zu wirken, wenn sie gesehen, angesprochen und aktiviert wird.** Das sind Lehrsätze, die viel Leid ersparen, wenn sie richtig angewendet werden.

Hinter jeder Krankheit steckt eine heile Matrix, welche sich sofort zu verwirklichen beginnt, wenn sie gesehen wird. Es hängt von unseren geistigen Wahrnehmungen und Gedanken ab, was sich in der Welt verwirklicht. Die immanenten Heilkräfte wirken auch dann noch, wenn die ärztliche Wissenschaft keine Chance mehr sieht. Lusseyran konnte weiterleben, als er nach medizinischen Kriterien längst hätte tot sein müssen (siehe S. 126). **Je mehr es uns gelingt, eine gesellschaftliche Ordnung zu entwickeln, eine soziale, sexuelle, ökologische, politische Ordnung, die mit der höheren Lebensordnung, der Heiligen Matrix, übereinstimmt, desto mehr heilende Kräfte ziehen wir an und desto mehr Utopie kann in Erfüllung gehen.** Die Kräfte der Heiligen Matrix realisieren sich in unseren Beziehungen und Handlungen. Das Heilige Land ist eine gewünschte Zukunft, die wir real verwirklichen, indem wir den Weisungen folgen, die wir in uns tragen. Alle hohen Geister im Osten wie im Westen wussten, dass die menschliche Evolution einem allertiefsten geistigen Ziel entgegengeht, welches in der vollen Wiedervereinigung des Menschen mit seiner göttlichen Herkunft besteht. Wir stecken heute noch in geistigen Identifizierungen, die wir morgen verlassen werden. Identifizierungen mit dem Leib, den man anfassen kann, und mit der Person, die man rufen kann. Um im vorigen Bild zu bleiben: Wir sind mit der Raupe identifiziert. Wenn wir der Raupe sagen würden, dass sie bald ein Schmetterling sein wird, würde sie uns für verrückt erklären und jede weitere Diskussion abbrechen. Ähnlich beim Menschen. Wenn man dem heutigen Menschen etwas von seiner göttlichen Natur, die in seinem entelechialen Programm enthalten sei, erzählt, riskiert man Sektenverdacht oder psychiatrische Einweisung. Umso wichtiger ist es, hier eine klare, wissenschaftliche und für jeden denkenden Menschen nachvollziehbare Sprache zu finden. Wir wissen, dass wir erst am Anfang unserer geistigen Entwicklung stehen und dass in uns allen das entelechiale Programm der Christusnatur enthalten ist, welches darauf wartet, erkannt und abgerufen zu werden.

Die unsichtbare Substanz
Ich halte einen Apfel in der Hand. Wer hat ihn erschaffen? Die Weltmacht, die diesen Apfel erschaffen hat, ist auch in der Lage, den globalen Krieg zu beenden. Wir selbst sind aus dieser Weltmacht hervorgegangen – und wir tragen sie in uns. Wir werden lernen, uns ihrer in vollem Umfang zu bedienen. Das gehört zu den Aufgaben der neuen Epoche. Es ist ein Teil des kommenden Unterrichts, an dem wir als Lehrer und als Schüler teilnehmen werden. Wir werden es lernen, uns dieser Weltmacht zu bedienen und dadurch ein geistiges Kraftfeld zu schaffen, welches als unsichtbare Substanz die Welt verändert. In den Upanischaden, einem der ältesten Weisheitsbücher der Menschheit, ist die unsichtbare Substanz das Urschöpferische im Kern der Frucht eines Feigenbaumes, aus dem der Baum erwuchs

und auch alles andere hervorgegangen ist. Das Urschöpferische ist die Grundessenz der Welt, die identisch ist mit „Atman", dem Selbst aller Wesen. Es gibt demnach eine innere Essenz, die in allen Wesen dieselbe ist! Diese unsichtbare Essenz ist die Basis unserer Aussage, dass alle Wesen in dem Einen Sein und dem Einen Bewusstsein miteinander verbunden sind.

Die Wirklichkeit ist keine fertige Substanz, sondern eine Manifestation unsichtbarer Energie- und Informationsfelder, eine Manifestation von Bewusstseinskräften, von Gedanken und Bildern. Im Weltgewebe interagieren dauernd Bewusstsein und materielle Realität. Wir sind immerwährend durch die Macht unserer Gedanken an der Schöpfung beteiligt. Mit einer starken Vision verändern wir die Wirklichkeit. Dem Geist ist nichts unmöglich, denn „der Glaube kann Berge versetzen". Ob die Welt heilbar ist, hängt auch davon ab, ob wir sie heilen wollen und ob wir für diese Heilung die richtigen Gedanken und Bilder finden. Es ist die unsichtbare Substanz unseres Denkens, die die Welt bewegt. Beide, die Welt und unsere Gedanken, sind aus demselben Stoff, Weltenstoff. Den wollen wir in eine kohärente Richtung bringen, bis er das neue Kraftfeld zur Geburt bringt.

Die unsichtbare Substanz umgibt uns permanent in Form von Strahlungen und Frequenzen aller Art. Wenn ich ein Radio einschalte, empfange ich diese Frequenzen als Musik. Überall ist die Welt voller Frequenzen, überall ist unsichtbare Substanz. Es gibt Frequenzen, die durch technische Geräte, zum Beispiel Radio oder Fernseher, aufgenommen und umgesetzt werden. Es gibt spirituelle Frequenzen, die – bewusst oder unbewusst – von uns Menschen aufgenommen werden. Es ist verständlich, dass alle Bereiche der unsichtbaren Substanz – der biologischen, der psychologischen, der technischen und der spirituellen – miteinander in Verbindung stehen. Wenn wir es lernen, in allen uns verfügbaren Bereichen die unsichtbare Substanz von Terra Nova aufzubauen, dann entsteht im Lebenskörper eine hohe Kraft der Manifestation – ähnlich wie der Baum aus der unsichtbaren Substanz im Samen kommt.

Terra Nova ist das Bild einer heilen Erde. Dieses Bild ist nicht die Erfindung des Autors, sondern es ist das objektive Bild einer neuen Lebensmöglichkeit auf der Erde. Diese Möglichkeit ist noch nicht verwirklicht, aber sie existiert im holografischen Weltengewebe an jeder Stelle. Wenn wir die unsichtbare Welt von Informationen und Gedanken sehen könnten, dann würden wir in ein leuchtendes Universum schauen. Es ist ähnlich wie bei den Weltraum-Fotos der modernen Astronomie, wo an die Stelle des leeren Raums, an den die Physik früher glaubte, eine Welt voller Lichtgewebe und immaterieller Strukturen getreten ist. Die sichtbare Welt ist aus unsichtbaren Energie- und Informationssystemen hervorgegangen. Nichts ist unmöglich, alles hängt davon ab, welche Informationssysteme wir betätigen. Zweifellos kann es gelingen, eine menschliche Gesellschaft zu erschaffen, in der die Gewaltimpulse gelöscht sind, die Eifersucht nicht mehr zur Liebe gehört und Konflikte nie mehr durch Krieg gelöst werden sollen. Im Nervensystem der zukünftigen Menschheit existieren keine Gewaltimpulse, weil keine Informationen aktiviert werden, die sie auslösen könnten. Auf diese Weise können die alten Angstfilme erlöschen, weil sie nicht mehr durch reale Gefahr bestätigt werden. Das Leben ist dann frei von Angst. Im Zustand der tatsächlichen Angstfreiheit erfahren wir viel Neues, denn es ändern sich unsere Deutungsmuster für das, was wir erleben. Wir reagieren nicht mehr im Sinne alter Angst- oder Feindprojektionen, sondern im Sinne unseres höheren Ichs. Das ist der Beginn eines fundamentalen Programmwechsels in der unsichtbaren Substanz.

Wir befinden uns in kollektivem Wandel. Wir haben das Ego-Zeitalter durchlaufen und betreten jetzt eine neue Formation des Bewusstseins, wir arbeiten am Aufbau eines neuen morphogenetischen Feldes für unsere zukünftige Existenz auf der Erde. Dieses morphogenetische Feld soll als unsichtbare Substanz die innere Entwicklung auf der Erde leiten. Ich wiederhole den Satz auf unserer Tafel: *„Es gibt die Welt, die wir erschaffen. Und es gibt die Welt, die uns erschaffen hat. Die beiden müssen zusammenkommen. Das ist das Ziel der Reise."* „Biomorphie" heißt das nüchterne Schlüsselwort dieses hohen Gedankens: die Gestaltung unserer Welt nach den Gesetzen des Lebens und nicht nach den Gesetzen des Geldes.

2.9 Kräfte der Verwirklichung

Zwei Hauptwege der Verwirklichung gab es in der bisherigen Geschichte: Magie und Technik. Wir werden neue Systeme kennenlernen, in denen Magie und Technik miteinander verbunden sind. Neben den mechanischen Kräften der materiellen und physikalischen Welt gibt es die geistigen Kräfte der immateriellen Metawelt. So wie es neben dem materiellen Körper einen immateriellen Geistkörper gibt, der nicht nach physikalischen, sondern nach geistigen Gesetzen funktioniert. Für die Bewältigung der neuen Aufgaben im Inneren wie im Äußeren brauchen wir neben den mechanischen auch die spirituellen Kraftsysteme. Vor allem die metaphysischen (göttlichen) Kräfte müssen neu entdeckt, neu erfahren und neu beschrieben werden. Das sind die Kräfte von Vision, Konzentration und Gebet. Dafür brauchen wir in den neuen Zentren eine Einrichtung, die wir in Tamera den „politischen Ashram" nennen. Hier lernen die Studenten, wie die geistigen Kräfte der Heiligen Matrix in die materielle Welt hineinwirken und wie wir deshalb die Welt durch geistige Kräfte verändern können. Es bedarf zunächst einer Grundschulung, wo die geistigen Kräfte entdeckt und aktiviert werden durch Studium und Visionsarbeit, durch Gebet, durch Kunst und durch Visualisierung der angestrebten Ziele. Auch die Steigerung körperlicher Kräfte durch geistige Methoden, wie sie etwa in Eugen Herrigels Buch über „Zen und die Kunst des Bogenschießens" beschrieben sind, liefern wunderbaren Stoff der neuen Bildung und Ausbildung. Wir müssen diese Dinge nicht gleich können. Wir sollten nur wissen, dass es sie gibt und dass sich in ihnen eine Möglichkeit zeigt, die im Prinzip in allen Menschen steckt, so wie zum Beispiel in jedem trockenen Stück Holz die Möglichkeit von Licht und Feuer steckt. Wir müssen uns dieses Gleichnis gut anschauen. Hinter der sichtbaren Welt steckt eine Parallelwelt voller ungeahnter Möglichkeiten. Es ist eine Schule neuen Typs, die hier entsteht, um uns Menschen neu zu justieren im Gestrüpp des Multiversums. Es geht um eine grundlegende Verbindung mit jener Kraft, die stärker ist als alle Gewalt. Es mag seltsam klingen, nach so vielen Jahrhunderten des religiösen

Missbrauchs noch einmal auf religiöse Begriffe zurückzugreifen. Dazu kann ich nur sagen: Das ist kein Zurück in alte Schablonen, sondern es ist ein Schritt vorwärts in einen neuen Kontinent, der jenseits alter religiöser oder wissenschaftlicher Vorstellungen liegt. Es ist der „immanente Gott", der uns führt, wenn wir die Arbeit aufnehmen. Wenn die Friedensbewegung sich mit der Macht der Metawelt verbindet, kann sie nicht verlieren. Je fester sie sich dort verankert, desto gewisser ist der Erfolg.

Vision und Wirklichkeit
Wir begegnen neuen Zusammenhängen zwischen geistiger und materieller Welt. Das bisherige Weltbild war materiell orientiert, das kommende wird geistig orientiert sein. Dieser Paradigmenwechsel hat bedeutende Folgen für unser Verhalten im menschlichen Nahbereich. Wenn wir zum Beispiel im Geist ein positives Bild eines Liebespartners oder eines Verhandlungspartners oder gar eines Feindes formen und wenn wir dieses Bild fest und ruhig sehen können, dann formt es sich instantan auch im Zellsystem unseres Partners. Der Partner formt sich unbewusst in Richtung des idealen Bildes. Es ist, als würde ich im Geist etwas schreiben, das dann real auf einem Bildschirm erscheint. Wir haben es in der technischen Computerwelt am laufenden Band mit solchen Übertragungsvorgängen zu tun (siehe S. 212 ff. über die morphogenetische Feldbildung). Je weiter die forschende Menschheit voranschreitet, desto faszinierendere Möglichkeiten werden sich auftun. Wenn das geistige Bild, das wir von einem Menschen formen, übereinstimmt mit seinen genetischen und entelechialen Möglichkeiten, wirkt es im Leibessystem dieses Menschen im selben Augenblick, in dem wir das Bild erstellen. Es handelt sich um eine Neuformulierung alten Mysterienwissens. Um dieses Mysterienwissen zu gewinnen, ist ein Studium erforderlich, ein Wissen von den holografischen und spirituellen Zusammenhängen der Welt. Die Kraft, welche in uns das Idealbild des Partners schafft, ist dieselbe Kraft wie die, welche in ihm die entsprechende zelluläre Bewegung bewirkt. Wir können es erweitern: Die Kraft, welche in uns das Idealbild einer Gemeinschaft schafft, ist dieselbe wie die, welche in der

Gemeinschaft die Tendenz zu den entsprechenden Veränderungen bewirkt. Die Kraft, welche die Vision erzeugt, ist dieselbe wie die Kraft, welche die (latente, tendenzielle) Verwirklichung erzeugt. Es ist in beiden Fällen nicht „meine" Kraft, sondern die der geistigen Metawelt.

Wir hören immer wieder von Fernheilungen, wie sie zum Beispiel von dem amerikanischen Heiler Adam Dreamhealer vollzogen werden. Sie beruhen auf demselben Prinzip der „Übertragung" eines geistigen Bildes oder Gedankens in ein materielles System. Dies könnte auch in größeren Konfliktfällen angewandt werden, zum Beispiel für die Versöhnung von Friedensarbeitern und Paramilitärs in Kolumbien oder von Israelis und Palästinensern bei Fragen der Wasserversorgung. Es funktioniert immer dann, wenn in der Vision eine reale Möglichkeit gesehen wird, die als latente Realität bereits existiert.

Die gegenwärtige Transformation des menschlichen Bewusstseins führt uns in Forschungsbereiche, die wir früher als zu okkult und mysteriös bezeichnet hätten. Wir erkennen, dass die materielle Welt tatsächlich von geistigen Kräften hervorgebracht und gesteuert wird. Die logische Folge ist, dass wir mit zunehmender Intensität die geistigen Kräfte einsetzen werden, wenn es darum geht, die materielle Welt wirkungsvoll zu verändern. Die Vollmacht, die wir für die anstehenden Aufgaben brauchen, liegt in der Metawelt, aber die ist nicht mehr über uns, sondern in uns. Es ist der immanente Gott, der beides hervorbringt: die Vision und die Verwirklichung.

Das Prinzip der geistigen Magnetfelder
Noch einmal der Satz von Dhyani Ywahoo: *„Mit der bewussten Entscheidung, in heiliger Weise zu leben, ziehen wir das Verständnis, die Informationen und die Lehren an uns heran, die uns helfen werden, unsere Gaben zum Wohle aller zu entfalten."* [49]

Mit jeder bewussten Entscheidung wird ein „geistiges Magnetfeld" erzeugt, welches die Dinge anzieht. Wir sprechen hier vom Prinzip der spirituellen Anziehung. Der Erfolg eines Projekts hängt weitgehend davon ab, wie klar und präzise der zugrunde liegende Plan ist, das Bild der Zielgestalt, das „Geistgerüst".

Viele Gruppen sind ganz einfach daran gescheitert, dass sie kein geistiges Konzept, kein inneres Bild von ihrem Projekt hatten. Wenn das Geistgerüst stark ist, dann wirkt es als Attraktor, es zieht die Dinge an, die zu seiner Verwirklichung nötig sind. Es geschieht „von selbst"! Die Eisenfeilspäne bewegen sich von selbst, um ihre Position im Magnetfeld einzunehmen. Dieses erstaunliche Phänomen lässt sich ein gutes Stück weit auf den sozialen Bereich übertragen: Die Menschen tun von selbst die nötige Arbeit, wenn sie durch einen starken geistigen Plan zusammengeführt werden. Wenn der Plan mit der Heiligen Matrix übereinstimmt, dann kommt durch die Resonanz mit der kosmischen Ordnung eine zusätzliche Kraft hinzu. Die gemeinsame Arbeit verläuft nach den „Kraftlinien" des Plans. Der Plan übernimmt die Leitung der Gruppe, das Geistgerüst ist der Chef, wir brauchen keine autoritären Vorgesetzten und keinen Gruppenzwang. Die Schwierigkeit liegt allein darin, das Geistgerüst herzustellen und der Gruppe zu vermitteln. Je größer und komplexer ein Plan, desto schwieriger wird es, ihn einer Gemeinschaft überzeugend mitzuteilen. Der Plan der globalen Heilungsbiotope enthält eine höchste Komplexität, entsprechend neuartig und schwierig ist der Prozess, diesen Plan in einer Gemeinschaft von über hundert Menschen zu verankern. Ich hoffe, dass wir dieses Ziel erreichen, möchte aber hinzufügen, dass der Plan der Heilungsbiotope auch dann gültig und notwendig ist, wenn dieses Ziel in Tamera noch nicht voll erreicht wird.

Das Von-Selbst-Prinzip

In der universellen Lebensordnung wirkt eine Funktionslogik, die sich von der mechanischen Logik technischer Systeme grundsätzlich unterscheidet. Sobald der Mensch sein eigenes Leben gefunden hat und nicht mehr durch äußeren Zwang und Strafangst gesteuert wird, beginnt die große Veränderung. Es kommt zu einem grundlegenden Wechsel der dirigierenden Steuer- und Energiesysteme: Es ist der Wechsel von der Steuerung durch äußeren Druck zur Selbststeuerung des Lebens.

Kinder lernen von selbst die Sprache, ohne je eine Vokabel gepaukt zu haben. Sie lernen von selbst, wenn sie eine eigene (intrinsische) Motivation haben. Sie entwickeln ihre eigenen Spiele, ihre eigenen Regeln, ihren eigenen Zirkus oder ihr Theater mit höchster Vollendung, wenn sie zu keiner Vollendung gezwungen werden. Erwachsene geben von selbst ihre letzten Kräfte, wenn sie ein großes Ziel vor Augen haben. Und *last not least*: Unsere Sexualorgane funktionieren immer von selbst, wenn sie von jedem Zwang befreit sind. Die sexuelle Impotenz schwindet, wenn der Körper von jedem Müssen befreit ist.

Die Selbststeuerung findet auch in einer Gemeinschaft statt, sobald das Lebensfeld des Vertrauens hergestellt ist. An die Stelle der individuellen Entscheidungsträger tritt dann jene höhere Intelligenz, die wir als „kommunitäres Ich" bezeichnen können. Das kommunitäre Ich wirkt durch die einzelnen Teilnehmer hindurch und organisiert auf diese Weise zwanglos die Dinge, die im Interesse der Gemeinschaft getan werden müssen. Wenn die Teilnehmer einer Gemeinschaft durch einen gemeinsamen Plan miteinander verbunden sind, dann vollbringen sie Wunder der Verwirklichung, wie wir zum Beispiel bei der kolumbianischen Gemeinschaft von San José de Apartadó gesehen haben, als sie in nur wenigen Wochen ihr neues Zentrum Mulatos bauten. Sie trugen dazu alles erforderliche Baumaterial und Maschinen in stundenlangen Märschen über unwegsames Gebiet den Berg hinauf, an einen Ort mitten im Regenwald, fernab von Straßen und Stromleitungen, um hier ihr neues Zentrum für Besinnung und Studium einzurichten.

Ich vermute, dass wir in wenigen Jahren erleben werden, wie auf der Erde von selbst immer mehr Heilungsbiotope entstehen, weil sich ein weltweites kohärentes Geistgerüst für Terra Nova ausgebreitet hat.

Das Prinzip der Selbststeuerung erspart uns viel Mühe und Arbeit. Wenn es uns gelingt, in unseren Taten, Gedanken und Bewegungen ganz mit dem Steuersystem der Heiligen Matrix übereinzustimmen, dann erreichen wir anstrengungslos jene Ziele, für die wir sonst eine Menge von Mühe und Kraft einsetzen müssten. Nirgends wird das Von-Selbst-Prinzip eindringlicher beschrieben und vorgeführt als im Zen-Buddhismus und verwandten Disziplinen.

Eugen Herrigel schießt nach jahrelangem Training seinen Pfeil in die Mitte der Zielscheibe, weil er „sich" aus dem Vorgang herausgenommen hat.[17] „Wu Wei" und „Mo Chi Chu" sind die Zen-Worte für dieses Weltprinzip. Dieses Prinzip, welches im Osten jahrhundertelang trainiert wurde, erscheint uns im Westen noch kaum erreichbar, denn wir stecken noch in den Denkformen der materialistischen Epoche. Und doch ist es das Prinzip des universellen Lebens. Alles wächst, blüht, arbeitet und vermehrt sich von selbst, in freier Schwingung ohne Stress. Jede Biene, jede Spinne vollbringt ihre Wunder nach diesem Prinzip. Das Netz der Spinne, der Wanderweg der Aale, der Sprung der Lachse flussaufwärts über die Wasserfälle, der Flug der Fledermäuse – alles orientiert sich an diesem High-Tech-Prinzip biologischer Technologie. In der Natur treffen wir überall auf diese Funktionslogik, mit der ein Höchstmaß an Präzision durch anstrengungsfreie Methoden erreicht wird. Nicht mit Mühe und Stress, sondern tastend, kreisend und oszillierend vollbringt die Natur ihre Wunderwerke. Die spirituellen Meister des Ostens, die Yogis und Samurai, haben eindrucksvoll vorgeführt, zu welchen Leistungen der Mensch emporsteigen kann, wenn er dieses hohe Lebensprinzip erlernt.

Ich glaube, dass die zukünftige Menschheit fest verbunden sein wird mit diesem Prinzip. Sie wird wahrscheinlich auch für ihre ökonomischen Fragen eine interessante Entdeckung machen: Ist in den Funktionsprinzipien der Natur nicht ein real funktionierendes Weltwirtschaftsmodell enthalten? Der Kosmos erbaut sich „von selbst". Kein schwitzender Baumeister ist je daneben gestanden. Durch „Nicht-Tun" wird alles getan. Wir werden uns der kosmischen Funktionslogik bedienen lernen, um unsere anstehenden Aufgaben zu bewältigen. *Wu Wei* und *Mo Chi Chu* ist nicht nur ein Prinzip für Pfeile-Schießen oder Blumen-Binden, sondern ein Prinzip für die Entwicklungen im großen Raum der neuen Schöpfung Terra Nova. In den Neunziger Jahren des vorigen Jahrhunderts haben wir auf einer kleinen kanarischen Insel (La Graciosa) einige Wüstencamps durchgeführt unter dem taoistischen Motto: *„Die Schöpfung geht aus dem Nicht-Tun hervor, und nichts bleibt ungetan."* Wir werden in den kommenden

Klöstern neben der Christus-Tatsache dieses Prinzip des Zen-Buddhismus studieren und betreiben.

Die universelle Schwingung und das Alpha-System

Die Welt ist ein schwingendes System. Alle Dinge kommunizieren miteinander über Schwingungen. Alles Lebendige ist durch eine universelle Lebensschwingung miteinander verbunden. Wir erleben diese Grundschwingung, wenn wir uns im totalen Vertrauensmodus befinden. Wir können sie die „Alpha-Schwingung" nennen. Es ist die Frequenz der Metawelt. Wir können sie auch die „Ewigkeitsschwingung" oder „Gottesschwingung" nennen. **Es ist die Schwingung des Einen Seins und des Einen Bewusstseins, das in allem dasselbe ist.** Was sich einst in der mystischen Erfahrung offenbarte, wird heute von der modernen Wissenschaft umkreist und morgen das soziale Leben lenken. Die Begegnung mit dem Einen war die Grundlage aller authentischen Religionen und Philosophien, sie ist auch eine Grundlage unserer Heilungstheorie. Nur brauchen wir dieses Eine nicht unbedingt in der religiösen Ekstase zu suchen, denn es existiert auch im Elementarbereich unseres alltäglichen Lebens, nämlich überall dort, wo sich in einem Raum des wirklichen Vertrauens die Herzen öffnen. Das „Eine" ist immer vorhanden, auch dann, wenn es überdeckt ist durch Tausend andere Schichten. Auch wenn die Frequenzen von Wut, Aggression oder Angst im Vordergrund stehen, gibt es im Inneren die universelle Grundschwingung. Ohne sie könnte kein Organismus leben. Um den Heilungsraum der universellen Schwingung zu betreten, müssen wir die Trennwände beseitigen und die seelischen Minenfelder auflösen, die infolge der historischen Kriegsgeschichte unsere Beziehungen blockieren. Wir kommen immer auf dasselbe Grundthema: die Herstellung von Vertrauen.

Im Rhythmus der universellen Schwingung formt sich von Augenblick zu Augenblick die Kraft des Lebens und der Liebe. Wenn wir uns in der universellen Schwingung befinden, dann entsteht Vertrauen zu Mensch und Tier. Es entstehen von selbst die Werte der objektiven Ethik, Werte wie Wahrheit, gegenseitige Unterstützung, Solidarität und Liebe. Kein Mensch, der sich in der universellen Schwingung befindet, könnte lügen, betrügen oder ein Tier quälen. Die universelle Schwingung aktiviert das entelechiale Grundmuster aller Wesen. Sie enthält die gesamte Informationsmatrix des Friedens und bewirkt dadurch realen Frieden, denn sie steht in Resonanz mit allen Dingen. Wenn irgendwo ein Projekt entsteht, welches mit der universellen Schwingung übereinstimmt, dann wirkt dieses Projekt auf alle anderen Dinge. Wenn dieses Projekt eine neue Information enthält, die für die globale Evolution von Bedeutung ist, dann wird sich diese Information auf der Erde verbreiten. Es entsteht ein neues Kraftfeld auf der Erde. Jetzt beginnt der „morphogenetische Weltprozess" (siehe S. 212), der von selbst eine Veränderung bewirkt, die mit anderen Mitteln kaum erreichbar wäre.

Der Mensch ist durch die historische Katastrophe aus dem kosmischen Navigationssystem der Alpha-Schwingung herausgefallen. Seine gesellschaftlichen Steuersysteme in Politik, Wirtschaft, Religion und Moral stehen meistens nicht mehr in Resonanz mit der universellen Ordnung des Alpha-Systems. Dadurch entstehen die weltweiten Dissonanzen, die als Krankheit, Epidemie, Hungersnot, Naturzerstörung, Gewalt und Krieg in Erscheinung treten. Durch das Fehlen der **Alpha-Resonanz** entstehen auch im Inneren die bekannten seelischen Schwierigkeiten unserer Zeit: Liebeskummer, Vereinsamung, Depression, epidemischer Hass und geistige Umnachtung. Wir alle haben diese Schwierigkeiten kennengelernt, und wir alle haben versucht, mit verschiedenen ideologischen, therapeutischen oder religiösen Mitteln damit fertig zu werden. **Gelingen wird der Versuch erst dann, wenn wir gemeinsam wieder in die universelle Lebensschwingung eintreten. Um das zu können, müssen wir unsere Seelen vom Druck unaufgelöster Schmerzen befreien.** Die Alpha-Schwingung wird voll in den menschlichen Organismus eindringen, sobald in den ersten Kommunen der traumatische Knoten aufgelöst ist.

Das Alpha-System ist ein Steuersystem, welches immer präsent, immer eingeschaltet ist, nur befinden wir uns oft auf einer anderen Frequenz. *„Ich bin immer bei euch, nur ihr seid so selten zu Hause,"*– man versteht langsam, was Meister Eckhart gemeint hat, als er Gott diese Worte sagen lässt.[30] Wer voll in der Alpha-Frequenz lebt und in jedem Augenblick für ihre Informationen empfänglich bleibt, steht in jeder Situation unter hohem Schutz. Er/sie wird auch in dunkler Nacht den Weg finden, ohne gegen Bäume zu laufen. Es wirkt dieselbe Magie wie bei Fledermäusen. Satprem hat auf seiner Gottessuche diese Magie auf die Probe gestellt, indem er im brasilianischen Urwald barfuß lief, obwohl er wußte, dass dort Schlangen, giftige Spinnen und manche anderen Wesen lebten. Es ist ihm nichts passiert. Er hatte ähnliche Erfahrungen schon im Konzentrationslager gemacht und fasste sie schließlich in einer gewaltigen Schau zusammen:

„Es gibt Augenblicke im Leben, in denen man auf einmal wie unbesiegbar ist: nichts kann einen mehr berühren. Inmitten eines Schlachtfeldes spürt man sich zwischen den Kugeln durchschlüpfen oder man gerät auf See in einen Sturm und weiß lachend, dass diese riesigen Wellen, die vorbei prasseln, einem nichts anhaben können. Attentäter kommen, um einen umzubringen, und etwas in einem bleibt so vollkommen unbewegt, als sei dies alles ein Schauspiel und als könnten sie einen nicht berühren – und sie können es nicht.

Viele Menschen erleben diese Erfahrung in irgendeiner Form: Plötzlich entkommt man dem „Gesetz". Man entkommt dem scheinbar Unabwendbaren – man schlüpft hindurch. (…) Für einige begnadete Sekunden entschlüpft man dem Netz, und nichts berührt einen mehr, nichts kann einen berühren."[38]

Ich erinnere an die Worte von Laotse: *„Wer das Leben recht zu fassen versteht, wandert durch das Land, ohne vor Tiger und Nashorn zu fliehen..."*

Was hier beschrieben wird, ist eigentlich keine Ausnahme, sondern eine Grundtatsache des Lebens. Wenn wir für unser Leben neue Raum-Zeit-Systeme aufbauen, welche uns durch ihren geistigen Magnetismus in die Alpha-Schwingung führen, dann verwirklicht sich ein Hologramm des Schutzes und der Heilung. Wir stehen unter einem kosmischen Prinzip von Schutz und Heilung, wenn wir uns aus den alten Ängsten lösen. Der Schutz bezieht sich auch auf innere, seelische Verletzungen. Wer in der Alphawelle lebt, kann nicht seelisch verletzt werden. Das hat Peace Pilgrim, die amerikanische Pilgerin für den Frieden, so eindringlich formuliert, dass ich es hier zitieren möchte:

„*Nichts, was von außen kommt, kein Ding und kein Mensch – kann mich innerlich verletzen. Ich erkannte, dass ich psychisch nur von meinen eigenen falschen Aktionen verletzt werden konnte, über die ich die Kontrolle habe; durch meine eigenen falschen Reaktionen – sie sind kompliziert, aber ich habe auch sie unter Kontrolle – oder durch mein eigenes Nicht-Handeln in gewissen Situationen, wie die gegenwärtige Weltlage, die Handlungen von mir verlangt. (...) Du hast volle Kontrolle darüber, ob du dich seelisch verletzen lässt oder nicht, und du kannst jederzeit aufhören, dich selbst zu verletzen.*" [34]

TEIL III
DIE WELT IST HEILBAR

Können wir uns vorstellen, in einer anderen Daseinsform zu leben, zum Beispiel in der Daseinsform eines Tuareg in Afrika, eines Koka-Bauern in Kolumbien oder in der eines Tieres, eines Delphins, eines Vogels, einer Ratte? Alle diese Daseinsformen gehören zur großen Familie des Lebens, sie alle sind ein Organ im Ganzen. Damit das Ganze funktioniert, müssen die Organe in Ordnung sein und miteinander harmonieren. Auch Kleintiere, sogenanntes Ungeziefer, sind Organe des Ganzen und arbeiten mit am großen Werk. Was wir Menschen den Organen antun an Pflege, an Hilfe oder an Gewalt, kommt als Segen oder als Krankheit auf uns selbst zurück. In diesem Sinne gibt es eine erste Voraussetzung für eine Zukunft ohne Krieg: Wir müssen austreten aus unseren alten Mustern der Abgrenzung und eintreten in das Bewusstsein der Einheit und Anteilnahme. Eintreten in ein neues biosphärisches und planetarisches Bewusstsein von der Zusammengehörigkeit und Kooperation allen Lebens auf der Erde. Die Grundlage dieses Wandels ist Erkenntnis und erwachende Liebe. Wir brauchen deshalb planetarische Einrichtungen für das Wachstum von Erkenntnis und Liebe. Wir nennen diese Einrichtungen „Heilungsbiotope". Die erste Stufe der derzeitigen Transformation besteht darin, derartige Zentren aufzubauen.

3.1 Die Erde braucht eine neue Information

Jeder lebendige Organismus reagiert auf Information. Ein einfaches Beispiel möge dies verdeutlichen. Ich sitze an meinem Schreibtisch und arbeite am Buch. Draußen arbeitet jemand mit einer Motorsäge. Die ätzenden Töne stören meine Ruhe. Dann erfahre ich, dass die Arbeit mit der Motorsäge notwendig ist für den Aufbau des Heilungsbiotops. Auf der Stelle beruhigt sich mein Organismus. Eine einfache Information hat nicht nur mein Gemüt, sondern meinen ganzen Organismus „umgeschaltet". Mein Organismus ist ein komplexes System von Billionen Zellen. Das ganze System folgt einer einzigen Information!

Was uns hier so selbstverständlich erscheint, dass wir nicht darüber nachdenken, erhält sofort eine große Bedeutung, wenn wir den Vorgang auf den Organismus der ganzen Menschheit übertragen. Der ganze Organismus wird sich verändern, wenn wir eine Information hineingeben, die mit dem System des Ganzen kompatibel ist. Das ist in unserem Fall die Information von Terra Nova.

Die richtige Information rettet Leben. Wir kauften vor 19 Jahren (1995) eine vertrocknete Landschaft von 134 Hektar, um sie in ein ökologisches Paradies zu verwandeln. Wenn man heute nach Tamera kommt, kann man sehen, dass der Versuch gelingt. Es ist wie ein Wunder, was hier geschieht. Hinter der zerstörten Natur existierte die Information der Heilung. Aus einer vertrockneten, erodierten Landschaft entsteht ein heiles Biotop mit üppiger Flora und Fauna. Immer mehr Tiere und Pflanzen haben sich angesiedelt. Jetzt gibt es über 100 Vogelarten, am Anfang waren es viel weniger. Jetzt wachsen viele Brennnesseln, am Anfang gab es keine. Wir beobachten, wie tatsächlich ein Wunder geschieht. Es ist unfasslich, wie aus einer ausgedörrten Landschaft eine blühende Welt hervorgeht. Wir brauchen Mut, Kenntnis und Intelligenz, um diese „Wunderheilung" der Natur auf uns Menschen zu übertragen. **Ebenso wie aus einer sterbenden Landschaft eine blühende Natur hervorgehen kann, kann aus einer desolaten Gemeinschaft ein blühendes menschliches**

Biotop hervorgehen. Wir brauchen dafür den richtigen Auslöser, der den heilen inneren Kern der Gruppenmitglieder aktiviert. Das Prinzip der Heilung gilt für die Natur, für die menschliche Gemeinschaft und für jedes Individuum. **Hinter jeder Krankheit existiert die Information der Heilung.** Die Information, dass jede Krankheit heilbar ist, kann Leben retten. Vorher muss sie bekannt werden. Wenn ein Patient die Diagnose „Lungenkrebs" erhält, erfüllt ihn Todesangst, falls er nicht weiß, dass jede Krankheit, also auch jeder Krebs, heilbar ist. Es ist eine Aufgabe, dies zu wissen und die Information zu verbreiten. Alle Schüler der „Schule Terra Nova" sollen es wissen. Jede Krankheit ist heilbar.

Der Olivenbaum, der in meinem Garten steht, ist aus einer unsichtbaren Substanz hervorgegangen, die wir „Information" nennen. Sie steckt in der molekularen Struktur seines genetischen Codes, der sich in dem Samenkorn befindet. Ich selbst bin auch aus einer derartigen Substanz hervorgegangen. Ist es möglich, dass im Prinzip alles aus Information hervorgegangen ist? Wenn wir heute einer neuen Erde entgegengehen, ist dann die Information dafür bereits irgendwo in der unsichtbaren Welt enthalten, vielleicht in jenem Bereich, den David Bohm die „implizite Ordnung" nannte? Gibt es irgendwo im Universum das Bild der neuen Erde, so wie es das „Bild" des Olivenbaums im genetischen Material seiner Kerne gibt? Wenn wir einen kranken Menschen, vielleicht auch einen depressiven oder psychotischen, vor uns haben, ist es denkbar, dass seine heile Matrix als Information in ihm steckt wie die Information des Schmetterlings in einer Raupe, und dass der Patient gesund wird, wenn es gelingt, die heile Matrix zu aktivieren? – Die Frage ist beantwortet worden durch die Heilungen, die wir in den Anfangsjahren des Projekts in Leuterstal und Schwand (Schwarzwald) erlebt haben. Ja, es ist möglich – wenn der Patient eingebettet ist in eine heilungsaktive Umgebung. Jeder Patient ist dann Teil einer Gruppe und wird deshalb von kollektiven Energien durchströmt. Wenn diese Energien mit den Heilungskräften übereinstimmen, gelingt die Heilung. Das Universum sorgt für seine Kinder, solange der Kanal offen ist und solange wir ihn nicht durch falsche Informationen verschließen. Wir Menschen scheinen die ganze Ausstattung des Universums in uns zu enthalten, und wenn der Fokus auf die Heilige Matrix gerichtet ist, dann verwirklichen sich in uns alle im Universum enthaltenen Heilungsmöglichkeiten. Jesus von Nazareth, Bruno Gröning, Adam Dreamhealer und João de Deus sind Namen für ein Heilungswunder, welches immer präsent ist, wenn wir im heilenden, heiligen Raum sind.

Ich möchte es noch einmal kurz zusammenfassen: Die lenkenden Weltkräfte bestehen aus unsichtbaren Energie- und Informationsfeldern. Alles, was uns umgibt, ist entstanden aus unsichtbaren Energie- und Informationsfeldern. Es sind bestimmte Informationsmuster, welche die alte Welt geprägt und die globale Gewalt hervorgebracht haben. Ebenso sind es neue Informationsmuster, aus denen die neue Welt hervorgeht. Diese Muster werden nicht frei erfunden, sie sind latent enthalten im genetischen Material des Lebens und in der kosmischen Datenbank des Universums. Wir haben die Möglichkeit und die Freiheit, sie zu entdecken und in neuen Lebenssystemen zu realisieren. **Wenn dies irgendwo lokal geschieht, dann geschieht es latent überall, denn alle Wesen der Biosphäre sind in einem Netzwerk lebendiger Informationen, einem biologischen und spirituellen „Internet", einem „genetischen Biofeld" miteinander verbunden.**

Die patriarchale Menschheit hat Jahrtausende lang harte Kampfinformationen gegen Leib und Weib in die Welt geschickt. Wer die Macht hatte über die Lenkung der sexuellen Energien, der hatte auch die Macht über alles Weitere. Demgemäß entstanden die Informationen imperialistischer Herrschaftssysteme: So wurde zum Beispiel den Menschen eingegeben, dass Fleischeslust Sünde sei. Mit dieser Information wurden Generationen zu sexueller Verdrängung, Tarnung und Lüge gezwungen, Hexen verbrannt und alte Mysterien zerstört. Eine weitere Information besagte, dass Eifersucht zur Liebe gehöre. Mit dieser Information wurden die Dramen von Hollywood zum Vorbild von Millionen Liebesbeziehungen – bis zum tödlichen Ende. Eine weitere, tief verwurzelte Information lautete, dass Krieg zum Leben gehöre. Mit dieser Information brachen die Kriege wie ein unabwendbares Schicksal über die Länder herein. Es gab die Information, dass das Heil nicht auf Erden, sondern im Himmel zu suchen sei. Mit dieser Information konnten Milliarden von Menschen in ein unsägliches Elend getrieben werden. Es waren religiöse, moralische oder politische Informationen, die den Menschen zur Unterwerfung zwangen. Und es waren Informationsfelder, welche die Mächtigen befähigten, ihre Macht zu stabilisieren und zu vergrößern. Es wird ein neues Informationsfeld sein, welches eine neue Epoche in der Evolution der menschlichen Gesellschaft einleitet.

Die alten Informationen von Angst und Gewalt müssen ersetzt werden durch ein neues Informationsmuster von Vertrauen und Kooperation. Die Freiheit und die Möglichkeit eines solchen fundamentalen Wandels liegt im Bau der Schöpfung selbst und in unserer eigenen genetischen Ausstattung. Als Teilnehmern des Universums stehen uns potentiell alle dessen Kräfte und Informationen zur Verfügung. Es hängt von unserer geistigen Kondition ab, welche Informationen, Kräfte und Fähigkeiten wir abrufen. Unsere Möglichkeiten sind unbegrenzt, denn wir leben in einem unbegrenzten Universum. Wie weit die realen menschlichen Möglichkeiten über unsere normalen Vorstellungen hinausgehen, wird uns in jeder guten Zirkusakrobatik vorgeführt. Wenn einer nach dem anderen auf die Menschenpyramide steigt und immer noch einer dazukommt, dann denken wir: *„Das ist doch nicht möglich!"* Und doch geschieht es. Wenn Freikletterer überhängende Felswände überwinden und dabei die Gesetze der Schwerkraft ignorieren, dann muss eine ungewöhnliche Kraft im Spiel sein. Wunderleistungen in den Bereichen von Sport, Technik und Wissenschaft zeigen die fast unendliche Bandbreite menschlicher Möglichkeiten. Welche Welt sich manifestiert und welche neue Realität entsteht, hängt immer von den Informationen ab, mit denen wir der Welt begegnen. Wenn in den folgenden Kapiteln von „Wasser-Retentionsbecken" oder „freier Sexualität" oder „immanentem Gott" die Rede ist, so handelt es sich immer um Kerninformationen, die geeignet sind, das Hologramm der Gewalt in ein Hologramm des Friedens zu verwandeln.

Die Friedensarbeiter unserer Zeit haben die Aufgabe, neue Lebensformen zu entwickeln, in denen die Informationen für Frieden, Solidarität und Kooperation aktiviert werden, bis sie zur selbstverständlichen Steuerung unserer persönlichen und politischen Handlungen werden. Wenn es gelingt, solche Informationsfelder ins biologische und spirituelle Internet der Menschheit einzugeben, dann bewirken wir eine fundamentale Veränderung des Lebens auf unserem Planeten. **Auf diesem Wege ist es ohne weiteres denkbar, dass eine planetarische Menschengesellschaft entsteht, deren Teilnehmer weder psychologisch noch physiologisch zu Gewalthandlungen disponiert sind, weil sie keine Steuerimpulse in dieser Richtung mehr empfangen.** Sie leben in einem anderen Hologramm. Aus den vielen Möglichkeiten der kosmischen Datenbank hat sich das Hologramm der Heilung, der Solidarität und Liebe manifestiert. Es klingt wie ein Traum, ist aber machbare Realität. *„Was gedacht werden kann, kann auch gemacht werden"*, sagte Albert Einstein.

Drehung des globalen Schalters

Um die Welt von Gewalt und Krieg zu befreien, müssen wir einen globalen Schalter drehen. Es ist jener Schalter, der darüber entscheidet, ob aus der kosmischen Datenbank Hologramme von Angst und Gewalt oder Hologramme von Vertrauen und Kooperation heruntergeladen werden. Im Universum sind beide Möglichkeiten enthalten, ebenso wie im genetischen Material des Menschen. Theoretisch sind wir in der Lage, den globalen Krieg in kurzer Zeit „auszuschalten", indem wir die genetischen Informationen des Friedens aufs Äußerste aktivieren. Wenn dies in wenigen Gruppen geschieht, dann geschieht es (latent) überall, denn alle Wesen sind im genetischen Biofeld miteinander verbunden. **Wenn die Informationsmatrix des Friedens stärker wird als die Information der Gewalt, dann erlöschen im humangenetischen System die Steuerimpulse der Gewalt. Die fürchterliche Epoche der Kriege wäre damit beendet.** Es waren historische Vorgänge von Gewalt und Vernichtung, durch welche der genetische Schalter der Menschheit auf Angst und Verschluss gestellt wurde – und es sind elementare Vorgänge von Vertrauen und neuer Gemeinschaftsbildung, durch welche er umgestellt wird auf Kooperation und Solidarität. Wir können der Evolution eine neue Richtung geben, wenn es gelingt, im Kernbereich den Schalter zu drehen und neue genetische Informationen aufzubauen.

Die zentralen Steuerimpulse liegen in denjenigen Lebensbereichen, die durch die lange Kriegsgeschichte am meisten traumatisiert und zerstört wurden: in den Bereichen von Eros und Religion. Hier liegt das energetische Zentrum, in dem die Weichen neu gestellt werden müssen. Am sensibelsten reagiert die Seele im Bereich von Sex und Liebe. Hier brauchen wir ein Zusammenleben von Menschen, die Zeit und Ruhe haben, sich gegenseitig zu sehen und zu erkennen, und die im Falle einer intimen sexuellen Verbindung die Muße haben, den notwendigen seelischen Nachraum zu pflegen. Wenn eine Frau sich einem Mann sexuell vollkommen offenbart hat, dann braucht sie einen Nachraum, der es beiden Partnern ermöglicht, die eben erlebte Wahrheit nicht zu vergessen. An diesen kleinen, oft winzigen Dingen im Privatleben der Menschen entscheidet sich oft, ob im seelischen Untergrund einer Gemeinschaft eine Information für Frieden entsteht oder eine andere. Je mehr Gruppen hier eine echte Sensibilität entwickeln, je mehr echter Friede einziehen kann in die Beziehung der Geschlechter, desto mächtiger kann die Gruppe nach außen wirksam werden. Der Schalter, den wir auf globaler Ebene drehen müssen, liegt oft im Intimbereich unserer menschlichen Beziehungen.

Mit jeder kleinen Handlung können wir die Information des Friedens aktivieren. Das Konzept der globalen Heilung verwandelt sich in jedem Augenblick in ein Konzept der kleinsten Entscheidungen. Die globale Revolution ist verbunden mit einer leisen Revolutionierung unseres alltäglichen Lebens. Der Krieg im Großen wird überwunden, indem er im Kleinen erkannt und überwunden wird. Hier greifen zwei Bereiche – der politische und der private – unauflöslich ineinander. Die Entscheidung für die humane Revolution verlangt eine ethische Entscheidung im menschlichen Nahbereich. Der Friedensarbeiter erzeugt Frieden im eigenen Haus. Er oder sie kann es sich nicht mehr leisten, einen Mitmenschen zu betrügen.

Die innere Entscheidung, um die es hier geht, sollte sehr bewusst getroffen werden, denn die humane Revolution unserer Zeit ist auf Schritt und Tritt mit der Macht reaktionärer Gegenkräfte – auch in uns selbst – konfrontiert. Die neuen Revolutionäre brauchen deshalb eine hohe Kraft und Entschlossenheit für die Überwindung mancher alten Gewohnheiten. Der Schalter, den wir auf Frieden und Heilung gestellt haben, auf Versöhnung statt Rache, auf Kooperation statt Trennung, auf Solidarität statt Konkurrenz – dieser innere Schalter kann leicht „zurückschnappen". Es bedarf einer hohen Kontinuität und Willenskraft, um ihn an dieser Gewohnheit zu hindern. Er wird nicht mehr zurückschnappen, wenn Ziel und Richtung der humanen Revolution eingedrungen sind ins Herz der Aktivisten. Jedes Individuum, das in diesen Bewusstseinsraum eingetreten ist, hat eine neue, systemverändernde Macht. Eine Gemeinschaft, die aus solchen Menschen besteht, und ein globales Netzwerk, welches aus solchen Gemeinschaften besteht, wird ein morphogenetisches Feld aufbauen, welches überall auf der Erde den Schalter in die neue Richtung dreht.

Die Militärlabors unserer Zeit arbeiten seit langem an Geheimtechnologien, die über die Wirkungsweise konventioneller Technik weit hinausgehen (Philadelphia-Experiment, HAARP etc.). Es ist ein Gebot globaler Friedensarbeit, auf solche Technologien nicht mit okkulten Projektionen zu reagieren, sondern mit der Entschlossenheit, ebenfalls „geheime" Kräfte zu benutzen für den Aufbau eines globalen Friedensfeldes. Diese „geheimen" Kräfte (Attraktorkräfte, Resonanzkräfte, Feldkräfte etc.) sind heute wissenschaftlich erwiesen, sie liegen in der Natur des Lebens selbst. Es sind psychische Kräfte, die uns zur Verfügung stehen, wenn wir in der Lage sind, sie richtig abzurufen und einzusetzen. **Wir arbeiten an der Aufhebung einer kollektiven Denksperre, die Generationen daran gehindert hat, im menschlichen und** sozialen Bereich eine ähnliche geistige Entwicklung zu durchlaufen wie im Bereich von Naturwissenschaft und Technologie. Wir Menschen haben die Zerstörungen auf der Erde angerichtet. Von einem höheren Standpunkt aus ist es selbstverständlich, dass wir sie wieder beseitigen müssen und können.

Den Krieg ausschalten – wir stehen mit solchen Gedanken in einer Reihe mit Menschen, die ihr Leben einsetzten, um für den Frieden ein Zeugnis abzulegen. Ich denke dabei an Gloria Cuartas, frühere Bürgermeisterin der kolumbianischen Stadt Apartadó, oder an Eduar Lanchero, Sprecher der bekannten Friedensgemeinschaft San José de Apartadó in Kolumbien (ca. 1700 Bewohner), wo in den letzten Jahren fast 200 Mitglieder von Militärs und Paramilitärs ermordet worden sind. Auf einem Treffen des Globalen Campus sagte er: *„Die bewaffneten Gruppen sind nicht die einzigen, die töten. Es ist die ganze Logik hinter dem System. Die Art, wie die Menschen leben, erzeugt diesen Tod. Deshalb entschieden wir, dass wir so leben müssen, dass unser Leben Leben erzeugt. Eine grundlegende Bedingung, die uns am Leben hielt, war, nicht das Spiel der Angst mitzuspielen, das uns die bewaffneten Gruppen durch ihre Morde aufzwingen wollten. Wir haben eine Wahl getroffen. Unsere Wahl ist das Leben. Das Leben korrigiert und leitet uns."*

Eduar ist im Jahre 2012 an einer schweren Krankheit gestorben. Die Last, die er tragen musste, um in dem Kriegsland Kolumbien das Mandat des Friedens zu erfüllen, wurde schließlich zu schwer. Wir bleiben mit ihm verbunden. Er ist, wie Etty Hillesum, ein Teil unserer kosmischen Familie.

3.2 Heilung im geistigen Raum

„Es ist der Geist, der heilt."

Im geistigen Raum wirken **von selbst** die Gesetze der geistigen Heilung. Der Wechsel von den physischen zu den geistigen Gesetzen der Heilung ist ein Aspekt des zentralen Systemwechsels, in dem wir heute stehen. Dies ist gemeint mit dem Begriff der Transformation. Solange wir im materiellen Raum denken und handeln, benutzen wir nur einen kleinen Teil der verfügbaren Heilungsmöglichkeiten, nämlich die Möglichkeiten der biologischen und medizinischen Gesetze. Sobald wir in den geistigen Raum überwechseln, treten andere Heilungsmöglichkeiten in Kraft. **Der materielle Raum ist der Raum der getrennten Dinge, der geistige Raum ist der Raum der Einheit. Im materiellen Raum gelten die physikalischen und technischen Gesetze, das sind mechanische Gesetze, im geistigen Raum gelten die Gesetze der Einheit, das sind spirituelle Gesetze.**

Die Welt ist ein geistiges System. Die Heilungsbiotope sind neue Zentren, in denen das Zusammenleben des Menschen mit allen Mitgeschöpfen durch die geistigen Gesetze der Einheit gesteuert wird. Das sind vor allem Gesetze der Anteilnahme, der Solidarität und der Hilfe für alle, die Hilfe brauchen. Darüber hinaus kommen wir zu einer neuen Bewusstheit gegenüber uns selbst, unseren eigenen Gedanken, Gefühlen, Reaktionen. Wir übernehmen die Verantwortung für unser eigenes Innenleben. Was wir draußen sehen, ist das Ergebnis unzähliger Innenvorgänge. Wir fangen an, unsere Gedanken neu zu steuern. *„Positiv denken!"* war die Parole im vorigen Jahrhundert. Schnell wurde daraus eine launische Parole für Jungunternehmer. In Wirklichkeit geht es genau darum: dass wir uns von den eingeschliffenen negativen Deutungsmustern befreien, die infolge einer traumatischen Kriegsgeschichte in uns eingebrannt wurden, und an ihre Stelle neue Gedanken setzen. Das ist sehr konkret gemeint. Wenn ich mich in einem Konflikt mit meiner Geliebten befinde und an die Stelle der Wut einen Gedanken der Liebe setze, geschieht ein kleines Wunder, denn ich habe im seelischen Organismus meiner Partnerin eine objektive Möglichkeit des Friedens aktiviert. Hätte ich das nicht getan, wären wir beide im Clinch steckengeblieben, denn schnell sind die Mächte der Verzweiflung stärker als die Kräfte der Liebe. Ähnliches habe ich erfahren in Gruppengesprächen über politische Themen. Schnell ist man bereit, gemeinsam auf das Unrecht zu schimpfen, zum Beispiel auf das Unrecht der israelischen Siedlungspolitik. Im Sinne der Einheit wäre es gescheiter, ein Bild der Israelis zu visionieren, in welchem sie von selbst den Fehler erkennen und beenden. Wir müssen ein Stück weit im Inneren selber tun, was wir im Äußeren sehen möchten. Wenn wir jemandem Frieden wünschen, dann müssen wir das Bild des Friedens in uns (und dadurch auch in ihm) aufbauen. Wenn wir Terra Nova verwirklichen wollen, müssen wir es – so weit unser Blickfeld reicht – in unserer Seele erwecken.

Geist der Einheit

„Ein menschliches Wesen ist ein Teil des Ganzen, das wir „Universum" nennen, ein in Raum und Zeit begrenzter Teil. Es erfährt sich selbst, seine Gedanken und Gefühle als etwas vom übrigen Getrenntes; eine Art optische Täuschung seines Bewusstseins. Diese Täuschung ist eine Art Gefängnis, das uns auf unser persönliches Verlangen und unsere Zuneigung für einige wenige uns nahestehende Personen beschränkt. Unsere Aufgabe muss es sein, uns aus diesem Gefängnis zu befreien, indem wir den Kreis unseres Mitgefühls ausweiten, um alle Geschöpfe anzunehmen und die ganze Natur in ihrer Schönheit." (Albert Einstein)

Der Schriftsteller Jürgen Dahl erzählt uns die wunderbare Geschichte des Zusammenlebens von Biene und Salbei.[9] Es ist keine erfundene Geschichte, sondern eine naturwissenschaftliche Beobachtung. Er berichtet, wie die beiden Organismen bis aufs minimalste Detail aufeinander abgestimmt sind. Es ist wie ein Wunder. Woher kommt das? Hat ein großer Schöpfer den Salbei erfunden und dann ein Insekt dazu gebaut, welches genau zum Salbei passt? Oder umgekehrt? Oder ist es einfach Zufall? Wir erkennen an diesem Beispiel das Wunder der Schöpfung. Nicht nur Biene und Salbei, sondern alle Wesen sind bis ins Detail in das Ganze eingefügt. Alle zusammen bilden eine Einheit wie die von Biene und Salbei. Warum bringt die Natur Früchte hervor, die „zufällig" dem Menschen schmecken? Weil Natur und Mensch eine Einheit sind. Warum ist der Mensch mit Denkorganen ausgestattet, mit denen er die Welt erkennen kann? Weil Mensch und Welt eine Einheit sind. Goethe hat den Gedanken der Einheit in den Satz gebracht: *„Wär` nicht das Auge sonnenhaft, die Sonne könnt es nicht erblicken."* Es ist ein echter Koan, bis man erkennt, dass hier die Einheit der Welt gemeint ist.

Im Geistraum der Einheit wirken die Kräfte der Heilung; es sind die Kräfte der Wiederverbindung mit dem Ganzen. Sobald wir uns im geistigen Raum der Einheit befinden, sind wir verbunden mit jenem „Etwas", das immer heilt. Dieses Etwas ist in allen Wesen. Wir befinden uns im Raum der Einheit, wenn wir lieben, wenn wir kreativ arbeiten oder wenn wir für ein höheres Ziel unterwegs sind. Jede Krankheit ist heilbar, wenn wir an den Strom des göttlichen Urkraftfeldes angeschlossen sind. Das ist nicht ein Privileg einzelner Wunderheiler, sondern es ist der Normalzustand der künftigen Menschheit. Alles Leben ist von Anfang an an dieses Urkraftfeld angeschlossen. Nur der Mensch hatte die Möglichkeit, es zu verlassen. Er hat aber auch die Möglichkeit, auf neuer Bewusstseinsebene wieder einzutreten. Die „Rückkehr des verlorenen Sohnes" vollzieht sich jetzt, im Leben der nachmaterialistischen Epoche, als ethischer, sozialer, ökologischer und politischer Imperativ. Indem der Mensch wieder eintritt in den Geistraum der Einen Welt, gewinnt er jene neuen Heilungsmöglichkeiten, die ihm auf der herkömmlichen biologischen und medizinischen Denkebene verschlossen waren. Diese Heilungsmöglichkeiten sind natürlich nicht neu, sie wurden uns von vielen Heilern vorgeführt.

Was Jesus konnte, können im Prinzip wir alle, denn wir alle haben den Schalter, mit dem wir das Tor zum heiligen Raum öffnen können. *„Das Königreich Gottes ist inwendig in euch"* (Lk.17:20-21), sagte der Heiler aus Galiläa, und: *„Wer an mich glaubt, der wird die Werke auch tun, die ich tue."* (Joh.14:12)

Durch die Öffnung des heiligen Raums der Einheit werden geistige Kräfte aktiviert, die in der Lage sind, materielle Strukturen neu zu ordnen und auch die schwersten Krankheiten zu heilen. Die Wirkung dieser Kräfte reicht bis in den atomaren Bereich unseres Leibes. K.O. Schmidt beschreibt die gelungene Geistheilung bei einer Patientin mit Brustkrebs. Auf einmal durchfuhr sie ein stechender Schmerz. Darauf war der Knoten in ihrer Brust verschwunden. Er schreibt dann folgende Sätze:

„Ist es möglich, dass wir durch die geistige Heilweise einen Strom göttlicher Liebe und göttlichen Lebens durch Seele und Körper senden, der das hinter den Atomen liegende Reich geistiger Energie berührt und den Atomen die ursprüngliche harmonische Ordnung wiedergibt, wobei sich die Moleküle im Nu umwandeln?

Wenn wir unsere Hand in die Hand Gottes legen und uns dem heilenden Licht öffnen, berühren wir vielleicht dadurch das unsichtbare Reich hinter den Atomen. In einer uns noch verborgenen Weise bringen wir dann jene Elektronen, Protonen und Neutronen in ein harmonisches Verhältnis zueinander, und ohne ein dabei wahrnehmbares zeitliches Geschehen werden zwischen den Zellen des Körpers sofort wieder normale Verhältnisse hergestellt. Könnte es nicht so sein? Unbegreiflich schiene es mir nicht...

Der Mensch lebt vom Geiste aus. Seine geistigen Vorstellungsbilder schlagen in den Körper zurück. Erhebt der Geist sich über das Irdische, gehen feinere, höhere Schwingungen durch den Zellenbau und bewirken Gesundheit. Dies ist zweifellos die Wirkungsweise von Gesetzen, also kein ‚Wunder', sondern Realität; denn neben den Gesetzen der Physik gibt es ebenso unabänderliche Gesetze des Geistes, der geistigen Welt." (aus K.O. Schmidt: Sei geheilt!)

Wenn wir Schwierigkeiten haben, den Einfluss geistiger Kräfte auf die materielle Welt nachzuvollziehen, mögen wir daran denken, dass auch die materielle Welt im Mikrobereich nicht aus Materie besteht. Die moderne Physik spricht im subatomaren Bereich, also dort, wo wir den Kern der Materie gesucht hatten, von Energiefeldern oder „Wahrscheinlichkeitsfeldern". Es sind keine materiellen Minipartikel, sondern „Felder", aus denen die materielle Welt aufgebaut ist. So wird es durchaus vorstellbar, dass solche Felder durch das Eindringen geistiger Kraftfelder verändert werden. Ich denke, dass derartige Zusammenhänge zum Grundinventar des kommenden Weltbildes gehören. Geistige Heilung ist dann nicht mehr die Ausnahme, sondern die Regel. **Wir werden heilen, indem wir Felder des heiligen Geistes errichten. Jede Zukunftsgemeinschaft wird von diesem Geist getragen sein.** Was heute noch so abgehoben und unrealistisch erscheint, wird bald eine selbstverständliche Einsicht sein, denn es ist der Weg der kollektiven Heilung.

Kollektive Heilung
Ein Bereich der geistigen Heilungsarbeit ist die Fernheilung. Geistige Fernwirkung geschieht, wenn eine geistige Sendung (ein Gedanke, ein Bild) auf eine entsprechende Empfangsstation trifft. Diese Empfangsstation ist ein menschliches Bewusstsein. Die Möglichkeit der geistigen Fernheilung bezieht sich nicht nur auf Einzelpersonen, sondern auch auf Gruppen oder auf ganze Regionen. Um eine heilende Information wirkungsvoll in die Welt zu schicken, muss durch die Information das „kollektive Unterbewusstsein" angesprochen werden. Die Gesamtinformation der Heilungsbiotope, die wir in die Welt schicken wollen, wird wirksam werden, wenn sie im kollektiven Unterbewusstsein der Menschen das archetypische Seelenbild einer heilen Welt aktiviert. Dies geschieht, wenn die ausgesendete Information übereinstimmt mit der Heiligen Matrix, die alle Menschen als genetisches Muster in sich tragen.

Wir stehen vor dem Aufbruch in eine neue Welt der geistigen Heilung für nah und fern, für Menschen, Tiere, Landschaften, Gewässer, Völker und schließlich für die ganze Erde, aber dieser Siegeszug des Geistes verlangt eine andere gesellschaftliche Grundlage. K.O. Schmidt und andere Propheten der Geistheilung, Vertreter von „Christian Science", „New Thought" etc. haben immer wieder die neue Epoche einer weltweiten Heilungsbewegung heraufbeschworen. Aber es geschah nicht, denn die gesellschaftlichen Verhältnisse ließen es nicht zu. Das Konzept der geistigen Heilung blieb auf wenige Menschen beschränkt. Eine Gesellschaft, in der sich die Menschen misstrauen, ist nicht geeignet für geistige Heilung. Im Rahmen der bestehenden Produktions- und Machtverhältnisse bleiben geistige Heilungen immer nur eine Randerscheinung für Spezialisten. Eine Voraussetzung für eine neue Epoche in der Geschichte der Heilkunde ist eine fundamentale – auf Vertrauen und Solidarität basierende – Veränderung der menschlichen Beziehungen und eine entsprechende Veränderung aller ökonomischen und politischen Strukturen. Ich vermute, dass in diesem Rahmen die sogenannten Psi-Vorgänge wie Gedankenübertragung oder Fernheilung selbstverständliche Beigaben der menschlichen Kultur sein werden.

Eine spezielle Variante der kollektiven Heilung ist das Phänomen der Massenheilung, wie es im Wirkungsfeld der Wunderheiler immer wieder zu beobachten war. Was auf den Massenveranstaltungen der amerikanischen Predigerin Kathryn Kuhlman oder des deutschen Wunderheilers Bruno Gröning geschah, zeigt, mit welcher Macht eine Heilungsbotschaft in die Menschen eindringen kann, wenn durch die Botschaft ein kollektives Feld erzeugt wird. Viele Menschen, die als unheilbar krank galten, waren plötzlich gesund. Menschen, die an Krücken gingen, legten ihre Krücken ab, Querschnittsgelähmte verließen ihr Bett, Rollstuhlfahrer stiegen aus dem Rollstuhl, und Blinde wurden sehend. Ich denke, dass hier viel zu lernen ist für die zukünftige Heilungs- und Friedensarbeit. Das Unmögliche wird möglich, wenn wir andere geistige Tore öffnen.

Wir stehen vor einem neuen Bildungsauftrag im digitalen Zeitalter. Aufgeweckt durch die Wunder der digitalen Welt, kommen wir in die Nähe jener ähnlichen Wunder, für die keine Technik nötig ist: die Wunder der spirituellen Welt. Die Wunder der spirituellen Informationsübertragung, der Telepathie und Telekinese, der Geistheilung und Fernheilung, die Wunder der Gebetserhörung und der spirituellen Führung, die Wunder neuer Verbindungen in den Schaltkreisen des Universums. Das digitale Zeitalter wird nicht bei sich stehenbleiben. Es könnte der Auftakt eines kommenden Zeitalters sein, in dem die digitale Informationstechnologie nach und nach durch spirituelle Informationssysteme ergänzt oder gar abgelöst wird. Von weit außen betrachtet könnte das digitale Zeitalter eine relativ kurze Vorstufe eines kommenden spirituellen Zeitalters sein.

Warum scheitern religiöse, moralische und therapeutische Appelle?

Die Menschheit sucht seit langem nach Heilung und Erlösung. Sie hat viele religiöse und therapeutische Systeme entwickelt, um Wege der Heilung zu zeigen. Wege der Bergpredigt, Wege des Buddhismus, Wege der Psychotherapie, Wege der Bioenergetik, Wege des positiven Denkens etc. Aber diese Systeme hatten keinen langfristigen Erfolg. Aus einem sehr einfachen Grund: Die bislang entwickelten religiösen und therapeutischen Systeme waren auf den Einzelnen gerichtet, nicht auf die Gesellschaft. Sie konnten langfristig nicht funktionieren, weil die gesellschaftlichen Ursachen des Unheils nicht beseitigt wurden. Man heilte das kranke oder böse Individuum, man heilte nicht die Gesellschaft, welche das Kranke und Böse hervorbrachte. Das war ein fundamentaler Mangel, an dem fast alle, auch die Besten, scheiterten, denn kaum jemand kann unter den Bedingungen der Kriegsgesellschaft den ethischen und spirituellen Geboten der göttlichen Ordnung dauerhaft treu bleiben. Um eine nachhaltige, langfristige Heilung und Befreiung zu ermöglichen, müssen die gesellschaftlichen Strukturen verändert werden. Damit wird das Thema von Heilung und Erlösung zu einem sozialen, einem politischen, einem revolutionären Thema.

An diesem Punkt schieden sich die Geister. Viele wollten ein neues und gutes Leben führen, aber wenige waren bereit, dafür aus den alten gesellschaftlichen Bahnen auszutreten. Dadurch blieb es bei der alten Dichotomie: hier die Guten, die in ihrem privaten Leben den ethischen Geboten folgen, und dort die Revolutionäre, die auf Moral verzichten, um ihre politischen Ziele zu erreichen. Was wir heute brauchen, ist ein neuer Typ des Revolutionärs, ein Typ, der die Gesellschaft verändert und dabei den ethischen Gesetzen folgt, weil er das Leben und die Liebe gesehen hat.

3.3 Es ist das Leben selbst, das heilt

Jede Krankheit ist heilbar. Dieser Satz gilt mit Sicherheit auch dann, wenn wir ratlos vor einer Krankheit stehen und verzweifelt nach einer Rettung suchen. Im kybernetischen Rückkoppelungssystem unseres Organismus ist für jede Erkrankung eine heilende Reaktion vorgesehen. Das entelechiale Programm ist immer vorhanden, und es wirkt in jeder Zelle, solange Leben in uns ist. Die Kasuistik der sogenannten Wunderheilungen zeigt, dass es keine Grenzen gibt. Solange noch irgendein winziges Lebenszeichen existiert, kann der Patient geheilt werden. Um diese Sätze zu verstehen, müssen wir zur Kenntnis nehmen, dass neben unserem physischen Körper ein immaterieller Seelen- oder Geistkörper existiert, der nicht physikalischen Gesetzen unterliegt. Wunderheilungen basieren nicht auf den Gesetzen von Physik und Chemie, sondern auf den Heilungsmöglichkeiten der seelischen und geistigen Welt. Solche Heilung kann geschehen durch Gebet, durch eine plötzliche Anerkennung, durch die Übernahme einer verantwortungsvollen Aufgabe oder durch Liebe. Der französische Widerstandskämpfer Jacques Lusseyran hat einen eindrucksvollen Bericht geschrieben von der Heilung, die er im Konzentrationslager Buchenwald erlebt hat. Er war unheilbar krank und wurde in den Sterberaum abgeschoben. Dort erlebte er bei vollem Bewusstsein, wie ein Organ nach dem anderen ausfiel, bis er längst hätte tot sein müssen. Er war aber nicht tot, sondern er erlebte zum ersten Mal das volle Leben. Er schrieb:

„Ich erlebte die Phasen der Krankheit mit, erlebte sie klar mit. Ich sah, wie ein Organ meines Körpers nach dem anderen abschaltete oder die Kontrolle verlor, zuerst die Lungen, dann die Gedärme, dann die Ohren, alle Muskeln und schließlich das Herz, das sich nur noch ungenügend zusammenzog und ausdehnte, mich mit einem einzigen gewaltigen Geräusch erfüllte. Was ich hier sah – ich wusste genau, was das war: Mein Körper schickte sich an, diese Welt zu verlassen. Er wollte nicht ohne weiteres hinübergehen. Er wollte überhaupt nicht hinübergehen. Ich spürte das an den Schmerzen, die er mir schuf. Er wand sich nach allen Richtungen,

wie es Schlangen tun, die man durchgeschnitten hat. – Habe ich gesagt, der Tod sei schon bei mir gewesen? Habe ich es gesagt, so war das allerdings ein Irrtum. Krankheit, Schmerz, ja, aber nicht Tod. Im Gegenteil – das Leben, erstaunlicherweise das Leben, hatte ganz und gar von mir Besitz ergriffen. Ich hatte noch nie so intensiv gelebt. – Das Leben war eine Substanz in mir geworden. Sie drang mit einer Kraft, die tausendmal stärker war als ich, in meinen Käfig ein. (...) Ich sog an der Quelle, und dann trank ich, noch und noch. (...) Ich durfte nicht zulassen, dass die Angst meinen Körper überfiel. Denn Angst tötet, Freude aber schenkt Leben." [27]

Kurz darauf war Lusseyran gesund. Es war keine Medizin, die ihn geheilt hat, sondern es war das Leben selbst! Das Leben aber ist unfassbar, unbegrenzt und ewig. Es ist die unbekannte Größe hinter allen Dingen, in ihm leuchtet das heilige Licht, das aus anderen Quellen kommt. Im Leben selbst stecken Heilkräfte, welche noch keiner wissenschaftlichen Erklärung zugänglich sind. Es ist das Leben, welches die Wunderwerke der Heilung verrichtet, so wie es alle anderen Wunderwerke vollbringt, die uns täglich umgeben: keimende Pflanzen, blökende Schafe, spielende Kinder. Das Leben selbst ist der unbekannte Meister, der dies alles erzeugt und lenkt. Alle die hohen Dinge, die wir in Gott hineingelegt hatten, gehören zum Leben. Die Heilige Matrix ist das universelle Ordnungsmuster des Lebens. Wo im Sinne dieses Musters gelebt wird, da werden die Heilungskräfte des Lebens aktiviert. Eine besonders intime Form des Lebens ist die Liebe, in ihr wirken Heilkräfte von besonderer Art. Eine Ärztegruppe in Moskau scheint hier Pionierarbeit zu leisten. Ihr Sprecher Arcady Petrov berichtet von dem Fall eines Mannes, der durch einen Verkehrsunfall so schwer verletzt wurde, dass er keine klinischen Chancen mehr hatte. Dann aktivierten sie mithilfe einer medial begabten Krankenschwester seine Liebe zu seiner zweijährigen Tochter. Plötzlich nahmen die Organe wieder ihre Arbeit auf, der Mann wurde gesund und konnte nach vier Wochen nach Hause gehen. Hier war es die Liebe, die den gesamten Organismus vom bevorstehenden Tod ins Leben zurückführte! Leben und Liebe sind Heilkräfte par excellence, sobald sie befreit sind von allen Käfigen und Blockaden. Liebe dauerhaft möglich zu machen, ist ein hohes Ziel unserer Arbeit. Haben wir genügend Imaginationskraft in uns, um uns eine Welt vorstellen zu können, deren Kernkräfte das Leben und die Liebe sind?

Das Prinzip der Selbstheilung
Wir können uns das Universum vorstellen als einen riesigen Organismus, welcher permanent Informationen aufnimmt aus allen seinen Teilen und entsprechende Steuerimpulse aussendet in alle seine Organe. Wenn irgendwo eine Störung eintritt, werden wie in einem kybernetischen Regelkreis Kräfte mobilisiert, um die Störung zu beseitigen. Das gilt im Prinzip auch für jeden einzelnen Organismus. Sobald ich mich verletzt habe, schickt der Organismus Kräfte ins Feld, um die Wunde zu heilen. Wenn ich mir in den Finger geschnitten habe, treten sofort Zellvorgänge in Kraft, um die Wunde zu schließen.

Wenn der Mensch die Natur verletzt hat, zum Beispiel durch einen Steinbruch, treten die Heilungskräfte der Heiligen Matrix in Aktion. **An der verletzten Stelle entsteht von selbst ein Biotop von Heilpflanzen, welche die Stelle heilen.** Aus der kosmischen Gesamtinformation, die immer einstrahlt, wird derjenige Teil abgerufen und aktiviert, der für die Heilung an dieser Stelle nötig ist. Das ist Selbstheilung und Selbstorganisation in der Natur, wie wir sie überall beobachten können. Aus solchen Wahrnehmungen und ihrer Übertragung in die menschlichen Bereiche entwickelte sich der Gedanke der planetarischen Heilungsbiotope. Wenn in einem menschlichen Organismus – sei es ein Individuum oder die ganze Menschheit – eine Störung eintritt, treten irgendwo Heilungskräfte in Aktion, um die Störung zu beheben. Der Organismus weiß dann, welche Korrektur nötig ist. Dieser Organismus sind wir selbst. Wir alle wissen, welche Korrektur „eigentlich" nötig wäre und wie unser aller Leben aussähe, wenn es in Ordnung wäre.

Wenn die Natur so zerstört ist, dass sie von alleine die kosmischen Informationen der Heiligen Matrix nicht mehr aufnehmen und umsetzen kann, dann können wir nachhelfen, indem wir der Natur einen Anstoß, einen „Kick" geben, durch den sie wieder empfänglich wird für die heilenden Informationen aus dem Kosmos bzw. für die Steuerimpulse aus ihrem eigenen genetischen Kern. Wir können zum Beispiel in einer ausgedörrten Landschaft eine Teichlandschaft anlegen, wie es der österreichische Ökologe Sepp Holzer an vielen Stellen der Erde gezeigt hat. Sofort beginnt die Natur, ihre immanenten Wachstumskräfte zu entfalten. Nach kurzer Zeit haben wir eine blühende Landschaft oder eine fruchtbare Permakultur, je nach Plan. Wir arbeiten zur Zeit an diesem Plan der Naturheilung im südlichen Portugal. Wir erleben dabei das Wunder der Auferstehung in der Natur.

Was für die Natur und das Wasser gilt, gilt auch für den menschlichen Organismus. Der menschliche Organismus ist in unserer Zeit – infolge der historischen Kriegsgeschichte – nicht mehr in der Lage, die kosmischen Heilungsinformationen voll aufzunehmen, weil er blockiert ist: blockiert durch die sogenannten „Körperpanzerungen" (Wilhelm Reich) im Herzbereich, Bauchbereich und Sexualbereich, blockiert aber vor allem durch das kollektive Trauma, das in sein gesamtes Zellsystem eingeschrieben ist. Um den menschlichen Organismus wieder empfangsbereit zu machen für die Aufnahme der kosmischen Heilungskräfte, muss er auf eine neue Weise „angestoßen" werden. Das heißt: der Mensch braucht einen „Kick", der stark genug ist, um die alten Blockierungen aufzulösen. Dieser Kick kann durch verschiedene Dinge ausgelöst werden: durch ein Liebeserlebnis, ein Todeserlebnis, ein Gottes-Erlebnis, durch das Erlebnis des Elendes in Notgebieten, durch den Entschluss zur Arbeit, durch die Wahrnehmung von Tieren, durch das Erlebnis einer funktionierenden Gemeinschaft, durch eine Freundschaft, durch eine gemeinsame Friedensaktion, durch die kreative Teilnahme am Aufbau von Terra Nova.

Oft sind es heftige Schicksalsschläge, die den Kick herbeiführen und das Leben von Grund auf verändern. Zur Zeit sind es neben den persönlichen auch die globalen Schicksalsschläge, die uns alle treffen. Sie können, wenn wir wach genug sind, unsere Blockierungen beseitigen und uns einer neuen Lebensaufgabe zuführen. Neben allen existentiellen Erschütterungen gibt es eine Binsenweisheit: Die Selbstheilungskräfte werden immer dann aktiviert, wenn etwas geschieht, was dem Patienten „gut tut".

Es kann sein, dass durch ein einziges Wort der Anerkennung, welches eine kranke Frau von ihrem Geliebten empfängt, ihre seelischen Selbstheilungskräfte so in Gang gesetzt werden, dass alle ihre Depressionen verschwinden.

Wir sind hier bei einigen Grundgedanken der individuellen und globalen Heilungsarbeit. Es sind Grundgedanken des Projekts der neuen Erde: Heilung erfolgt dann, wenn wir dem erkrankten Organismus Informationen eingeben, die seine Selbstheilungskräfte aktivieren. Das gilt für die Heilung eines einzelnen Menschen wie einer Gemeinschaft oder schließlich der ganzen Menschheit. Es gilt auch für die Heilung eines Teiches oder einer ganzen Landschaft. Mit diesen kurzen Gedankengängen skizzieren wir ein neues Bild der anstehenden Revolution: Sie spielt sich nicht primär auf der politischen Bühne ab, sondern auf einer energetischen, ethischen und noetischen. Sie besteht nicht primär in einem politischen Machtwechsel, sondern im Aufbau neuer sozialer Systeme für die Aktivierung der immanenten Heilkräfte in allen Teilnehmern. Sie arbeitet nicht mit Gewalt, sondern mit dem Aufbau neuer Kommunikationssysteme auf der Basis des Vertrauens. Die führen, wenn sie weltweit vernetzt sind, von selbst zur Überwindung der bestehenden ökonomischen und politischen Machtsysteme.

3.4 Heilung durch die Aktivierung der Urmatrix

Jedes Wesen ist gemäß seiner eigenen Urmatrix in die universelle Lebensordnung der Heiligen Matrix eingefügt. Wenn wir einen kranken Organismus so „anstoßen", dass er in die universelle Schwingung gerät, dann ordnen sich alle seine Zellen und Organe in heilender Weise gemäß seines entelechialen Programms, also gemäß seiner Urmatrix. Auch für die menschliche Gemeinschaft gibt es in der Weltordnung eine Urmatrix, wie sie zum Beispiel im Steinkreis Almendres bei Évora (Portugal) symbolisch dargestellt ist. Wir haben diesen Steinkreis oft besucht, um dort unter der Leitung von Sabine Lichtenfels die Strukturen der universellen Urgemeinschaft zu studieren. Wir trafen dabei auf ein soziales System, welches auch heute noch eine Botschaft der zukünftigen Welt in sich trägt. Wir nannten es die „urgeschichtliche Utopie" (siehe S. 185). Sabine Lichtenfels hat in ihrem Buch „Traumsteine" die urgeschichtliche Utopie ausführlich beschrieben.[24]

In einer Meditation am Steinkreis erhielt sie folgende Information: *„Wichtig ist, dass ihr die Informationen, die im Schöpfungscode angelegt sind und die zur Verwirklichung einer vollkommeneren Welt nötig sind, wiederentdeckt. Sie wurden über die Jahrtausende vergessen und entstellt. Das hatte schreckliche Konsequenzen für die Erde und das Leben auf der Erde. Du findest hier alle Informationen versammelt, die für den Aufbau eines Stammes von Bedeutung sind. Es wirkt wie der Aufbau eines genetischen Codes für eine gewaltfreie Kultur."*

Wenn wir ein Heilungsbiotop aufbauen und dabei den Prinzipien der großen Lebensordnung folgen, dann aktivieren wir die Urmatrix der Gemeinschaft im Sinne einer universellen Konzeption des menschlichen Zusammenlebens und des Zusammenlebens mit den Wesen der Natur. Wenn sich weltweit eine neue planetarische Gemeinschaft entwickelt, die den Prinzipien der großen Lebensordnung folgt, dann entsteht auf der Erde ein gewaltiges Kraftfeld für eine neue Verbindung der menschlichen Gesellschaft mit den Heilungskräften des Universums.

Das entelechiale Programm
Die Weltenseele enthält einen Traum, der als entelechiales Bild allen Wesen eingegeben ist. Dazu das kleine Gedicht von Josef von Eichendorff:
„*Schläft ein Lied in allen Dingen,*
die da träumen fort und fort.
Und die Welt hebt an zu singen,
triffst du nur das Zauberwort."
(Was war es, was der Dichter hier entdeckt hat?)
Die Heilige Matrix ist in unseren Zellkernen genetisch verankert als das entelechiale Grundmuster unseres Lebens. Jedes Lebewesen folgt seinem entelechialen Programm (seiner inneren Zielgestalt). Der Apfelbaum hat sein entelechiales Programm im Samenkern, dort liegt das genetische Informationsmuster für seine Zielgestalt und seine Entwicklung. In diesem entelechialen Programm liegt eine hohe Macht. Wenn du den Apfelbaum am Wachstum hindern willst, dann versucht er alles, um weiter zu wachsen, er ist in der Lage, eine Hauswand zu durchbrechen. Was immer du tust, wie immer du ihn beschädigst, er bleibt doch immer ein Apfelbaum. Das entelechiale Programm setzt sich immer durch. Auch der Mensch hat ein entelechiales Programm, der Mensch als Gattungswesen und der Mensch als Individuum. Die Herrschenden hatten viel zu tun, um das entelechiale Programm ihrer Untertanen zu brechen. Was übrig blieb, war eine unstillbare Sehnsucht nach einem Leben, das unter den gegebenen Umständen nicht mehr möglich war. Eine Sehnsucht nach Sex, Liebe und Heimat. Die Sehnsucht bleibt, bis der Mensch seinen Traum erkannt und verwirklicht hat.

Wir haben die Freiheit, das entelechiale Programm innerhalb bestimmter Grenzen zu verlassen. Wenn wir aber die Grenzen zu weit überschreiten, gehen wir zugrunde. Wir sind heute an einer gefährlichen Grenze angelangt. Die Menschheit hat ihr entelechiales Programm aus dem Blickfeld verloren und muss es wiederfinden. Jede Einzelseele ist aufgefordert, ihr eigenes entelechiales Programm wieder zu finden und ihrer „inneren Stimme" mehr zu folgen als den Launen ihres Milieus. Das entelechiale Programm der Einzelnen führt sie an die Stelle, die ihnen im kosmischen Plan zukommt oder – wie die Lepra-Ärztin Ruth Pfau sagte – an den Ort, „*wo Gott mich haben will*". Wir alle sind – welche Umwege wir auch immer gehen – unterwegs zu unserer richtigen Positionierung. Damit ist ein ethischer, ein sozialer und ein spiritueller Weg gemeint. Alles vollzieht sich von selbst in dem Maße, wie wir die Anbindung an das hohe Gesetz wiedergefunden haben. Wir erkennen die Spur von Freude und von „Richtigkeit" in unserem Tun, wenn wir dem entelechialen Programm entsprechen. Die Aktivierung des Programms geschieht immer dort, wo Menschen untereinander oder gegenüber den Naturwesen in ein helfendes oder liebendes Verhältnis treten. Alle Wesen reagieren positiv auf Hilfe und Freundlichkeit, auch wenn sie es nicht zeigen. Die Befolgung des entelechialen Programms ist oft keine bewusste Aktion, denn man tut es instinktiv. Unser Geist und unser Körper „weiß" meistens, was in einer Situation zu tun ist.

Das entelechiale Leben ist ein Leben, in welchem wir immer in gewisser Weise unter Führung stehen. Jacques Lusseyran hat sehr präzise beschrieben, wie sich ein solches Leben im Alltag vollzieht. Er war blind und konnte deshalb nicht mit physischen Augen sehen, aber er sah auf seinem inneren Bildschirm immer, was zu tun war. Wenn er richtig lag, kam das Licht, wenn er falsch lag, ging das Licht aus. Das galt für seine physische wie für seine psychische Orientierung. Auf diese Weise konnte er sich auf das Licht einstellen und immer seinen Weg finden. Das heißt mit anderen Worten: Er stand immer unter Führung. Die Einstellung auf das Licht entspricht ungefähr dem, was ich in diesem Buch die „Alpha-Schwingung" nenne. Wenn aber Wut, Missgunst oder Angst eintraten, verdunkelte sich sein Bildschirm, und er verlor die Orientierung, er stieß an den Tisch, stolperte herum und prallte gegen einen Baum. Es lohnt sich, dieses Buch zu lesen, denn es gibt Auskünfte über etliche Grundfragen von Leben und Heilung.[27] Es sind die ganz seltenen Bücher von dieser Art, die uns einen unmittelbaren Eindruck geben von den Möglichkeiten eines Lebens, das sich für die Angebote aus dem Universum offen hält. Einige dieser Bücher sind in der Literaturliste angeführt. Wenn wir den entelechialen Weg gehen, dann sind wir mit einer kosmischen „Allwissenheit" verbunden wie unser Auto mit dem „Allwissen" des GPS-Navigators. Der GPS-Navigator kennt das Ziel und den Weg dorthin, er kennt auch die Umwege, und er weiß, was zu tun ist, wenn man einen Fehler gemacht hat. Es ist ein wundersames Gleichnis für den Schaltkreis der göttlichen Führung.

Alle Wesen sind in der universellen Schwingung miteinander verbunden, alle stehen in einer Kommunikation miteinander. Alle Wesen sind entelechial **auf Kontakt und Kommunikation, auf Vertrauen und Liebe angelegt, nicht auf Angst und Trennung**. Wenn ein Wesen gute Möglichkeiten hat, dem entelechialen Programm zu folgen, dann findet es den Weg der Kraft und Gesundheit. Das ist in der heutigen Gesellschaft nicht oft der Fall, denn das Leben in den Systemen der globalisierten Verirrung ist nicht geeignet für den entelechialen Weg. Der Mensch unserer Zeit bewegt sich nicht wie ein freies Wesen, sondern eher wie eine Amöbe, auf die ein Azetontropfen gefallen ist. Als dieser Tropfen Generation für Generation immer wieder fiel, musste sie ihre Tentakeln, also ihre Kommunikationsorgane, einziehen und konnte deshalb nicht mehr ihrem entelechialen Programm folgen, welches ursprünglich auf Begegnung und Kontakt ausgerichtet war.

Wenn es der ganzen Menschengemeinschaft eines Tages gelingt, sich mit ihrer Entelechie zu verbinden, die wir als ihre kollektive Urmatrix oder ihre „urgeschichtliche Utopie" bezeichnen können, dann befindet sich die menschliche Gesellschaft definitiv auf einem Weg der Heilung, denn dann ist auch sie automatisch verbunden mit dem heiligen Ganzen. Das ergibt sich aus der Logik der Schöpfungszusammenhänge, so weit sie uns bis heute sichtbar geworden sind. Und so entstand in der Gründerzeit unseres Projekts ein verwegener Gedanke: **Wäre es nicht möglich, durch eine Eingabe ins spirituelle Internet einen planetarischen Vorgang einzuleiten, der die ganze Menschheit aus ihrem alten Kriegsprogramm befreit und mit ihrer entelechialen Zielgestalt verbindet?**

3.5 Heilung der Liebe

„Richtig leben lernen heißt im eigentlichen Sinne lieben lernen. Wahre Liebe stellt keine Besitzansprüche und keine Bedingungen. Das Einzige, das meines Wissens die Menschen wirklich heilt, ist bedingungslose Liebe. Es ist die Liebe, die dem Leben den Sinn gibt."
(Elisabeth Kübler-Ross)

Im seelischen Zentrum der Menschheit steht die Liebe zwischen Mann und Frau, die Liebe der Geschlechter. Sie ist die Urform, aus der alles hervorgeht, auch die Kinder. Die ganze menschliche Kultur entsteht aus der Vereinigung der Geschlechter. Die Menschheit wird geheilt sein, wenn das Geschlechterverhältnis geheilt ist. Was hier thematisiert ist, wenn von der Liebe zwischen Mann und Frau die Rede ist, das entzieht sich der konventionellen Sprache. Ich bitte alle homosexuellen Freunde um Verständnis, wenn ich hier so apodiktisch die Liebe zwischen Mann und Frau betone. In unserer Gemeinschaft existierte von Anfang an eine offene Haltung gegenüber der Homosexualität, denn fast alle Teilnehmer, die männlichen wie die weiblichen, hatten selbst homosexuelle Erfahrungen oder sie hatten Freunde aus schwulen oder lesbischen Kreisen. Homosexualität wurde in der Gruppe voll akzeptiert und gelegentlich auch praktiziert. Dennoch lag das Kernthema in der Beziehung der Geschlechter. In der Mann-Frau-Beziehung liegen Lebenskräfte, die durch keine homosexuelle Paarbeziehung nachgestellt werden können. Es sind Basiskräfte des menschlichen Lebens. Wir wussten, dass das globale Leiden nur beendet werden kann, wenn wir „von Grund auf" ein anderes Lebenssystem auf der Erde installieren. Was ist der „Grund" der menschlichen Kultur? Der erste Grund ist natürlich die Schöpfung mit ihrem Genius, den wir „Gott" genannt haben. Gott aber erschuf Adam und Eva. Das ist der menschliche Ur-Grund aller menschlichen Kultur: Mann und Frau. Mann und Frau sind die beiden Hälften des Menschen. Sie sind nicht nur die beiden Hälften der Menschheit, sondern die beiden Hälften des „Menschen". Damit ist die absolute, organische

Zusammengehörigkeit der beiden Geschlechter gemeint. Diese Zusammengehörigkeit kann in der Liebe erfahren werden, wenn man auf einmal – im Augenblick der höchsten Polarität – sich im anderen erkennt: *Tat twam asi.* Glück oder Unglück des Menschen hängt davon ab, ob seine beiden Hälften richtig zusammenkommen. Wenn sie nicht richtig zusammenkommen, wird es weiterhin die menschlichen Katastrophen geben. Auch die Tierwelt leidet unter dem Schmerz der Menschen, denn die alltäglichen Massaker, die heute in Schlachthöfen oder Tierlabors an Tieren begangen werden, können nur geschehen, solange die Menschen ihr Herz verschlossen halten. Seit Jahrtausenden haben sich die Geschlechter gesucht und verfehlt. Die Welt liegt im Liebeskummer. Die Heilung des kollektiven Liebeskummers ist eine der Hauptaufgaben unserer Zeit. **Wenn der latente Geschlechterkrieg beendet ist, wird es keinen Krieg mehr geben auf der Erde.**

Für die Heilung der Geschlechter gibt es ein wunderbares Märchen der Eskimos. Es wurde von Clarissa Estés in ihrem Buch „Die Wolfsfrau" beschrieben. Das Märchen trägt den Titel „Die Skelettfrau" und beschreibt die neue Situation, die entsteht, wenn ein Mann nach tausendjähriger Erstarrung das Herz der Frau erblickt. Der Mann ist ein Fischer, die Frau ist die zum Skelett abgemagerte Urnatur. Sie ist zum Skelett abgemagert, weil sie in der Männerwelt nicht geweckt werden konnte. Als der Fischer schläft, rinnt eine Träne aus seinem Augenwinkel. Die Frau schlürft diese Träne wie eine Verdurstende. Sie weiß, dass der Fischer in einem wortlosen Verständnis die Urnatur der Frau gesehen hat. Es ist die Träne eines maßlosen Mitgefühls und einer unaussprechlichen Reue, die Träne der Erkenntnis. Clarissa Estés schreibt dazu: *„Jetzt kann sich etwas Neues in ihm entwickeln, etwas, das er der Lebensgefährtin zum Geschenk machen kann: ein großes, ozeanisch fühlendes Herz."*[14] Jetzt erhält die Frau die seelische Nahrung, nach der sie so lange gedürstet hat. Jetzt beginnt die wunderbare Heilung, die Skelettfrau verwandelt sich in ein blühendes Weib. – Hier liegt der Schlüssel. Hier liegt der Punkt, an dem es sich entscheidet, ob auf der Erde Krieg oder Frieden sein wird. Wird es der Männerwelt gelingen, die versteinerten Strukturen von Ideologie, Belehrung und Gesetz definitiv zu überwinden und an ihre Stelle die neue Richtung zu finden: Öffnung für die weibliche Quelle, Öffnung für die Urnatur, Heilung und Frieden für alle Kreatur? Das Resultat dieser evolutionären Entscheidung ist kein Softie, sondern ein liebesfähiger Mann, der nicht mehr am Rocksaum seiner Mutter hängt.

Die unfassliche Gewalt, mit der heute weltweit gegen Menschen und Tiere vorgegangen wird, ist die Aktion verschlossener Herzen. Sie ist auch die Aktion von Banken, Logen und Konzernen, aber deren Pläne können nur durchgeführt werden von einer Gesellschaft, die an kollektivem Herzverschluss leidet. Solange die beiden Hälften des Menschen nicht richtig zusammengekommen sind, wühlt in der Seele ein inneres Unglück, das nicht durch Reichtum und Komfort gestillt werden kann. Es ist dieses Unglück der unerfüllten Liebe, welches gegen alle moralischen oder religiösen Appelle immer wieder das „Böse" produziert. Es sind unvorstellbare Dinge, die sich heute hinter den Kulissen der bürgerlichen Welt abspielen. Eheliche Vergewaltigungen, familiäre Tragödien, Eifersuchtsmorde und Kindesmisshandlungen sind an der Tagesordnung. Wie muss es in der Seele erwachsener Menschen aussehen, wenn sie ihre sexuellen Triebe durch Sex mit Kindern befriedigen müssen! **Hier hilft keine moralische Empörung, hier hilft allein der Aufbau einer neuen Sexualkultur, die den Menschen die Freude zurückgibt, die sie in der liebesfeindlichen Welt verloren haben.**

Was ist das für eine Glückseligkeit, mit der sich der Jüngling und das Mädchen beim ersten Mal umarmen – und was ist nach zehn Jahren davon übrig geblieben! Erfüllte Sexualität ist – wie erfüllte Religion – ein Fundament des menschlichen Glücks. In der ersten Umarmung wird eine Liebe signalisiert, eine Weltenwonne, die ganz tief in uns funkelt, bis sie erfüllt ist. Die beiden jungen verliebten Menschen sind auf einmal ein unzertrennliches „Paar" – und das wollen sie jetzt für immer bleiben. Nichts ist heiliger als das Treueversprechen, das sie sich jetzt geben. Und dann beginnt das Unheil. Sie schwören sich ewige Treue, nur für sich.

Sie wissen noch nicht, wie das Glück, das sie jetzt gerade erleben, Dauer gewinnen könnte. Was sie jetzt noch durch eine heilige Projektion aufeinander verehren, diese Urgestalt des geliebten Menschen, das braucht eine lange Zeit von seelischer Arbeit, um sich in die Substanz einer realen und tragfähigen Partnerschaft zu verwandeln. Dafür brauchen sie ein Wissen, welches noch nirgends existiert. Wir haben die Physik, das ist eine Wissenschaft der materiellen Welt, aber wir haben keine Wissenschaft der Liebe. Die kommende Gesellschaft braucht eine **Liebesschule**, wo die jungen Menschen lernen, wie sie die anfängliche Seligkeit in eine dauerhafte Liebeskraft und in eine tragfähige Partnerschaft verwandeln können. Ein Liebespaar, welches dieses Wissen nicht besitzt, wird früher oder später scheitern. Die Liebe verwandelt sich dann in Verlustangst, Misstrauen, Eifersucht und Hass. Dies ist die wahnsinnige Geschichte im Hintergrund der gegenwärtigen menschlichen Gesellschaft, die Geschichte einer endlosen Wiederholung desselben Schmerzes, der von Generation zu Generation weitergegeben wird.

Im Zentrum der Heilungsarbeit von Terra Nova steht eine neue Beziehung der Geschlechter. Sie basiert auf Vertrauen und Solidarität. Damit sich die Geschlechter voreinander offenbaren können, brauchen sie ein Urvertrauen, welches in den Lebensverhältnissen der patriarchalen Gesellschaften kaum entstehen konnte. Wir brauchen neue Umgangsformen, neue soziale Strukturen und neue Vorstellungen von der Liebe, damit die alte Verzweiflung überwunden werden kann. Wir können die Erde vom Krieg befreien, wenn wir in der Lage sind, den Krieg in der Liebe zu beenden. Wir können die Erde von der Gewalt befreien, wenn wir in der Lage sind, die Gewalt in der Sexualität zu beenden – ohne unsere eigene Wildnatur zu unterdrücken! Die Leidenschaft soll bleiben. Wenn sie mit Vertrauen verbunden ist, führt sie nicht zu Gewalt, sondern zu temperamentvoller Zärtlichkeit. Es ist im Schöpfungsplan ganz wunderbar eingerichtet. Die sinnliche Liebe ist die sicherste Basis gegen Gewalt. Könnte ein Junge, der eben ein Mädchen geliebt hat, ein Kaninchen töten?

Es gibt im Inneren des Lebens etwas, das wir alle unendlich lieben. Wenn es der Menschheit gelingt, diesem Etwas Dauer zu geben, dann haben wir eine historische Glücksspur gewonnen. Die Weisheit des Ostens hat dafür einen schönen Merksatz formuliert: *„Tao ist der Weg, den man nicht mehr verlassen kann. Der Weg, den man verlassen kann, ist nicht Tao."* Wie wäre es, das Wort „Tao" zu ersetzen durch diese allertiefste erkennende Liebe? Und die ist immer auch leiblich gemeint. Die erkennende Liebe geht durch den Leib und durch das Fleisch, denn *„das Wort ward Fleisch, und es wohnte mitten unter uns."* (Joh.1:14) Es ist geradezu phantastisch, wie viele Wahrheiten wir in den alten Büchern finden, wenn wir hinter die Verdrehungen blicken. Den Höhepunkt finden wir in der Geschichte vom Sündenfall, wo Adam den Apfel vom Baum der Erkenntnis aß und dann die sexuelle Freude entdeckte: *„Und Adam erkannte sein Weib."* (Genesis 4:1) Im Hebräischen gibt es für Erkenntnis und Beischlaf dasselbe Wort! Sie wussten es!

Die Heilung der Liebe geschieht kaum durch das Vier-Augen-Gespräch zweier Partner, denn die sind zu sehr involviert in ihr Problem. Die Heilung ist ein Thema der inneren Neugeburt. Um ein liebesfähiger Mensch zu werden, müssen wir lernen, uns nicht mehr um uns selbst zu wickeln, sondern teilzunehmen an der Welt oder an der Gemeinschaft, in der wir leben. **Teilnahme ist ein Geheimnis der Liebe.** Wir kommen damit unvermeidlich in einen ethischen Bereich. Teilnahme bedeutet Fürsorge, Hilfe, Freundlichkeit und Öffnung der Riegel, die wir vor unser Herz geschoben haben. Um liebesfähige Menschen zu werden, müssen wir ein Lebenssystem entwickeln, in dem das wirkliche Vertrauen unter Menschen entstehen und wachsen kann. Die neuen Zentren sind Gewächshäuser des Vertrauens. Das ist immer wieder der entscheidende Punkt.

Um unsere Gruppen von den sexuellen Unwahrheiten zu befreien, haben wir das Konzept der „freien Sexualität" entwickelt (siehe S. 148). **Aber freie Liebe und freie Sexualität haben nur einen humanen Sinn unter Menschen, die einander vertrauen.** Es ist das Vertrauen, welches die Herzen und die Leiber öffnet, den Körperpanzer auflöst und die Seele heilt. Wir arbeiten in Tamera an ökologischen und technologischen Themen, an Wasserheilung, Permakultur und umweltfreundlicher Energie, aber die wichtigste Arbeit ist die Herstellung von Vertrauen unter den Studenten, den Mitarbeitern und den Kindern.

Das hohe Bild der Partnerschaft
Die freie Sexualität darf nicht im Gegensatz zur Partnerschaft stehen. Partnerschaft ist ein hohes Bild der Liebe. Freie Sexualität schließt den Weg der Partnerschaft nicht aus. Wo ein Mann und eine Frau sich auf dem Wege von Wahrheit und Vertrauen verbinden und nicht mehr mit Gedanken der Trennung reagieren, wenn ein Partner „fremdgeht", da können sie den Bund fürs Leben schließen. Die ideologische Verurteilung der Ehe ist genauso dumm wie die ideologische Verurteilung der freien Sexualität. Die Ehe bleibt auch in der neuen Gesellschaft ein Sakrament, aber sie basiert auf vollkommen anderen Voraussetzungen als in den früheren Zeiten. Alle, die in ihrem Herzen eine unstillbare Sehnsucht nach Partnerschaft fühlen, mögen mithelfen, dass diese Sehnsucht zur Erfüllung kommt. Sie arbeiten im Namen der unzähligen anderen, die ebenfalls diese Sehnsucht kennen. Die freie Sexualität ist eine Antithese zur bürgerlichen Ehe, jetzt brauchen wir die Synthese. Es ist nicht eine Frage unseres privaten Geschmacks, sondern ein Thema der tieferen Erkenntnis vom Wesen der Geschlechterliebe, welches uns heute zu diesem neuen Bild führt, in dem freie Sexualität und Partnerschaft tief miteinander verbunden sind.

SD-Forum
Wir brauchen entschlossene Gemeinschaften, um das Leben von allen Ideologien und Fassaden zu befreien. Die Themen, die mit dem Bereich von Sex, Liebe und Partnerschaft verbunden sind, sind viel zu gewichtig, um von kleinen Gruppen oder gar von zwei Menschen allein getragen zu werden. Es sind historische, menschheitliche Themen. Wir brauchen Gemeinschaften, die das Thema kennen und sich auf eine grundsätzliche, absolute Solidarität geeinigt haben gegenüber allen, die sich mit ihrem

Thema offenbaren. Wir haben in unserer Gruppenarbeit die Methode des SD-Forums eingeführt. „SD" heißt Selbstdarstellung und ist eine Veranstaltung, wo sich der Darsteller vor der Gruppe vorbehaltlos zeigen kann mit seinen Ängsten und Konflikten, ohne verurteilt zu werden.

Das SD-Forum ist von einem Grundgedanken geleitet, der noch zu wenig verstanden worden ist. Die persönlichen Probleme, die wir vor der Gruppe offenbaren, sind keine privaten Probleme, sondern menschheitliche. Wer im Konflikt seiner Sehnsüchte steckenbleibt und nicht weiter weiß, möge seinen Konflikt als einen kollektiven Konflikt erkennen und nicht auf sein privates Schuldkonto buchen. Es kommt nicht darauf an, unter einem persönlichen Konflikt zu leiden, sondern die menschheitliche Aufgabe zu erkennen, die darin liegt. Wer gewissenhaft an seinem Eifersuchtsthema arbeitet, der oder die arbeitet für die ganze Menschheit. Darauf kommt es an: Zeugnis abzulegen von den inneren Themen, an denen heute eine Zivilisation zugrunde geht, und entsprechend mitzuhelfen an der globalen Arbeit. „Erkenntnis statt Therapie" war unser provokantes Losungswort am Anfang des Projekts.

Es geht hier um ein tieferes Erlernen von Solidarität. Wenn sich Menschen in denselben Nöten erkennen, brauchen sie sich weniger zu maskieren und können vertrauensvoller zusammenleben. Gesehen werden heißt geliebt werden. Das ist ein wahrer Satz. Aber man braucht Mut, um sich sehen zu lassen. Wir mussten viele ungewöhnliche Methoden entwickeln, um im Liebesbereich den Weg der Wahrheit zu finden. Wir sind noch lange nicht fertig, aber vielleicht haben wir die Mitte der Hängebrücke schon überschritten. Es ist eine lange und manchmal mühselige Arbeit. Menschen, die in der Hoffnung auf schnellen Sex nach Tamera kommen, sollten vielleicht lieber eine andere Adresse wählen.

Grundregeln

Für das Zusammenleben der Geschlechter haben sich zehn Grundregeln herausgebildet, die in den ethischen Kanon einer neuen Kulturgründung aufgenommen werden könnten:

1. Die Liebe ist das höchste Kulturgut der Menschheit.
2. Das Vertrauen der Geschlechter ist die Basis einer Zukunft ohne Krieg. Belüge niemals deinen Liebespartner.
3. Du kannst nur treu sein, wenn du auch andere lieben darfst. Freie Liebe und Zweierliebe schließen sich nicht aus, sondern ergänzen einander.
4. Eifersucht gehört nicht zur Liebe.
5. Partnerschaft lebt nicht von den Ansprüchen aneinander, sondern von der gegenseitigen Anteilnahme und Unterstützung.
6. Sadismus und Masochismus sind aus sexuellen Fehlsteuerungen hervorgegangen. Gewalt gehört nicht zur Sexualität und Unterwerfung nicht zur Liebe.
7. Kein Sex mit Kindern.
8. Sexuelle Handlungen dürfen niemals gegen den Willen eines Partners begangen werden.
9. Es gibt in der Liebe keinen Besitzanspruch. Beziehungsprobleme können nicht juristisch gelöst werden, sondern durch die Hilfe einer solidarischen Gemeinschaft.
10. Wenn du eine Wahl hast zwischen Liebe und etwas anderem, dann folge der Liebe.

Im Verhältnis der Frauen zu den Männern haben sich in Tamera Verhaltensmuster entwickelt, die wir vielleicht als „weichen Feminismus" bezeichnen können. Die Frauen fangen an, ihre weibliche Quelle zu entdecken und damit eine eigene souveräne Kraft aufzubauen, die nicht mehr abhängig ist von der Beziehung zu einem einzigen Mann. Hier geschieht eine historische Neuverankerung der Frau im Holon des Lebens und in der menschlichen Gemeinschaft. Sabine Lichtenfels, die Leiterin der Liebesschule in Tamera, hat in ihrem Buch „Weiche Macht" das neue Verhältnis folgendermaßen formuliert:

„Die Männerherrschaft hat über 3000 Jahre lang die Geschichte geprägt und dabei das Prinzip der harten Kraft aufgebaut. Die Macht männlicher Gesellschaften bestand im Brechen von Widerständen. Das äußerte sich in den Eroberungszügen, den Religionskriegen, den Erziehungsmethoden und den Methoden

der Technik im Umgang mit der Natur. Durch diese Methoden ist der heutige Mann selbst in eine innere Sackgasse geraten, aus der er ohne weibliche Hilfe nicht mehr herausfindet. Wir wollen keine alten matriarchalen Strukturen aufbauen, wir wollen auch nicht erneut die Männer dominieren oder bevormunden. Frauenmacht ist nicht gegen den Mann gerichtet und nicht gegen unsere Liebe zu den Männern, sie verlässt aber entschlossen diejenigen männlichen Strukturen, die zu der weltweiten Vernichtung des Lebens und der Liebe beigetragen haben. (...) Ohne unsere weibliche öffentliche Stellungnahme findet niemand mehr aus der Sackgasse heraus. Es liegt jetzt an uns Frauen, die politische und sexuelle Verantwortung wieder anzunehmen, die so lange gefehlt hat. Wir laden alle engagierten Männer ein, sich unserer Friedensarbeit anzuschließen."[24]

Wiederverbindung mit der Christusseele

Die Heilung der Liebe ist nicht beschränkt auf die Geschlechterbeziehung. Sie umfasst auch ein neues Verhältnis zum Mitmenschen, zur Natur und zu allen Mitgeschöpfen. Wir brauchen eine neue Einordnung unserer Menschenwelt in die Gesamtwelt des Lebens, um uns zu heilen vom Urschmerz der Trennung. Letztlich geht es um die Wiederverbindung mit „Omega", dem göttlichen Zentrum in allen Dingen. In der Begegnung von Zentrum zu Zentrum vollzieht sich die Liebe, so schrieb der Jesuitenpater Teilhard de Chardin in seiner großen kosmologischen Schau des Menschen.[8] Die Arbeit am Thema Liebe führt uns in innere Zonen, in denen das Thema sehr intim wird. Je weiter wir vordringen, desto deutlicher zeigen sich im Partner die Umrisse eines Wesens, welches von Grund auf der heilen-heiligen Welt angehört und unserer Beziehung eine interessante Drehung gibt. Wir sehen, wie im anderen Menschen ein Christuswesen durchleuchtet. Ich habe festgestellt, dass dieses Wesen überall durchscheint, wo die Angst verschwindet und Vertrauen entsteht. Die Gemeinschaften der Zukunft könnten aus Menschen bestehen, die diese Gestalt aneinander gesehen haben. Ich möchte den Satz aus dem Christus-Kapitel wiederholen: **Die Christusseelen der Männer und die marianischen Seelen der**

Frauen haben einander gesehen und sich als gleiche erkannt. Zwischen ihnen kann es keine Feindschaft geben. Das ist der wirkliche Ankergrund, hier liegt der Heilige Gral. Die Christusnatur im Menschen, die Marianatur im Menschen – das ist die Liebesgeschichte des Menschen, wie sie gemeint war, die wirkliche, ewige Liebe. Sie begegnet uns in der Geschlechterliebe, in der Nächstenliebe, in der Liebe zur Natur und in der Gottesliebe. Sie auf der Erde zu finden und zu verwirklichen, dafür entfernen wir die alten Minenfelder, verabschieden uns für immer von den alten neurotischen Mustern und öffnen das Land für den Empfang der neuen Kräfte.

Liebesschule
Zur Schule von Tamera gehört die Liebesschule. Hier werden die Grundgedanken für die Heilung von Sex, Liebe und Partnerschaft in Kursen und Kompaktseminaren bearbeitet. Die Kurse dauern meistens zehn Tage. In dieser Zeit haben die Teilnehmer die Möglichkeit, noch einmal neu über ihre Situation nachzudenken, ihre Vorurteile zu korrigieren und ihre Liebesbeziehungen in Ordnung zu bringen. Was hier – in einem Kreis von 50-100 Personen – abläuft an seelischen Schicksalen und Erneuerungen, kann in keinem Buch beschrieben werden. Menschen, die im gesellschaftlichen Leben eine hohe Position haben, offenbaren ihre Hilflosigkeit, ihre Angst, ihre abnormalen Wünsche. Sie machen, oft zum ersten Mal in ihrem Leben, die Erfahrung, über ihre intimsten Dinge vor einer Gruppe reden zu können. Im Bereich der sogenannten „Perversionen" scheint es keine Grenzen zu geben. Im Raum solcher Offenbarungen entsteht eine stille Übereinkunft der Nicht-Verurteilung. Darin wirken erstaunliche Heilkräfte. Fast durchgehend machen wir die Erfahrung, wie schnell und leicht die Teilnehmer sich von ihren alten sexuellen Gewohnheiten lösen können, wenn sie die Möglichkeit einer besseren Alternative kennenlernen. Damit aber diese Alternative Dauer gewinnt, müssen die Lebensverhältnisse geändert werden. Natürlich sind die Möglichkeiten, innerhalb der bestehenden Berufs-, Konsum- und Ehesysteme eine dauerhafte Befreiung zu finden, sehr begrenzt. Hier können wir vorerst

noch keine Antwort geben. Die Lösung des Problems liegt darin, dass die Teilnehmer diese Situation erkennen und sich aktiv beteiligen an der Bewegung für eine freie Erde. Sie alle können aktive Mitarbeiter werden am Aufbau einer humanen Welt, zum Beispiel durch die Mitarbeit in der internationalen „Schule Terra Nova", die von Tamera gegründet wurde, um in allen Ländern Stützpunkte zu schaffen für die Bewegung Terra Nova.

Ein wichtiger Teil der Liebesschule ist der jährliche Kongress, der unter dem Titel der „Globalen Liebesschule" von Sabine Lichtenfels geleitet wird. Hier kommen Menschen aus verschiedenen Ländern zusammen, um gemeinsam das Thema Sex, Liebe und Partnerschaft zu bearbeiten. Sie machen dabei die Erfahrung, dass die Konfliktsituation, die innere Problematik und die Fragestellung im Bereich der Geschlechterliebe überall auf der Erde dieselben sind. Es ist kein privates Problem, vor dem wir hier stehen, sondern ein globales, ein historisches und ein menschheitliches. Das morphogenetische Kriegsfeld, welches über der Menschheit hängt, das kollektive Trauma und die falschen Gedankenfelder haben überall dieselben Strukturen von – offener oder latenter – Trennungsangst, Eifersucht, Wut und Enttäuschung hervorgebracht; überall sehen wir, wie sich die anfänglichen Liebesbeziehungen unter der Klammer einer liebesfeindlichen Welt in leidvolle Problemfelder verwandeln, die in den meisten Fällen nicht privat gelöst werden können. Diese Erkenntnis führt zu einer heilenden Entprivatisierung der sogenannten „persönlichen Probleme". Es ist kein privater Fehler, sondern ein Systemfehler, der die Liebeserfüllung so schwer macht. Logischerweise müssen wir ein anderes Gesamtsystem unseres Lebens errichten, um die Geschlechterbeziehung zu heilen. Was bisher als Privatsache betrachtet wurde, ist in Wirklichkeit eine öffentliche Angelegenheit und ein Politikum ersten Ranges. Wer gewissenhaft an seiner Liebesbeziehung arbeitet, leistet einen Dienst an der Gesellschaft. Die menschliche Gesellschaft wird erst frei sein, wenn sie ihr Liebesthema gelöst hat. Die neue Kultur erwächst aus einer neuen Beziehung der Geschlechter.

Do der Liebe

„Do" ist ein heiliger Weg zur göttlichen Welt. Die Menschen haben im Laufe ihrer Geschichte viele heilige Wege entwickelt, aber es gab noch keinen Do der Geschlechterliebe. Die neue Menschengesellschaft kann aber nur glücklich werden, wenn sie diesen Do findet. Hinter diesem Satz steckt der eigentliche revolutionäre Fokus unserer Zeit. In der Geschlechterliebe begegnet sich das Fleischliche mit dem Heiligen, das Persönliche mit dem Überpersönlichen auf direkteste Weise. Die neuen Friedensarbeiter werden den Do der Liebe gehen. Mann und Frau werden sich neu entdecken. Alle Menschen werden sich neu entdecken. Der Do der Liebe ist ein Do der zukünftigen Menschheit. Wenn es uns gelingt, durch unsere heutige Arbeit ein morphogenetisches Feld aufzubauen für den Do der Liebe, dann erweisen wir der Menschheit, unseren Kindern und schließlich der ganzen Erde den größten Dienst, zu dem wir fähig sind.

Was hat uns eigentlich durch alle Generationen hindurch gehindert, diese Wahrheit zu erkennen und zu bejahen? Der Aufbau von Terra Nova ist verbunden mit dem Erwachen aus einer ungeheuerlichen epochalen Hypnose. Sie haben Heilsbotschaften ausgerufen und sich gegenseitig totgeschlagen; sie haben sich nachts in eiserne Gürtel geschnallt, sie haben gefastet und gelitten, um ihr inneres Triebwerk zu beruhigen. Aber da war eine Macht, der sie nicht gewachsen waren: die Weltmacht Sexualität und die Sehnsucht nach Liebe. Bis der Tag kam, wo sie aus der Hypnose erwachten. Aus der Hypnose einer satanischen Irreführung, der sie gegen den eigenen Willen durch Jahrhunderte hindurch folgen mussten. Die Menschheit konnte nicht glücklich werden, solange sie das Schönste abgewiesen hat. Solange sie die sinnliche Liebe unter Verschluss setzte, musste sie suchen und suchen, ohne zu finden. Denn *„das Schlüsselloch man leicht vermisst, wenn man es sucht, wo es nicht ist."* (Wilhelm Busch)

Wenn die sinnliche Liebe so ins Zentrum gestellt wird, erhebt sich die bange Frage des Alters. Was sollen wir tun, wenn wir älter werden? Was kriegen wir ab vom guten Kuchen, wenn die Haut welk und das Gesicht faltig wird? Die Antwort ergibt sich aus der Erfahrung. Auch im Alter gibt es die sexuelle Liebe. Sie ist der direkte, unverlogene Ausdruck der **seelischen Liebe**. Diese seelische Liebe ist uns als entelechiales Programm (entelechialer Schatz) in die Wiege gelegt, sie gehört zur seelischen Grundausstattung unserer Natur und sollte in allen Altersstufen gegenwärtig sein. Die seelische Liebe war es, die in der Jugend, oft schon in der Kindheit, zur ersten Verliebtheit führte. Wenn diese Liebe später zur sexuellen Vereinigung der beiden Leiber führte, dann entstand das Glück, das niemand beschreiben kann. Es war die Frustration einer liebesfeindlichen Gesellschaft, die diese Liebe in den Bereich von Märchen und naiven Jugendträumen abschob. Nur wenige Beziehungen konnten diesen Kampf überstehen und der Liebe treu bleiben. Hinter allen Irrungen und Wirrungen bahnt sich zwischen Mann und Frau ein Weg, der uns an den entelechialen Ort unseres Lebens führt: die Entdeckung der Liebe.

Die seelische Geschlechterliebe steht im Zentrum der menschlichen Sehnsucht. Das weibliche Geschlecht besteht auf dieser Mitgift und auf dem Geburtsrecht des Menschen, dieser Liebe ihren körperlichen Ausdruck zu geben. Frauen werden es sein, die im Namen der Göttin die Liebesschulen in den Heilungsbiotopen leiten oder pflegen. Sie werden mithelfen, den Gedanken der früheren Tempelpriesterschaft ins reale Leben zu bringen. Sie arbeiten am Do der Liebe. Sie leisten damit den größten Dienst, der heute möglich ist. Männer werden ihnen helfen, diesen Weg in Freude zu gehen. Sie werden gelegentlich auch selbst den Liebesdienst leisten, denn „Freier" gibt es nicht nur auf männlicher Seite. So entwickelt sich auf höherer Ebene eine Solidarität der Geschlechter und ein gemeinsames Bekenntnis zu jenen Teilen des Eros, die früher ins Bordell verbannt waren. Solange diese Sehnsucht nach Liebe unerfüllt bleibt, wird die Menschheit fortfahren, Bomben zu bauen. Ein Mensch, der die seelische und sinnliche Liebe kennt, baut keine Bomben. „Make love, not war". Das ist die Antwort. Amen.

3.6 Befreiung der Sexualität

"Wenn man mich fragt, wo denn die tiefste Erkenntnis jenes inneren Wesens der Welt, das ich den Willen zum Leben genannt habe, zu erlangen sei oder wo er die reinste Offenbarung seiner selbst erlangt, so muss ich hinweisen auf die Wollust im Akt der Kopulation. Das ist es! Das ist das wahre Wesen und der Kern aller Dinge, Ziel und Zweck alles Daseins."
(Arthur Schopenhauer in „Die Welt als Wille und Vorstellung", Leitwort zum Vierten Buch)

Wir sind sehr erstaunt über obiges Zitat Es geht so direkt ins Innerste, wie es sonst in der Philosophie nicht üblich ist. Ich möchte gleich ein weiteres Zitat bringen, das uns mindestens ebenso erstaunt, es stammt von Teilhard de Chardin: *„Das Lebendigste des Greifbaren ist das Fleisch. Und für den Mann ist das Fleisch die Frau."*

Teilhard war Priester und Paläontologe. Er kannte das Heilige im Eros, und er kannte die innerste Bedeutung der fleischlichen Wollust, obwohl er als Priester darauf verzichtet hat. Es möge erlaubt sein, einmal kurz allein auf dieses Wort zu hören: „**Fleisch**" – oder an den Zustand zu denken, den wir „geil" nennen. Liegt hier nicht eine unbegreifliche Erregung, etwas Wahres, das man niemandem sagen möchte, weil man sich schämt? Wir müssen uns darauf gefasst machen, das Göttliche in der Gosse zu finden. Dort, wo unsere Vokabeln das Niedrigste suggerieren, könnte das Schönste und Höchste liegen. Wir finden es nicht, weil unsere Kultur es in die Gosse geworfen hat. Die menschliche Kultur hat bisher versäumt, es aufzuheben. Die historische Revolution, die gerade begonnen hat, hat sicher die Aufgabe, die Werte-Skala der alten Welt umzudrehen und manches, was in der Gosse war, ganz oben einzusetzen. Das Geheimnis der Materie ist auch das Geheimnis des Fleisches, und das Geheimnis des Fleisches ist ein Geheimnis der Liebe, das Geheimnis der Liebe ist das Geheimnis Gottes. Im frei gelebten Eros manifestiert sich die göttliche Welt. Und die tritt dem Mann besonders hell in der Gestalt der Frau entgegen – und umgekehrt. Eine weitere archetypische Gestalt der Liebe ist die Gestalt des „Prinzen". Er ist eine erotische Lichtfigur für beide Geschlechter, er zieht sowohl die heterosexuelle wie die homosexuelle Liebe auf sich. Auch im Bild des Prinzen manifestiert sich ein Aspekt der göttlichen Welt.

Auf dem Grund unseres Lebens steht die Tatsache der Geschlechter, die Sehnsucht nach dem Leib und das große Trauma der Geschichte. Um herauszufinden, wie die richtige Vereinigung aussieht, müssen sicher verschiedene Wege gegangen werden. Wege der Polygamie und Monogamie, Wege der Partnerschaft, Wege der freien Sexualität und Wege, die beides verbinden, sicher auch Wege des Zölibats und der sexuellen Enthaltsamkeit, wie sie zum Beispiel von Teilhard de Chardin, Pia Gyger und Niklaus Brantschen gegangen wurden. **Es gibt kein Gesetz, welches uns die richtige sexuelle Entscheidung vorschreibt, es gibt nur die authentische menschliche Erfahrung und die Freiheit, dieser Erfahrung zu folgen.** Wer homosexuell ist, soll gute Partner finden und mit ihm/ihr oder ihnen den Do der Liebe gehen. Wenn dies authentisch geschieht, dann ist es ein Beitrag im großen Plan des Lebens. Um unseren Weg zu finden, müssen wir alle Wege tolerieren und **alle Faktoren ausschließen, die uns zur Lüge zwingen.**

Jenseits aller Meinungen und Diskussionen steht die Magie des sexuellen Verlangens. Dazu möchte ich einen kleinen, wunderbaren Text zitieren, den der amerikanische Autor Douglas C. Abrams dem Frauenheld Don Juan in den Mund legt:

„Ich will dir das eigentliche Geheimnis meines Erfolges erklären; es handelt sich nicht um Dinge wie Reichtum, Stand oder Schönheit. Nein, was mir die Türen zu den Gemächern der Frauen öffnet, ist der ungestillte Durst dieser Frauen nach nichts anderem als dem Leben. Die größte Macht der Erde, größer als die Macht von Königen und Päpsten, ist das Verlangen und die Lust einer Frau. Im Himmel, so sagen die Priester, herrscht die Liebe. Aber herrschen auf Erden nicht das Verlangen und die Lust? Wer das Wirken der Lust verstanden hat, hat das tiefste Geheimnis des Lebens verstanden." [1]

Es ist eine hohe Aufgabe für eine humane Friedensbewegung, dieses Verlangen aus den zu engen Käfigen bürgerlicher oder religiöser Moral zu befreien und ihm eine Richtung zu geben, wo es in Freiheit und gegenseitiger Verantwortung zur Erfüllung kommen kann. Je mehr wir erkennen, wie sehr das menschliche Leben bewusst oder unbewusst von diesem Verlangen gesteuert wird, desto mehr rückt das Thema Sexualität in den Brennpunkt unserer Gedanken. Hier vollzieht sich der tiefste Systemwechsel vom Hologramm der Gewalt zum Hologramm der Liebe. Kaum ein Bereich der menschlichen Existenz wurde so sehr unterdrückt, geschändet, gepeinigt, verstümmelt, verleugnet und diffamiert wie die Sexualität. Seit Tausenden von Jahren zieht sich eine sexuelle Blutspur durch die Geschichte der Menschheit. Fast überall, wo es um Macht, um Krieg und Sieg ging, ging es auch um Vergewaltigung, um sadistische Exzesse, um grenzenlose sexuelle Verbrechen. Meistens waren Frauen die Opfer.

Die Geschichte der Sexualität ist bis heute eine Leidensgeschichte der Frau, eine Geschichte der weiblichen Unterdrückung, Ausbeutung und Vergewaltigung. Das führte dazu, dass die meisten Frauen ihre eigene sexuelle Natur nicht mehr voll bejahen wollen oder können. Die sexuelle Offenbarung und Selbstoffenbarung ist aber eine Bedingung der **erkennenden** Liebe. Um dies zu ermöglichen, brauchen wir Männer, welche in der Lage sind, die sexuelle Offenbarung einer Frau nicht zu missbrauchen, sondern in einem partnerschaftlichen Sinne zu begrüßen und vielleicht mit einer Selbstoffenbarung zu beantworten. Wenn sich eine Frau sexuell offenbart, dann gibt sie das Tiefste, was eine Frau dem Mann geben kann. Der Mann muss lernen, damit richtig umzugehen. Er sollte verstehen, was da gerade geschehen ist. Wenn er das versteht, dann wird er dankbar sein und ihr gegenüber eine tiefe Solidarität empfinden, auch wenn von beiden Seiten keine Beziehungswünsche vorliegen. Solche Männer sind noch rar, denn es gab noch keine Kultur, die sie hätte hervorbringen können.

Um eine ebenbürtige sexuelle Emanzipation bei beiden Geschlechtern zu ermöglichen, brauchen wir funktionierende Vertrauensgemeinschaften, die in der Lage sind, die alten Tabus und Vorurteile tief zu überwinden.

Das alte System von Ehe und Zweierliebe ist in der Gemeinschaft kaum aufrechtzuerhalten. Denn es gibt zu viele mögliche Partner, mit denen man gerne gehen würde. Die meisten Frauen wie Männer haben ein sexuelles Verlangen, das weit über die Beziehung zu einem einzigen Partner hinausgeht. Sie müssen die Möglichkeit erhalten, dieses Verlangen ohne Angst und Scham voreinander zu offenbaren. Freie Sexualität ist die sexuelle Selbstoffenbarung beider Geschlechter. *„Du kannst nur treu sein, wenn du auch andere lieben darfst",* war und ist einer unserer Kernsätze.

Aus einem intakten Gemeinschaftsleben heraus entwickelt sich organisch das System der freien Sexualität. Das ist keine Ideologie und kein vorgefasstes Programm, sondern eine sich von selbst vollziehende Entwicklung in Richtung Wahrheit und Freiheit, wenn wir mutig genug sind, sie zuzulassen. Kein Paar, das länger in Tamera lebte, war in der Lage, eine strenge Monogamie aufrechtzuerhalten. Man entdeckt langsam, dass die Treue eine seelische Beziehung ist und nicht durch die sexuelle Ausschließung anderer erreicht werden kann.

Man entdeckt schließlich, dass freie Sexualität und Partnerschaft keine Gegensätze sind, sondern sich gegenseitig ergänzen. Das ist eine Entdeckung, die das Leben verändert. Sie wird, wenn sie morphogenetisch durchkommt, die menschliche Zivilisation von unermesslichem Schmerz befreien. Freie Sexualität und Zweierliebe sind kein Gegensatz! Man muss nicht eifersüchtig sein, wenn der Partner oder die Partnerin „fremdgeht", denn man darf es ja selbst – und man merkt, dass es der Partnerschaft und der Liebe (sofern sie echt ist) eigentlich gar nicht schadet. Der Irrsinn spielt sich nur im Kopf ab, er liegt nicht in der Natur der Sache. Eifersucht gehört nicht zur Liebe! Wenn ein Paar es schafft, in einem Umfeld der freien Sexualität die Paarbeziehung aufrechtzuerhalten, dann können wir annehmen, dass sich da zwei wirklich „gefunden" haben. Jetzt, wo wir unsere heimlichen Wünsche nicht mehr voreinander verstecken müssen, kann eine neue Lebensreise beginnen: Wahrheit in der Sexualität, Wahrheit in der Liebe, Wahrheit in der Partnerschaft, Wahrheit statt heimlicher Lüge und schlechtem Gewissen.

Es öffnet sich im Zellkörper des Menschen eine Stelle, die Generationen hindurch mit tausend Siegeln und Schwüren verschlossen war.

Freie Sexualität ist keine wahllose Promiskuität, keine Pornografie, kein Rudelbumsen. Solche Vorstellungen ergeben sich aus der sexuellen Phantasie von Menschen, die keine Möglichkeit haben, ihre sexuellen Wünsche in Würde und Solidarität zu erfüllen. Die Sektenkampagne, die jahrelang gegen das Projekt durchgeführt wurde, war das aufgeschlagene Buch der bürgerlichen Pornografie. Man hat uns die Orgien angedichtet, die man selber gern gehabt hätte. Fast alle Sektengeschichten folgen diesem Modell.

Freie Sexualität ist die Begegnung paarungsbereiter Menschen auf der Grundlage von Kontakt und Vertrauen. Bitte lest und versteht diesen Satz. Kontakt und Vertrauen! Es geht nicht um die Anzahl der Partner und nicht um das wilde Recht des Stärkeren. Es geht definitiv um die Humanisierung von Sex und Liebe. Es ist ungeheuerlich, wie in der Anfangszeit unseres Projekts der Begriff der freien Sexualität von den Medien missbraucht und verfälscht worden ist. Ich weiß, wie schwierig es ist, den Gedanken verständlich zu machen. Es ist ja eigentlich kein Gedanke, sondern ein Angebot der Schöpfung. Es hat wenig Sinn, über eine Erfahrung zu diskutieren, die man gar nicht kennt.

Die freie Sexualität kann nur dann ihre humane Funktion erfüllen, wenn sie mit den sozialen und ethischen Bedingungen einer Vertrauensgemeinschaft verbunden ist.

Die meisten Menschen, welche die Kurse unserer Liebesschule besuchen, merken nach wenigen Tagen, wie leicht und selbstverständlich sich die freie Sexualität ereignet, wenn die Teilnehmer die Erlaubnis annehmen, tatsächlich zu „dürfen". Freie Sexualität ist eine Voraussetzung einer freien Zivilisation. Sie gehört zur Kultur der kommenden Epoche wie das freie Denken und die freie Religion. Sie kann nicht abgeschoben werden ins Bordell oder in die Swinger-Clubs, denn sie gehört zum Leben. Ich möchte ein Beispiel nennen für die Praxis der freien Sexualität, wie sie sich in Tamera immer wieder vollzieht:

Zwei befreundete Frauen stellen fest, dass sie denselben Mann begehren. Die eine von beiden ist mit diesem Mann liiert. Als der Abend kommt, spürt die liierte Frau den heimlichen Wunsch der anderen, mit ihrem Freund eine Nacht zu verbringen. Ohne zu zögern, stellt sie ihrer Freundin ihren Wohnwagen zur Verfügung. – Das ist ein fast normales Ereignis aus dem Liebesleben von Tamera. Durch die Kultur der freien Sexualität entsteht von selbst eine neue Ethik der Solidarität. Wo sich Menschen gegenseitig hassen oder meiden, weil sie denselben Partner begehren, da liegt immer Krieg in der Luft. Solange die Beteiligten auch noch glauben, dass ihr Verhalten normal sei, ist der Krieg nicht zu verhindern. Tatsächlich glauben noch die meisten, dass es in Ordnung sei, Nebenbuhler auszuschalten. Derlei Gedanken gehören vielleicht ins zoologische Museum, aber sicher nicht in das ethische Logbuch einer aufgeklärten Menschheit.

Wir leben in einer Kriegsgesellschaft. Wir sehen an den Beispielen, wie nah die scheinbar banalen Dinge bei den großen Themen von Krieg und Frieden liegen. Es gibt einen Punkt in der Beziehung der Geschlechter, an dem sich entscheidet, ob auf der Erde Krieg oder Frieden sein wird.

Freie Sexualität ist keine Ideologie, keine Vorentscheidung für oder gegen Monogamie und andere Formen der sexuellen Existenz. Freie Sexualität ist die Erfüllung sexueller Wünsche ohne Lüge und Betrug, ohne Erniedrigung und Gewalt! Das ist gemeint, nichts anderes. Wenn ein Paar sich in Freiheit für Polygamie entscheidet, dann mögen sie es tun. Wenn ein Paar sich für Monogamie entscheidet, dann mögen sie es auch tun. Es gibt allerdings kaum ein Paar, welches sich in einem Lebensfeld des Vertrauens für andauernde Monogamie entscheidet. Die Entscheidung für eine monogame Paarbeziehung wird von den Teilnehmern der Gemeinschaft meistens nur vorübergehend getroffen, um die Erfahrung einer gesteigerten Intimität zu machen. Es ist selbstverständlich, dass diese Entscheidung von der Gemeinschaft respektiert und unterstützt wird.

Ein wesentlicher Grund für die Stabilität unserer Gemeinschaft war und ist die freie Sexualität. Dadurch kommt eine innere Erleichterung in die Gruppe, denn der Sex verliert die dämonische Macht, die er hat, solange er intransparent bleibt. Durch die Tradition der sexuellen Unterdrückung bildete sich im menschlichen Untergrund eine Überstauung mit sexuellen Energien und Bildern. Der normale Zeitgenosse ist „oversexed", prall gefüllt mit heimlichen oder offenen Phantasien des Verlangens. Wenn ein normaler Mann einer schönen Frau begegnet, schaut er auf ihren Busen und hat ehrliche Mühe, seine Gedanken zu verbergen. In einer Kultur der freien Sexualität weiß man diese Dinge, man lacht darüber, niemand muss sein Verlangen verbergen. Ehrlichkeit in sexuellen Dingen ist eine kulturelle Erneuerung von historischem Ausmaß. Durch freie Sexualität steigt der Pegel des Vertrauens und der Lebensfreude. Das Schlüsselwort der humanen Sexualität heißt „Kontakt". Aus dem Kontakt ergeben sich die Spielregeln der sexuellen Ethik. Für die meisten Menschen, die in eine Gemeinschaft eintreten, besteht die erste Aufgabe im Erlernen des Kontakts. Kontakt statt Projektion, Kontakt statt Maskerade, Kontakt und unverhohlene Freude aneinander.

Sexualität ist eine Weltmacht. Ihre Anziehung oder Abstoßung, ihre Signale und Verkabelungen, ihre Hoffnungen und Enttäuschungen ziehen sich wie ein geheimes Nervensystem durch die ganze menschliche Gesellschaft, durch jedes Büro, jedes Kaufhaus, jede Kunstausstellung, jede Konferenz, jede Gruppe, jede Firma, jede Partei. In der Heilung der Sexualität liegt der vielleicht revolutionärste Schritt der gegenwärtigen Heilungsarbeit – nach mehrtausendjähriger Unterdrückung und Verleugnung. Der heimliche Sadomasochismus, der sich im Untergrund der Gesellschaft ausgebreitet hat, ist ein innerer Versuch, die Grenzen zu sprengen und dem Leib die Freiheit zurückzugeben, die er im zu engen Gehäuse der bürgerlichen Moral verloren hat. Im Namen der Heilung muss diese innere Sprengkraft in eine positive Richtung gelenkt werden.

Im Rahmen der freien Sexualität werden die sexuellen Kräfte, die bislang zu Gewalt und Zerstörung geführt haben, nicht mehr verurteilt, sondern in die Humankraft einer vitalen sinnlichen

Liebe transformiert. Eine neue, humane Kultur wurzelt in einem neuen Verhältnis der Leiber. Die Revolution geschieht in den Leibern! Das hatte schon die Mutter von Auroville gesagt. Sie hatte damit aber etwas anderes gemeint, nämlich die Aufnahme der supramentalen Energie in den Zellkörper. Auch das gehört zur Vision des neuen Menschen. Wir werden sehen, dass diese beiden Richtungen der Verleiblichung – die spirituelle und die sexuelle – auf eine gemeinsame Linie der Transformation hinauslaufen.

Die Ethik der freien Sexualität
Die Liebe der Geschlechter ist das Mysterium, aus der alles Menschliche oder Unmenschliche hervorgeht. Hier liegt der tiefste Schlüssel für die Heilung, die individuelle wie die globale. Welche Heilungsmöglichkeiten dem Menschen zugänglich sein könnten, wenn ihm die „orgonotische Strömung" der Sexualität frei zur Verfügung stünde, das haben die Arbeiten von Wilhelm Reich dargelegt. Er war ein großer Wegbereiter der sexuellen Wahrheit. Vor allem im Bereich der Krebsheilung hat er Tore geöffnet, die uns einen gänzlich neuen Blick auf die Entstehung und die Heilung dieser Krankheit ermöglichen. Seine Schau kann nur in einem Leben mit befreiter Sexualität in Erfüllung gehen.
– Für die freie Sexualität gelten ein paar Spielregeln, die gelernt werden müssen, damit ein humanes und glückliches Leben möglich wird:

Erstens: Sexuelle Leidenschaft ist noch keine Liebe. Sexuelle Leidenschaft gehört zum Strom des Lebens und muss deshalb befreit werden von aller Heuchelei. Sex ist voll „erlaubt", er muss geschützt werden vor Gemeinheit und Verleumdung. Aber wir müssen ehrlich bleiben. Wenn wir Sex wollen, sollten wir nicht von Liebe sprechen. Auf der Basis sexueller Begeisterung lässt sich noch keine Partnerschaft aufbauen, denn Partnerschaft ist eine seelische und personale Beziehung.

Zweitens: Freie Sexualität braucht den Kontakt. Handle erst, wenn zwischen dir und dem Gegenüber Kontakt und Vertrauen hergestellt sind. Hier liegt ein häufiges Missverständnis. Viele denken, wenn die Sexualität frei ist, dann könnten sie doch alles tun. Ja, dürfen sie – wenn es im Kontakt geschieht. Nur im Kontakt kommen die beiden Partner sexuell richtig zueinander. Ohne Kontakt folgen sie ihren eigenen heimlichen Phantasien und finden nicht den gemeinsamen Rhythmus. Kontaktlose Sexualität führt leicht zu Gewalt. Oft sind es heimliche Gewaltphantasien, welche die sexuelle Handlung steuern. Beide Partner bleiben dann unerfüllt zurück. Wer erfüllten Sex haben will, muss es lernen, Kontakt aufzubauen. Nur durch Kontakt entsteht die Sensibilität füreinander, die das sexuelle Spiel ihrem zauberhaften Höhepunkt entgegenführt.

Drittens: Wenn du jemanden sexuell begehrst, dann prüfe den richtigen Zeitpunkt. Bist du wirklich frei dafür, ist dein Herz frei? Fühle es am Herzchakra und am Solarplexus. Wenn du da frei bist, dann geh! Wenn da noch Angst ist, dann warte noch. Gehe erst, wenn du die „blaue Kugel" behalten kannst, und sorge dafür, dass du sie nicht verlierst. Das gilt für Frauen noch mehr als für Männer. Behaltet die blaue Kugel. Bewahrt eure Selbstachtung. Bewahrt euer Ich – bei aller Hingabe. (Der Begriff der „blauen Kugel" stammt aus dem Buch „Traumsteine" von Sabine Lichtenfels. Hier spricht die lehrende Priesterin von der blauen Kugel und dass es darauf ankommt, diese Kugel immer im Zentrum zu halten, wenn man sich den Männern nähert und erotische Wünsche an sie heranträgt; sie sagt zu ihren Schülerinnen: *„Es ist wichtig, dass ihr diese Kugel spürt und kennenlernt. Sie zeigt euch, wann es an der Zeit ist für den Vollzug. Wenn ihr die Wahrnehmung für sie verliert, dann wird die Sexualität aus ihrem Zentrum fallen. Sie wird euch in Verlangen, Bedürftigkeit und Maßlosigkeit führen."* [24])

Viertens: Wenn du ein schönes Erlebnis gehabt hast, dann danke dafür und verlange keine Fortsetzung. Es gibt keinen Rechtsanspruch in der Liebe. Die Fortsetzung kann von selber kommen, wenn sie kommt.

Fünftens: Die Frage, ob wir monogam leben wollen oder polygam, heterosexuell, homosexuell oder bisexuell, entscheidet sich auf dem Grund der inneren Wahrheit. Es ist kein Widerspruch, sich nach einem Partner zu sehnen und gleichzeitig nach erotischen Abenteuern mit anderen. Zum Betrug wird es nur, wenn wir es voreinander verleugnen.

Sechstens: Wenn du vorübergehend impotent bist, dann schäme dich nicht, sondern höre auf folgenden humoristischen Text, der etwas lehrt, was überall gilt:

„*Wenn jemand impotent ist, dann glaubt er, etwas können zu müssen, was man in Wirklichkeit nicht können muss – und was man gerade dann von selbst kann, wenn man an kein Können mehr denkt. Die Annahme, das können zu müssen, was man in Wirklichkeit nicht können muss, weil man es von selbst kann, wenn man an Können nicht denkt, führt in den meisten Fällen zu Störungsvorgängen im Bereich des natürlichen Könnens. Wer dann tatsächlich nicht kann, sieht sich umso mehr in seiner falschen Annahme des Können-Müssens bestätigt. So wird der Sex zu einem vergeblichen Leistungssport. Wenn einer wirklich nicht kann und im Moment auch kein Land mehr sieht, dann möchten wir ihn bitten, dies nicht zu ernst zu nehmen.*"[19]

Es kommt immer Hilfe, wenn man loslässt.

3.7 Objektive Ethik

Wie entsteht Vertrauen unter Menschen? Wie entsteht Vertrauen zwischen Mann und Frau, Mensch und Tier, Mensch und Natur, Mensch und Welt? Das war von Anfang an eine zentrale Forschungsfrage unseres Projekts. Die Herstellung von Vertrauen ist ein tiefer revolutionärer Prozess in einer Gesellschaft, wo Tarnung und konventionelle Lüge Bedingungen des Überlebens geworden sind. Wir müssen unsere Lebensformen gründlich verändern, um einander auch in den kritischen Bereichen von Sex, Geld oder Macht vertrauen zu können.

Es gibt im Zusammenleben der großen Lebensfamilie eine universelle, objektive Ethik. Sie ist das Gesetzbuch der Heiligen Matrix. Sie ergibt sich aus den elementaren Tatsachen, die wir genannt haben; jeder Satz enthält einen ethischen Imperativ: Wir Menschen sind das **Auge der Evolution** und haben die Aufgabe, sie **friedlich** zu lenken. Wir leben in einer **Lebensgemeinschaft** mit Tieren und Pflanzen. Alle Mitgeschöpfe haben das gleiche Recht auf Leben. Alle sind Organe im großen Organismus des Lebens, alle brauchen deshalb unsere Pflege und Unterstützung. Tiere sind natürliche Kooperationspartner in der universellen Lebensgemeinschaft. Der Kampf zwischen Mensch und Tier ist endgültig beendet. Wir quälen keine Tiere, wir unterstützen sie in ihrer Lebensfreude und Entwicklung.

Alle Nationen, Kulturen und Völker, alle Stämme, Gruppen und Individuen sind ein Organ im Organismus der Menschheit. Organe dürfen sich nicht gegenseitig verletzen. Wir dulden keine Gewalt. Wir ersetzen den Gedanken der Rache durch den Gedanken von Grace: Gnade und Vergebung. Wir halten uns selbst an die Gebote des Lebens, die wir für unverhandelbar halten. Sie gehören zur Heiligen Matrix und regulieren unser gesundes Zusammenleben. Sie gelten überall auf unserem Planeten, wir fassen sie zusammen unter dem Begriff der „objektiven Ethik".

Der Aufbau funktionierender Projekte und Gemeinschaften verlangt die Einhaltung einiger Spielregeln, ohne die kein wirkliches Vertrauen zustande kommt. Der Gründungskanon für eine

gewaltfreie menschliche Kultur enthält mit Sicherheit folgende Gebote der objektiven Ethik:
Wahrheit
Gegenseitige Unterstützung
Verantwortliche Teilnahme an der Gemeinschaft
Transparenz
Verlässlichkeit
Pflege der Tierwelt

Diese Vokabeln lesen sich leicht. Aber sobald wir genauer hinschauen, merken wir, dass es die Vokabeln einer moralischen Revolution sind. Was zum Beispiel bedeutet Wahrheit? Was bedeutet sie unter Liebespartnern? Können sich Mann und Frau die Wahrheit sagen, ohne die Beziehung zu zerstören? Passen Wahrheit und Zweierbeziehung zusammen? Was macht die Frau, wenn sie den Mann fragt, ob er auch eine andere liebt, und er „ja" sagt? Und umgekehrt! Ist nicht die Unwahrheit längst eine Bedingung für das Überleben unserer Liebesbeziehungen geworden? Und weiter: was geschieht, wenn ein Schüler seinem Lehrer, ein Kind seinem Erzieher, ein Angestellter seinem Chef oder ein Bundestagsabgeordneter seiner Fraktion die Wahrheit sagt? Die Menschenwelt würde explodieren. Die Lüge ist ein fester Bestandteil unserer Gesellschaft geworden, eine Bedingung ihres Zusammenhalts, deshalb kann kaum noch jemand verstehen, was mit Wahrheit gemeint ist. Im Sinne einer Vertrauensgemeinschaft meinen wir mit Wahrheit zunächst einmal das, was jedes Kind meint: dass man nicht lügt, sondern die Wahrheit sagt. (Aber das Thema der Wahrheit geht noch tiefer. Siehe das Kapitel über funktionierende Gemeinschaften, S. 180 ff.)

Oder nehmen wir die nächste Vokabel: die „gegenseitige Unterstützung". Das klingt gut. Aber wie ist das in den Beziehungen, in den Ehen, in den vermeintlichen Freundschaften? Unterstützen sich die Partner? Oder betreiben sie heimliche, ganz kleine Macht- und Konkurrenzspiele? Wir sehen sofort, dass wir eine neue Basis unserer menschlichen Beziehungen brauchen, um die Gebote der objektiven Ethik erfüllen zu können. Ohne die Basis von rückhaltlosem Vertrauen wird es keine einzige funktionierende Gemeinschaft geben, keine dauerhafte Liebesbeziehung, keine funktionierende soziale Ordnung, keine nachhaltige Ökonomie. Wenn wir den ökonomischen Prozess verbinden mit Vertrauen, Wahrheit und gegenseitiger Unterstützung – was für eine Ökonomie könnte daraus entstehen? Das sind Fragen im Forschungslabor der neuen Zentren. Von ihrer Beantwortung wird es abhängen, ob das große Werk gelingt.

Die objektive Ethik ist eine universelle Tatsache. Sie existiert im Bauplan der Schöpfung und im Inneren jedes Menschen, sie ist unser „Urgewissen". Lusseyran, der schon erwähnte französische Widerstandskämpfer, hat diese Dinge gründlich beschrieben. Er war blind, hatte aber seinen inneren Bildschirm, der ihn dauernd korrigieren konnte. Auf diesem Schirm hat sich die Welt abgebildet je nach den inneren Vorgängen seiner Seele. Er schreibt in dem Buch „Ein neues Sehen der Welt": *Wenn ich traurig war, wenn ich Angst hatte, wurden alle Schattierungen dunkel und alle Formen undeutlich. Wenn ich jedoch freudig und aufmerksam war, hellten sich alle Bilder auf. Groll, Gewissenszweifel versetzten alles in Dunkelheit. Ein großherziger Vorsatz, eine mutige Entscheidung schickten einen hellen Lichtstrahl. Nach und nach lernte ich verstehen, dass Lieben Sehen bedeutete und dass Hassen Blindheit, Nacht war. Auf diese Weise erfuhr ich, dass Moral keine bloße Summe abstrakter Regeln ist, sondern eine gefügte Ordnung, eine Ordnung von Tatsachen, wie ein Haushalten mit dem Licht.*" [28]

Die Gebote der objektiven Ethik sind die Regeln einer zukünftigen menschlichen Existenz und gehören daher in den Gründungskanon der neuen Kultur. Sie werden nirgends gleich lupenrein eingehalten werden. Sie dürfen auch keinen Anlass geben, sich gegenseitig moralisch zu kontrollieren und von neuem ein schlechtes Gewissen zu erzeugen. Über ihnen wacht kein Gesetzgeber und kein Richter. Nur der selbstständig werdende Mensch wird sie verstehen und von selbst befolgen.

Befreiung vom Emotionalkörper
Ein Grundsatz erfolgreicher Konfliktarbeit heißt: „*Handle nie aus dem Affekt!*" Wir leben mit einem prall gefüllten Emotionalkörper.

Oft genügen kleinste Anlässe, zum Beispiel ein Räuspern oder eine ironische Bemerkung, um das Fass zum Überlaufen zu bringen. Eine Gesellschaft, die Generation für Generation lernen musste, ihre Emotionen zu unterdrücken, steht immer in der Gefahr kollektiver Dammbrüche, wo die Gesamtmasse der verdrängten Emotionen sich verwandelt in Hass und Gewalt. Die heutige Welt ist voll davon. Auch die bisherigen Revolutionen sind mehr aus dem Emotionalkörper hervorgegangen als aus geistiger Klarheit, deshalb erzeugten sie das historische Perpetuum mobile der Gewalt.

Übergib dich nicht deinem Emotionalkörper, bewahre den klaren Geist, handle nicht aus dem Affekt! Das sind Basisanweisungen im Training moderner Friedensarbeiter. Der Emotionalkörper ist ein Teil unserer psychologischen Anatomie, wir können und sollen ihn nicht beseitigen, in ihm gründen tiefe Gefühle wie Liebe, Mitleid, Trauer und andere. Wir dürfen sie nicht verdrängen, sondern im Gegenteil, wir sollen unsere Herzen wieder öffnen. Aber der Emotionalkörper ist oft auch voll von drängenden Emotionen wie Wut oder Neid oder Angst, die sofort das Steuer übernehmen, wenn wir nicht gelernt haben, sie zu stoppen. Herr werden über die Tyrannei solcher Affekte, Herr werden im eigenen Haus – das ist gemeint.

Es geht um die Entwicklung der „Kraft". Bei allen spirituellen Lehren, die uns authentisch überliefert werden von Jesus Christus über Prentice Mulford und Jacques Lusseyran bis Peace Pilgrim geht es um die Entwicklung der Kraft. Um den Anforderungen unserer Zeit gewachsen zu sein, um selbst ein freies Leben führen zu können, brauchen wir die Kraft, aus reflexartigen Emotionen auszusteigen und einem neuen Gedanken zu folgen. Wer vor einer schwierigen Aufgabe steht, erkennt in sich die Forderung, diese Kraft in sich aufzubauen. Menschen, die in den Turbulenzen unserer Zeit eine führende Rolle übernehmen wollen, müssen die Kraft haben, sich vom eigenen Emotionalkörper zu befreien und ihre Entscheidungen einer höheren Weisheit zu unterstellen. Es ist die Weisheit jener universellen Intelligenz, die uns immer führt, wenn wir uns für sie geöffnet haben.

Das ist im Bauplan der revolutionären Heilungstheorie immer wieder ein grundlegender Gedanke: Befreie dich von der inneren Okkupation durch Emotionen und Bedürfnisse, damit du innerlich frei wirst für die höheren Kräfte. Frei zu werden für die Geistkräfte des Alls, das ist das Glück des Künstlers, des Liebhabers und des Transformationsarbeiters. Es ist das Pfingstglück der neuen Gemeinschaften.

Emotion und Geist
In unserer aufgewühlten Welt werden die Aktionen der politischen Gruppen meistens nicht durch Denken, sondern durch Emotionen beherrscht. So entstehen keine Lösungen. Nur autonome Menschen, die nicht von ihrem Emotionalkörper okkupiert sind, können die höhere Ordnungsebene finden, auf der die Lösungen liegen. Die Autonomie des Menschen beginnt mit dem selbständigen Denken. Um selbstständig denken zu können, müssen wir uns von unserem Emotionalkörper lösen. Solange wir in unseren Emotionalkörper verstrickt sind, sind wir mit den Ereignissen identifiziert, wir stehen nicht außerhalb von ihnen und können deshalb nicht klar denken. Im identifizierten Zustand sind wir ein Teil des Problems, nicht ein Teil seiner Lösung. Es ist der Geist, der uns aus dem Gefängnis befreit. Sobald der Geist das Muster der Identifikation durchbricht, beginnt der Prozess der Erkenntnis und Befreiung. Um ein Problem lösen zu können, brauchen wir einen geistigen Standort außerhalb des Problems. Tatsächlich ist in der geistigen Anatomie des Menschen ein solcher Standort vorgesehen. Wir haben ein „Organ der Erkenntnis" in uns. Je weniger wir von der Macht des Emotionalkörpers umklammert sind, desto freier kann sich dieses Organ des Geistes betätigen. Es ist das Organ des universellen Geistes – oder, wie Teilhard de Chardin gesagt hat, der „innere Stützpunkt Gottes" im Menschen. Wir sind, sobald wir aus dem Nebel der Identifizierungen ausgetreten sind, das Denkorgan und das Auge der Evolution. Wir können erkennen und wissen, was die Evolution tut und was sie braucht, wir selbst sind ein Teil der Evolution. Die Menschheit hat aber viel unternommen, um dieses Denkorgan aus dem gesellschaftlichen

Betrieb auszuschalten. Auf selbstständiges Denken stand lange Zeit die Todesstrafe; wer vom kirchlichen Dogma abwich, wurde wie Giordano Bruno hingerichtet. Der Kampf gegen den Geist wurde bis in unsere Zeit fortgesetzt. In der Alternativbewegung glaubte man, man müsse nicht dem Kopf, sondern dem Bauch folgen. In Wirklichkeit ist eher das Gegenteil der Fall. Im Bauch steckt der Emotionalkörper. Oft haben wir Bauchschmerzen, weil der Kopf falsch denkt. Der Emotionalkörper folgt dem Geist, der Geist reguliert den Bauch. Wenn wir richtig denken, kommt der Bauch zur Ruhe. Es ist immer der Geist, der unseren Organismus und unsere Emotionen, unser Wohlbefinden oder unsere Depressionen steuert. Für die Heilung des Einzelnen wie für die Heilung der ganzen Menschheit spielt deshalb der Geist eine entscheidende Rolle. Es ist der Geist, der heilt. Es sind – bewusste oder unbewusste – Gedanken, die unsere Emotionen lenken. Denken und Theoriebildung haben eine Schlüsselfunktion im emanzipatorischen Prozess der menschlichen Gesellschaft. Die jungen Revolutionäre unserer Zeit brauchen eine geistige Ausbildung, in der sie mit den Kräften des Denkens vertraut werden. Der entscheidende Punkt für die Heilung tritt dann in Kraft, wenn wir anfangen, „richtig" zu denken. Gemeint ist eine nicht weiter definierbare Übereinstimmung von Denken und Wirklichkeit. Das Denken ist eine Tätigkeit des Universums. Es ist eine hohe, emotionsfreie Ebene, wo der Geist zur Ruhe kommt, weil er mit dem Leben übereinstimmt. Jetzt freut sich der Bauch und auch das Herz. Zu Ende gedacht können wir sagen: *„Denke so, dass im Herzen Liebe entsteht."* Wir kommen auf diesem Wege zu einer sehr neuartigen Funktionsbestimmung von Geist und Denken. Nur so können wir uns befreien aus der Klammer unseres eingefleischten Emotionalkörpers.

Umgang mit vermeintlichen Feinden
Eine Bedingung erfolgreicher Friedensarbeit ist der Austritt aus jeder Art von Feind-Denken. Eine Gemeinschaft, die für ihren inneren Zusammenhalt Feindbilder braucht, enthält immer noch einen faschistoiden Restbestand der alten Zeit in ihren Gedärmen. Wenn ein Mensch aufrecht und klar sagen kann: *„Ich habe keine*

Feinde mehr", dann ist er disponiert für gute Friedensarbeit. Es ist ein Ziel aufgeklärter Charakterarbeit, jene seelische und geistige Stufe zu erreichen, auf der alle Feindbilder verschwinden.

Um gegenüber Gegnern eine klare Position einnehmen zu können, müssen zunächst einmal die inneren Regungen von Angst und Feindseligkeit verschwinden, denn alle „Gegner" sind einmal in Windeln gelegen, alle haben nach der Mama geschrien, alle haben im Liebeskummer geweint, alle haben Angst vor Verurteilung, und alle freuen sich über Freundlichkeit. Im Umgang mit dem Gegner ist Freundlichkeit eine hohe Kategorie. Es gehört zum mentalen Training der neuen Revolutionäre, im Spannungsfeld von Gegnerschaften Solidarität und Souveränität zu bewahren. Außerdem sollten wir vielleicht daran denken: Jeder Gegner von heute kann ein Freund von gestern gewesen sein, jeder Freund von heute kann ein Gegner von gestern gewesen sein, und jeder Gegner von heute kann ein Freund von morgen werden.

„Es gibt keine Feinde, es gibt nur potentielle Freunde," schrieb Sabine Lichtenfels.[22] Das ist ein hohes Niveau, Feinde als potentielle Freunde anzusehen. Könnte es nicht sein, dass du selbst einmal jemand gewesen bist, den du heute zu deinen Feinden zählen würdest? Oft ist die Beurteilung von Freund und Feind in unserem Emotionalkörper verankert und unterliegt deshalb keiner ernsthaften Wahrnehmung. Friedensarbeiter, die im Sinne der objektiven Ethik arbeiten, passen nicht in die Strukturen der konventionellen Gesellschaft, werden denunziert und verfolgt und leben manchmal in einer Welt von Feinden. Deshalb ist es für sie besonders wichtig, hier eine feste innere Grundlage zu finden, von der aus sie frei agieren können, ohne in das Fahrwasser blinder Reaktion zu geraten. Man muss sich seiner Sache sicher sein und keinen „Dreck am Stecken" haben, um vor Gegnern nicht zu erschrecken. Wenn wir unserer Sache sicher sind, kein schlechtes Gewissen und keine Angst haben, dann verwandelt sich die frühere Feindeswelt, vor der wir fliehen mussten, in eine Welt potentieller Mitarbeiter oder Freunde.

Oft verurteilen wir jemanden einfach deshalb, weil wir Angst vor ihm haben oder weil wir uns von ihm durchschaut fühlen.

Somit heißt die erste Regel im Umgang mit vermeintlichen Feinden: Hört auf, euch selbst zu verurteilen! Denn ihr verurteilt in anderen am meisten das, was ihr unbewusst in euch selbst ablehnt und hasst. Je mehr Eigen-Akzeptanz wir entwickeln können, desto weniger werden wir andere verurteilen und desto weniger werden wir im Freund-Feind-Schema denken. Es gibt in der Welt keine feste Freund-Feind-Struktur, sondern es gibt zwischen beiden Polen nur ein Kontinuum mit wechselnden Rollen. *Tat twam asi.* Menschen, die sich selbst aus der Verurteilung erlösen, werden auch andere nicht mehr verurteilen – und somit entsteht eine menschliche Brücke, die Wunder bewirken kann. Jesus hat gesagt: *„Richtet nicht, auf dass ihr nicht gerichtet werdet."* (Mt.7:1) „Nicht richten!" ist die Losung, die uns letztlich auch von der eigenen Angst befreit. **Wo keine Angst mehr ist, da ist auch keine Feindschaft mehr.**

Wir alle kommen aus einer unendlichen Reihe von Täterschaft und Opferschaft. Die Täter werden zu Opfern und umgekehrt, so läuft das schon durch Jahrtausende hindurch. Wir können diese fatale Kette nur beenden, indem wir definitiv aussteigen aus dem System der Rache. Natürlich ist das schwer, wenn wir an die Massenmörder unserer Zeit denken, an die Verbrechen in Tschetschenien, Syrien oder Gaza – oder wenn wir, wie die Freunde in San José de Apartadó (Kolumbien), den Mördern unserer Familienangehörigen gegenüberstehen. Aber es wird leichter, wenn wir ihre Biografien anschauen. Alice Miller hat uns bewegende Beispiele geliefert über die Kindheit von Menschen, die später fürchterliche Dinge getan haben.[31, 32] Es geht hier nicht um therapeutische Besänftigung und Entschuldigung, sondern um eine radikale Erkenntnis. Wenn wir im Film sehen könnten, wie Hitlers Vater Alois vor den Augen des jungen Adolf auf die Mutter einschlug und wie er dann den Sohn verprügelte, würden wir wahrscheinlich kurz innehalten und selbst dem schlimmsten Menschen des vorigen Jahrhunderts gegenüber kurz eine andere Regung erlauben.

Wir selbst haben in unserem Projekt erfahren, wie es ist, wenn man öffentlich verleumdet wird und daraufhin in eine ohnmächtige Wut verfällt, die keine sinnvolle Handlung mehr ermöglicht. Wir wussten noch nicht, dass es geistige Regeln der Kraft gibt, die für solche Situationen gelernt werden müssen: Reagiere nie aus dem Affekt, denn damit schwächst du dich nur selbst! Es gibt hinter allen Dingen eine höhere Führung. Verwandle die Wut in Kraft. Handle so, dass in dir selbst Friede entsteht! Warte mit deiner Reaktion, bis du zu dieser Friedenshaltung fähig bist. Dann ist die Kraft bei dir, die dich zur richtigen Aktion führt. Wenn die Kraft bei dir ist, dann erlischt der Hass. Vielleicht entsteht sogar ein Anflug von Liebe gegenüber denen, die dich verflucht haben. Zwinge dich aber zu keiner Liebe, tu deinem Herzen keine Gewalt an, nur verzichte auf den Hass!

Sabine Lichtenfels hat vor einigen Jahren eine Friedenspilgerschaft in Israel-Palästina durchgeführt und dabei auch eine israelische Siedlung im besetzten Gebiet besucht. Hier lernten die Teilnehmer, ihre Gefühle von Angst und Hass zu verwandeln in Gefühle der Anteilnahme und Versöhnung. Die erstaunlichen Begebenheiten dieser Pilgerschaft hat sie beschrieben in ihrem Buch „Grace": *„Auf meiner gesamten Pilgerschaft habe ich mich immer wieder darin geübt, in jedem Menschen den Christus zu sehen, egal wo ich hinkomme. (...) Hinter all den Rollen und Masken der Entfremdung suche ich den Menschen in seinem Kern. Diese Art der Gegenwärtigkeit gelingt keineswegs immer. (...) Grace verlangt nach Selbsterkenntnis. Fehler bei anderen zu entdecken, ist um vieles angenehmer und leichter, als sich selbst zu enttarnen. Als ich vor einem jungen Offizier saß, der mit voller Überzeugung die ideologischen Werte seines Staates erklärte, wollte in mir alles aufschreien vor Wut und Empörung. Dann fiel mir plötzlich ein: Er könnte dein Sohn sein. Und sofort sah ich den Menschen."* [21]

3.8. Was ist Frieden?

Krieg ist eine tiefe Erkrankung des Homo sapiens, eine echte Geisteskrankheit. Wenn offiziell Dinge produziert werden, die für die Tötung von Menschen bestimmt sind, dann befindet sich diese Gesellschaft in einer unfasslichen Erkrankung ihres Bewusstseins. Sie hat ihre moralische Kompetenz verloren. Wenn sie dann sagt, das sei ja schon immer so gewesen, dann fragen wir zurück: Ist es falsch, einen Fehler zu korrigieren, nur weil er „schon immer" gemacht wurde? Krieg gehört definitiv nicht ins Bild der zukünftigen Welt. Aber wir leben in einem morphogenetischen Feld des Krieges. Die Kraft, die in den Waffen steckt, ist gewaltig, viele junge Männer sind fasziniert davon. Die Friedensgesellschaft muss eine mächtige Alternative entwickeln, um dem Wahnsinn der Waffen gewachsen zu sein. Was ist diese Alternative? Es ist eine neue Bewegung, die ein machtvolles morphogenetisches Feld der bedingungslosen Parteinahme für alles Leben auf der Erde ausbreitet. Eine UNO für das Leben – aber mit effizienteren Mitteln.

Frieden ist die Macht des angstlosen Lebens, verbunden mit menschlicher Solidarität. Frieden ist mehr als das Gegenteil von Krieg. Frieden ist eine Lebensqualität, die in den letzten Jahrtausenden nicht dauerhaft verwirklicht werden konnte, weil die inneren Voraussetzungen fehlten. Die Menschen kämpften für Frieden und trugen dabei den Unfrieden im Herzen, der ihnen durch ihre schwere Geschichte in die Seele gekerbt wurde. Sabine Lichtenfels schrieb: *„Seit Tausenden von Jahren beten die Menschen für den Frieden, sie kämpfen für den Frieden. Aber sie haben in ihrem inneren Bewusstsein vergessen, was Frieden ist. Sie kennen seine inneren Gesetze nicht mehr. Es fehlt dem Menschen die innere und umfassende Vision des Friedens. Mit einer Vision ist eine objektive Wirklichkeit gemeint, die du von innen her sehen und fühlen kannst. Sie ist in der Evolution als Möglichkeit angelegt und wartet darauf, von Menschen wieder gesehen und abgerufen zu werden."* [22]

Die Friedensvision soll also aus der kosmischen Datenbank „abgerufen" werden. Sie existiert bereits im Universum. Es ist unsere ehrenhafte Aufgabe, mit dem Universum zu kooperieren und die Vision zu manifestieren. Sie steckt als entelechiales Konzept im Schöpfungsplan und im genetischen Informationskern unserer Zellen. Ob eine Vision richtig ist oder falsch, spüren wir leiblich. Wenn wir im Sinne des richtigen Friedens handeln, dann entsteht instantan eine heilende Kraft in unserem Organismus. Peace Pilgrim, die unerschütterliche Pilgerin für den Frieden, schreibt dazu: „*Es gibt ein Kriterium, wonach du beurteilen kannst, ob die Gedanken, die du denkst, und die Handlungen, die du tust, richtig für dich sind. Das Kriterium ist: Haben sie dir inneren Frieden gebracht? Wenn nicht, dann ist etwas falsch mit ihnen – also versuche es weiter.*" [34]

Dieser Satz liest sich leicht, solange man nicht ernst nimmt, was hier gesagt wird. Er enthält wohl die tiefste Antwort auf die Frage, wie wir selber Frieden bewirken können: Indem wir so handeln, dass in uns selbst Frieden entsteht! Wenn wir nur einen Tag lang versuchen, diese Anweisung zu befolgen, merken wir bald, dass wir laufend Fehler machen. Das ist eine existentielle Entdeckung, die das Leben verändern kann. Wir selbst produzieren latenten Unfrieden in uns selbst durch die Gedanken, die wir denken, die unbedachten Worte, die wir sprechen, und die unbeherrschten Handlungen, mit denen wir auf unangenehme Dinge reagieren. Wir leben aber „normalerweise" nicht in der Wachheit, um diesen Unfrieden zu bemerken. Wir leben nicht in der Zeugenschaft von uns selbst. Aber eben in diesen Zeugenstand müssen wir eintreten, um die Größe von Peace Pilgrims Worten zu verstehen. Was ist Frieden? Frieden ist das Leben von Menschen, die untereinander in diesen Zeugenstand eingetreten sind. Sie werden niemanden mehr hassen. Frieden ist die bedingungslose wechselseitige Akzeptanz von Menschen, die sich vertrauen, weil sie sich wahrgenommen haben.

In diesem Zusammenhang betrachten wir neu die Aussage, dass wir im Äußeren nur so viel Frieden erzeugen können, wie wir im Inneren erreicht haben. Natürlich gibt es in der äußeren Welt ökonomische und politische Faktoren, die sich unserem Zugriff entziehen und deshalb weiterhin den kollektiven Unfrieden erzeugen. Es kann kein globaler Friede erzeugt werden, solange die ökonomischen und politischen Verhältnisse bestehen bleiben, die laufend den Krieg produzieren. Das stimmt natürlich. Aber um dem äußeren Unfrieden wirkungsvoll begegnen zu können, brauchen wir definitiv im Inneren die von Peace Pilgrim gemeinte Kraft des Friedens. Nur mit der Ausrüstung dieser Kraft können wir Schritt für Schritt in die äußeren Strukturen eindringen und das ganze System verändern. Der Weg geht von innen nach außen.

Es ist von entscheidender therapeutischer und sozialer Bedeutung, ob wir fähig und bereit sind, unseren inneren Schalter auf Frieden zu stellen. Die Kraft der Vision hängt davon ab, wieviel davon sich in uns selbst manifestiert hat. Wir können nur an den äußeren Frieden glauben, wenn wir im Inneren eine feste Friedenskraft hergestellt haben. Man muss sehr stark sein, um in Konfliktsituationen so zu handeln, dass im eigenen Inneren Friede entsteht. Dazu bedarf es einer vollkommenen Herrschaft über die Affekte. Wir brauchen einen Wechsel unseres „inneren Montagepunktes", um dem Kriterium von Peace Pilgrim gewachsen zu sein. Es ist der Wechsel von der Ego-Bezogenheit zum Dienst für eine höhere Sache. Wenn ich nur für mich arbeite, darf ich mir kleine Schlampereien im Inneren leisten; wenn ich für eine größere Sache arbeite, entwickelt sich in mir der Profi, ich werde mir gegenüber zielstrebig und genau, denn die Sache verlangt es. Dieser psychologische Systemwechsel schützt uns vor den Attacken unseres eigenen Emotionalkörpers. Außerdem ist es empfehlenswert, vermeidbare Fehler zu vermeiden und die Gebote der Wahrheit einzuhalten, denn innerer Unfriede ist oft mit Unwahrheit verbunden und mit der Angst, durchschaut zu werden. **Erst eine seelische Verfassung, in der wir frei sind von schlechtem Gewissen, ermöglicht uns die Befreiung von der latenten Angst, durchschaut und verurteilt zu werden. Wer frei ist von schlechtem Gewissen, fürchtet keinen äußeren Richter.** Es sind oft sehr einfache Zusammenhänge im Kleinsten, die über die Bilanz im Großen entscheiden.

Dauerhafter Frieden kann nur entstehen in einer Gemeinschaft von Menschen, die im Inneren das alte Konzept von Angriff und Verteidigung restlos überwunden haben, weil sie nicht mehr in ihrem Ego-Ich, sondern auf einer höheren Ordnungsebene verankert sind. Dieser Wechsel gehört zum Kern der gegenwärtigen Transformation. Wenn es einer Gruppe gelingt, gemeinsam und kohärent das morphogenetische Feld des Friedens aufzubauen, dann wächst in dieser Gruppe eine mächtige psychologische Macht, denn wirklicher Friede ist verbunden mit den Kräften der Heiligen Matrix. Aus solcher Verbundenheit können wir heilende Kräfte senden zu den bedrohten Projekten in den Krisengebieten der Erde. Wo Friedensprojekte mit der Heiligen Matrix verbunden sind, **da stehen die Friedensarbeiter unter hohem Schutz**, sie sind *„psychologisch nicht mehr verletzbar"* (Peace Pilgrim).

Zur Zeit (Juli 2014) erleben wir die erneute Entstehung eines Krieges in Israel-Palästina. Was hier läuft, ist wie ein letztes, besinnungsloses Aufbäumen des alten Kriegsfeldes. Es ist der Geist der Rache, der hier unangefochten das Feld beherrscht. Es ist der Archetyp des Teufels, der auf beiden Seiten – egal ob in der israelischen Knesset oder bei der Hamas – dieselben psychologischen Strukturen von Hass und Vernichtung anfeuert, manchmal sind es Strukturen bis zum (heimlich gewünschten) Genozid. Israel ist im Vorteil, weil es eine haushohe militärische Überlegenheit besitzt. Die Bombardierung von Gaza ist ein Akt menschlicher Grausamkeit, der in allen offenen Herzen nur noch Tränen von Schmerz und Verzweiflung hervorruft. Dieselbe Verselbstständigung der Gewalt sehen wir in Syrien und jetzt in der irakischen ISIS-Bewegung. Sie tun alles, um den Emotionalkörper aufzupeitschen; es sind Extremisten, die bis zum Letzten gehen mit ihrem Willen zum Bösen, zur Zerstörung, zur Rache. – Was können wir tun, was können die neuen Friedensgruppen tun? Es ist schwierig, eine sinnvolle Antwort zu geben. Die erste Reaktion im Sinne des Friedens besteht darin, dass Menschen sich gegenseitig aufrufen, einfach nicht mehr mitzumachen, nicht in den Kriegsdienst zu ziehen, nicht den Parolen der Parteien zu folgen, sondern ihre eigenen Kommunikationssysteme zu nutzen, um möglichst viele Menschen aus der Kriegspsychose herauszuholen. Dieser erste Schritt erfordert Mut und Entschlossenheit. Man wird ihn leichter tun können, wenn der nächste Schritt bereits gesehen wird, nämlich der Aufbau neuer Zentren im Namen von Terra Nova. Die Gruppen, die sich in Nahost bilden, sollen wissen, dass sie nicht allein sind, wenn sie sich für eine radikale Friedensarbeit entscheiden. Sie sind ein Teil der neu entstehenden planetarischen Gemeinschaft. Sie sollen Kontakt aufnehmen mit Tamera und mit anderen Gruppen der Schule Terra Nova. Speziell für die Gruppen in Nahost gibt es noch einen besonderen Hinweis von Sabine Lichtenfels: *„Vergesst nicht, dass die Naturgeister schon so lange darauf warten, wahrgenommen zu werden. Da sind Helferkräfte, die noch kaum genutzt werden. Helft mit, das globale Friedenssyndikat mit allen Wesen, den sichtbaren und den unsichtbaren, aufzubauen. Das morphogenetische Feld des Friedens umfasst nicht nur einen Teil der Populationen, welche die Erde beleben, sondern alle."*

TEIL IV
DER PLAN DER GLOBALEN HEILUNGSBIOTOPE

Um eine Zukunft ohne Krieg zu ermöglichen, brauchen wir überzeugende Zukunftsmodelle. Sie müssen Antwort geben können auf die globalen Krisenthemen der Außenwelt sowie auf die globalen Krisenthemen der menschlichen Innenwelt. Um solche Antworten zu finden, brauchen wir eine neue Verankerung der menschlichen Gesellschaft in den universellen Kräften des Lebens und der Schöpfung (Heilige Matrix). Wir brauchen neue Lebensmodelle, in denen Wahrheit, Liebe und Solidarität wieder möglich werden. Es sind Vorgänge der menschlichen Innenwelt, von denen Erfolg oder Misserfolg der Friedensarbeit abhängen. Wir brauchen Gemeinschaften, in denen der latente Geschlechterkampf beendet wird, in denen freie Sexualität mit Wahrheit und Vertrauen verbunden ist, in denen die Mitgeschöpfe der Natur als Kooperationspartner der heiligen Allianz geachtet werden. Wir brauchen eine intime Kooperation mit den Lebenskräften der Natur und des Universums. Heilung ist die Wiederverbindung mit dem Urkraftfeld der göttlichen Welt. Das gilt für den einzelnen Organismus, für den Organismus einer Gemeinschaft und für den Organismus der ganzen Menschheit.

Der erste Schritt dieser globalen Arbeit besteht im Aufbau von Heilungsbiotopen. Der zweite Schritt besteht in der globalen Vernetzung der Heilungsbiotope. Der dritte Schritt ist die globale Feldbildung, die nicht mehr vom Menschen, sondern von den immanenten Gesetzen des universellen Holons vollzogen wird. Es ist der „morphogenetische Weltprozess", der im letzten Abschnitt dieses Kapitels beschrieben wird.

4.1 Was ist ein Heilungsbiotop?

Das Friedensforschungszentrum Tamera in Portugal arbeitet seit zwei Jahrzehnten am Plan der globalen Heilungsbiotope. Es ist eine Kulturidee für eine kommende Epoche ohne Krieg und Gewalt. Ein Heilungsbiotop ist eine Lebensgemeinschaft, in der alle Beteiligten, also Menschen, Tiere, Pflanzen und Gewässer, so zusammenleben, dass es der wechselseitigen Heilung und Entwicklung dient. Entscheidend ist das Vertrauen zwischen allen Beteiligten, denn Vertrauen ist die Grundlage der Heilung. Damit kommt eine neue Zielsetzung ins Spiel, die bisher nicht bedacht wurde, wenn es um ökologische oder ökonomische Fragen ging: die strategische Herstellung von Vertrauen. Hier muss eine historische Barriere überwunden werden, denn die meisten Wesen tragen infolge des historischen Traumas eine tiefe Konditionierung des Misstrauens in sich. **Um Vertrauen zu erzeugen, müssen die inneren Schranken von Angst, Verstellung und Schwindelei überwunden werden.** Die Studenten und Mitarbeiter wissen, dass sie sich auf ein neuartiges Experiment einlassen. Besonders in der „globalen Liebesschule" werden sie mit neuen Möglichkeiten ihrer seelischen und sexuellen Entwicklung konfrontiert. Es geht um neue Formen von Kommunikation und Kooperation zwischen den Menschen sowie zwischen Mensch und Natur. Nach und nach wird auch die Existenz unsichtbarer Wesen in die Kooperation einbezogen, denn die Welt, die wir sehen können, ist nur ein Ausschnitt aus der Gesamtwelt lebendiger Wesen. In jedem Augenblick unserer Heilungsarbeit stehen uns Scharen unsichtbarer Helfer zur Seite. Hinter den esoterischen Begriffen wie „Deva" oder „Schutzgeist" oder „Engel" steht eine geistige Welt, die nach und nach in die wissenschaftliche Planungsarbeit der neuen Zentren einbezogen werden könnte.

Die Arbeit im Heilungsbiotop orientiert sich an den Wahrheiten des Lebens. Es ist das Leben selbst, welches die Heilung vollzieht, wenn wir ihm dafür die Möglichkeit geben. Wir tun dies durch neue soziale, ökologische, technologische Strukturen und durch neue Formen des Zusammenlebens, die sich an den

Geboten der universellen Ethik orientieren. Je besser wir diese Strukturen aufbauen, desto intensiver wirkt der Heilungsvorgang in allen Beteiligten.

Das Projekt der globalen Heilungsbiotope enthält und verwirklicht diejenigen Prinzipien und Paradigmen, die – beim heutigen Stand des menschheitlichen Wissens – für alle Kontinente unseres Planeten gelten, wenn eine humane Welt entstehen soll. Natürlich werden die Heilungsbiotope in den verschiedenen Ländern gemäß ihren kulturellen, geografischen, klimatischen etc. Bedingungen verschieden geformt sein, aber die grundlegenden Prinzipien der neuen Kulturbildung sind überall dieselben. Das Projekt ist nicht nur auf einen speziellen Problembereich unserer Zeit, wie z.b. den Hunger, gerichtet, sondern auf alle Problembereiche, denn alle hängen miteinander zusammen. Das Hungerprojekt, welches im vorigen Jahrhundert die Welt vom Hunger befreien wollte, konnte nicht funktionieren, weil die gegebenen ökonomischen und politischen Methoden der globalen Ausbeutung immer neuen Hunger hervorbringen. Um den Hunger weltweit zu beseitigen, müssen natürlich die ökonomischen Strukturen beseitigt werden, die ihn erzeugen. Das gilt für jede wirkliche Erneuerung in humaner Richtung: Sie kann nur gelingen auf der Grundlage einer neuen sozialen, ökonomischen und politischen Ordnung. Ohne Revolution keine humane Welt. Nur handelt es sich nicht mehr um eine Revolution durch Gewalt, sondern um eine Revolution durch die Erkenntnis und die Anwendung der Macht, die uns durch unsere immanente Christusnatur gegeben ist. Revolution durch die entschlossene und unverhandelbare Parteinahme für das Leben.

Das Projekt der Heilungsbiotope zielt auf eine Gesamtheilung von Mensch und Erde. Mit anderen Worten: Es geht um eine neue Richtung der menschlichen Evolution und um eine neue Matrix für die Besiedelung unseres Planeten. Wir werden innerhalb dieses großen Rahmens einige Schwerpunkte setzen, wie zum Beispiel die Heilung der Geschlechterliebe, das Aufwachsen der Kinder, die Erschließung dezentraler Energiequellen und die Heilung des Wassers, weil es sich hier um Schlüsselbereiche unserer Existenz handelt. Ob auf der Erde

Krieg oder Frieden sein wird, hängt ganz wesentlich davon ab, wie die kommende Menschheit mit dem Wasser umgeht, welche Energiequellen sie benutzt und wie sie das Thema Nummer Eins lösen wird.

Ein neues morphogenetisches Feld: die „planetarische Urzelle"
Die Idee der Heilungsbiotope erwuchs aus dem Gedanken, dass es eine Struktur geben müsse – wir nannten sie den „Kulturkristall" –, die wie eine biologische Zelle einen Prozess der Selbstvermehrung einleitet, sobald sie reif genug durchdacht und entwickelt ist. Es sollte eine universelle Struktur sein, die für alle Völker und Kontinente gilt. Es ging mit anderen Worten darum, ein „morphogenetisches Feld" aufzubauen für eine neue, humane Welt. (Ich benutze den Begriff des morphogenetischen Feldes in logischer Erweiterung der ursprünglichen Form, wie sie von dem britischen Biologen Rupert Sheldrake entwickelt worden ist.) Die ganze Evolution entwickelt sich durch morphogenetische Feldbildung (siehe S. 213).

Wir leben heute im morphogenetischen Feld des Krieges. Von den wirtschaftlichen und politischen Entscheidungen bis zu den Vorgängen in den Liebesbeziehungen ist diese Gesellschaft – trotz aller moralischen Bemühungen der Einzelnen – geprägt vom morphogenetischen Feld des Krieges. Wir müssen es umwandeln in ein morphogenetisches Feld des Friedens. Die zukünftige Zivilisation entwickelt sich aus dem morphogenetischen Feld des Friedens. Resonanz statt Gewalt, Kooperation statt Kollision, Vergebung statt Rache – das sind einige Merkmale des neuen morphogenetischen Feldes.

Für den Aufbau des morphogenetischen Feldes kristallisierte sich ein Bild heraus, das sich langsam verdichtete: das Bild eines „Heilungsbiotops". Das Heilungsbiotop ist demnach die „planetarische Urzelle" im Organismus der kommenden Menschheit. In dieser Urzelle müssen die Schwerpunkte und Parameter einigermaßen richtig gesetzt sein, damit sie sich im wachsenden Organismus der neuen planetarischen Gemeinschaft richtig auswachsen können. Der Plan der globalen Heilungsbiotope besteht darin, eine erste solche Urzelle zu erschaffen, um dann mithilfe eines globalen Netzwerks die Bildung weiterer solcher Zellen zu bewirken. Es sollte im Informationskörper der Menschheit (Noosphäre) eine „morphogenetische Verdichtung" geschaffen werden, aus der sich nach und nach viele weitere solche Zellen herauskristallisieren. Was in der biologischen Evolution vor vier Milliarden Jahren mit der ersten Zelle geschah, könnte in der sozialen Evolution unserer Zeit mit der planetarischen Urzelle geschehen: die Vervielfältigung auf dem Wege der „morphogenetischen Feldbildung". (Was in diesen Sätzen so linear formuliert wird, ist in Wirklichkeit ein historischer Prozess, an dem viele Gruppen und Projekte beteiligt sind.)

Die Urzelle enthält die grundlegende Informationsmatrix, den „genetischen Code" der neuen Zivilisation. In ihr sind die verschiedensten Lebensformen versammelt. Dadurch entstehen neue „Synapsen", neue Synergien, neue Energielinien und neue Sinnlinien, die zu neuen Wachstumsrichtungen führen. Von den Arbeiten der Ameisen und Spinnen, der Bienen und Schwalben bis zu den Tätigkeiten von Haustieren, Hunden und Kindern, von den Seerosen in den Teichbiotopen bis zu den Fruchtbäumen der Permakultur, von den Aktionen der Handwerker, Techniker, Baggerführer, Wissenschaftler und Priesterinnen bis zu den Handlungen der Naturgeister entwickelt sich ein wachsendes System in zunehmend kohärenter Richtung. **Je höher die Kohärenz, desto machtvoller das System und seine Wachstumskraft. Man merkt, wie es immer mehr „von selbst" geschieht.** Der erstaunlichste Vorgang, den wir in den schweren Jahren unseres Projekts wahrnehmen konnten, war der Vorgang der Selbstorganisation. Wenn Engpässe entstanden, für die keine Lösung sichtbar war, entstanden in der Gemeinschaft neue Kräfte von Kreativität und Selbstorganisation, mit denen eine Öffnung gefunden werden konnte.

Eine wesentliche Voraussetzung für die Entwicklung der Urzelle ist die innere Kohärenz der in ihr zusammengefassten Arbeitsbereiche. Für diese Kohärenz entstand in Tamera der Begriff des „Kohärenten Informationssystems" („KIS"). KIS war und ist ein zentraler Gedanke für den Aufbau der neuen Zentren. In einem Heilungsbiotop müssen alle Unterprojekte geistig übereinstimmen, d.h. sie müssen von einer einheitlichen Grundinformation und einer einheitlichen Zielorienterung getragen sein. Die Informationsmatrix für das Kinderaufwachsen soll zum Beispiel übereinstimmen mit den Kerninformationen der Liebesschule, des politischen Unterrichts, der Ernährung, der Technologie, Ökologie etc. Wenn dies gegeben ist, haben wir ein kohärentes Informationssystem von hoher Stabilität und Unverletzlichkeit. **Die Stabilität eines Systems hängt ab von seiner Kohärenz mit der Heiligen Matrix und von der Kohärenz seiner Subsysteme (Arbeitsbereiche oder Unterprojekte) untereinander.** Das Prinzip des kohärenten Informationssystems trägt eine hohe moralische Verantwortung in sich: Wieviele heimliche Schwindeleien sind noch erlaubt, wenn wir ernsthaft eine Welt des Friedens erschaffen wollen? Wieviele Konsumgüter aus der industriellen Welt darf man noch benutzen, wenn man weiß, auf welche barbarische Weise diese Produkte erzeugt und verteilt werden? Kann man noch Dosenmilch benutzen, die von Nestlé produziert wurde? Das sind ernsthafte Fragen einer KIS-Gemeinschaft. Sie betreffen das Thema der Mittäterschaft. Man sollte dieses Thema nicht zu einseitig auf Fragen des Konsums konzentrieren, denn ein wesentlicher Teil unserer Mittäterschaft besteht darin, an den destruktiven Denkformen und den untergründigen Emotionen der bestehenden Gesellschaft teilzunehmen. Die Fragen der Mittäterschaft dürfen nicht verdrängt werden, dürfen aber auch niemals zu moralischem Fanatismus und zu wechselseitiger Inquisition führen, denn sie sollen dem Frieden und der Liebe dienen.

Die Urzelle ist ein Gemeinschaftsunternehmen, sie entwickelt sich aus den komplexen Beziehungen einer menschlichen Gemeinschaft. Dazu gehören auch die Beziehungen, die eine Gruppe im globalen Netzwerk aufgebaut hat. Es ist die ständige Kommunikation mit Personen und Gruppen in aller Welt, welche die Tamera-Gemeinschaft braucht, um das Projekt richtig zu justieren, bis die „morphogenetische Reife" erreicht ist. Dafür muss vor allem in den Bereichen von Eros, Religion und Ökonomie noch weitere Entwicklungsarbeit betrieben werden.

4.2 Aufbau funktionierender Gemeinschaften

„Nicht Sonderwerke des Ichs, sondern Menschheitsziele bringen dauernde Gemeinschaft unter Menschen hervor."
(I Ging)

Der ursprüngliche Mensch ist wie wahrscheinlich jedes Lebewesen ein Gemeinschaftswesen. Was der Mensch zum Leben braucht, findet er in der Gemeinschaft. Vor allem die ursprünglichen ethischen und spirituellen Qualitäten des Lebens findet er in einem gesunden Gemeinschaftsleben. Durch den historischen Zusammenbruch der Gemeinschaft verlor die menschliche Seele ihren Anker. Der Versuch, die menschliche Gemeinschaft neu aufzubauen, ist ein historisches Experiment von großer Bedeutung. Wir stoßen dabei auf das verinnerlichte Trauma der Geschichte. Deshalb sind die meisten Versuche bis heute gescheitert. Vielleicht ist nichts schwerer als der Aufbau funktionierender Gemeinschaften. Aber genau dies ist die historische Aufgabe unserer Zeit. Was im vorigen Jahrhundert, etwa zu Zeiten von Monte Verita bis zu den Hippie-Zeiten der Sechziger Jahre, vielleicht noch als romantisches Abenteuer galt, von dem man abends am Lagerfeuer träumte, wurde in Wirklichkeit die Gretchenfrage der menschlichen Zivilisation: Wie haltet ihr es mit der Gemeinschaft? Die Biologin Lynn Margulis schrieb: *„Wenn wir die ökologischen und sozialen Krisen, die wir herbeigeführt haben, überleben wollten, wären wir wohl gezwungen, uns auf völlig neue, dramatische Gemeinschaftsunternehmen einzulassen."* [29] Und an dieser Aufgabe kommt wohl niemand vorbei, der das historische Schlüsselthema unserer Zeit verstehen will.

Gemeinschaft ist kein sentimentaler Traum junger Menschen, sondern sie ist die nächste Stufe der Evolution. Die Menschen der Zukunft werden in Gemeinschaften leben. Seit den Siebziger Jahren des 20. Jahrhunderts wurden Tausende von Gemeinschaften gegründet, aber kaum eine davon hat überlebt. Die Sehnsucht nach Gemeinschaft, welche die Menschen zusammengeführt hatte, scheiterte an inneren zwischenmenschlichen Konflikten. Vor allem das Thema Nummer Eins konnte noch nicht gelöst werden und führte regelmäßig zu inneren Turbulenzen, an denen schließlich die Gruppe scheiterte. Um eine funktionierende Gemeinschaft aufzubauen, braucht man ein geistiges Konzept und sehr entschlossene Menschen, die wissen, was sie tun. Denn mit dem Eintritt in die Gemeinschaft vollziehen wir einen kompletten Systemwechsel von einer privaten in eine kommunitäre Biografie, das ist ein Wechsel des inneren „Montagepunktes" (Castaneda). Wir betreten ein neues Lebenssystem, eine neue Ethik und eine neue Basis für die Bearbeitung unserer menschlichen Konflikte. Gemeinschaft ist ein historisches Thema, verbunden mit einer Neukonditionierung der menschlichen Innenwelt! Es ergeben sich neue Lösungsmöglichkeiten für die ewig ungelösten Probleme um den ganzen Bereich von Sex, Liebe und Partnerschaft. **Kein Mensch, der in einer funktionierenden Gemeinschaft lebt, wird an Eifersucht oder Liebeskummer zugrundegehen, denn er oder sie ist anders verankert.**

In einer funktionierenden Gemeinschaft entfallen die alten Notwendigkeiten der gegenseitigen Tarnung. Menschen, die sich nicht mehr voreinander tarnen müssen, werden sich gegenseitig erkennen und unterstützen. Mensch erkennt den Menschen. Mann erkennt Frau, und Frau erkennt Mann. Wahrheit, Treue, gegenseitige Unterstützung und verantwortliche Teilnahme für das Ganze sind Grundmerkmale der kommunitären Ethik. Wir können die neuen Menschen daran erkennen, wie verbindlich sie an diesem Kodex teilnehmen. Verstellung, Lüge und Betrug haben keinen Sinn mehr in einer Gemeinschaft, die auf das Wohl aller gerichtet ist. Das Vertrauen ist die Macht, welche die alten Sperren durchbricht. Durch die Auflösung zwischenmenschlicher Minenfelder verschwinden im seelischen Untergrund die Ursachen für Angst und Gewalt. Die Zukunft ohne Krieg beginnt mit der ersten funktionierenden Gemeinschaft.

„Gemeinschaft" – ein leichtes Wort und ein schweres Thema. Aber eigentlich nicht schwerer als der Aufbau einer funktionierenden Firma. Der Unterschied besteht nur darin, dass es für den Aufbau einer Firma bereits ein morphogenetisches Feld gibt, für den Aufbau einer funktionierenden Gemeinschaft hingegen noch keines. Es muss erst erschaffen werden. Und hier liegt ein Schlüssel für Erfolg oder Misserfolg der ganzen Friedensbewegung. Zum morphogenetischen Feld einer funktionierenden Gemeinschaft gehört eine Antwort auf ein Geschlechterthema, welches bisher noch nicht gelöst werden konnte: Wie können die sexuellen Wünsche nach verschiedenen Partnern verbunden werden mit der Sehnsucht nach Partnerschaft mit **einem** Menschen? Hier braucht die Welt, brauchen wir alle eine Antwort. Diese ergibt sich nicht auf psychologischer und therapeutischer Ebene, sondern aus einer neuen Einordnung des menschlichen Lebens in die universelle Ordnung der Gemeinschaft.

Um zuverlässige menschliche Beziehungen aufbauen zu können, welche alle unvermeidlichen Konflikte durchstehen, brauchen wir eine neue Basis der **Wahrheit**. Was ist Wahrheit? Wahrheit bedeutet auf jeden Fall, dass man die Wahrheit sagt und nicht lügt. Das ist, wie wir gesehen haben, schon eine Menge. Aber Wahrheit reicht noch weiter und tiefer: Wahrheit ist die Übereinstimmung meiner Worte und Gedanken mit dem, was tatsächlich **im Inneren** geschieht. Hier liegt das Problem. Wenn eine Gruppe zusammenkommt, um über eine Sache, z.B. die Einfassung einer Quelle, zu diskutieren, dann können verschiedene Meinungen aufeinanderstoßen, es entstehen vielleicht Missverständnisse, Vorwürfe und Aggressionen bis zu offener Wut. Wenn man hineinschaut in die wirklichen Abläufe, dann sieht man, in welchem Maße unverdaute Eigenprobleme der Beteiligten, unterbewusste Ödipus- oder Autoritätskonflikte, Machtkämpfe etc. am Werk sind. Man streitet über vermeintliche Sachprobleme, wo in Wirklichkeit psychische und zwischenmenschliche Konflikte liegen. Man widerspricht voller Leidenschaft einem Gruppenteilnehmer, nur weil der gestern Abend die Frau geküsst hat, die man selbst gern geküsst hätte. Viele Gespräche scheitern an der Vermischung von Sachproblem und Egoproblem. Ich habe erlebt, wie ein Teilnehmer mit großer Betroffenheit sagte, dass es dem Wasser weh tue, wenn es in einem solchen Steinbecken aufgefangen würde. In Wirklichkeit lag der Schmerz mit Sicherheit nicht auf der Seite des Wassers, sondern des Menschen. Subjektive Vorgänge werden in die objektive

Welt projiziert und auf diese Weise verdrängt. Jeder „normale" Mitbürger würde sich an dieser Stelle wehren, wenn wir ihm sagen würden, dass es sich um sein eigenes Problem handelt und nicht um das des Wassers. Aber in einer Vertrauensgemeinschaft müssen derartige Konflikte durchschaut und aufgelöst werden. Zu diesem Zweck haben wir das System des „SD-Forums" eingeführt (siehe S. 140). Hier darf mit der Vereinbarung der ganzen Gruppe die volle Wahrheit gesagt werden. Die Leitung liegt bei Menschen, die bei sich selbst diese Dinge einigermaßen durchschaut haben und die innerlich bereit und fähig sind für die Wahrheit. Wenn solche Vorgänge ohne Verurteilung geschehen dürfen, dann erfährt die teilnehmende Gruppe etwas Neues zum Thema Wahrheit. Für viele eine sehr bewegende oder erschütternde Erfahrung. Eine Gemeinschaft, die lange zusammenarbeiten will, ist auf eine derartige seelische Reinigung angewiesen. Wir sehen, dass es eine tiefere Ebene der Wahrheit gibt, sie hängt mit Selbsterkenntnis zusammen. Erst auf dieser Ebene beginnt die wirkliche Verständigung unter Menschen.

Ohne funktionierende Gemeinschaften gibt es keine humane Welt. Als ich vor 40 Jahren meine Professur antreten sollte, lehnte ich ab, denn ich hatte die innere Anweisung, eine funktionierende Gemeinschaft aufzubauen. Es wurde ein abenteuerlicher Prozess, der viele Schmerzen erzeugte. Ich selbst war eher ein Individualist und fühlte mich nicht besonders disponiert, ausgerechnet das Thema Gemeinschaft an die höchste Stelle meines Lebens zu stellen. Ich musste dafür ein halbes Jahr lang in eine Einsiedelei im Bayrischen Wald (Egglham) gehen, um die Entscheidung zu finden.

Der erste Schritt, der dann zu tun war, war die Gründung einer Gruppe und die Einführung der freien Sexualität. Das war zunächst schockierend, weil die Teilnehmer nicht darauf vorbereitet waren. Auf einmal aber, so etwa nach fünf Jahren, war es selbstverständlich. Es war wie ein kleines Wunder. Plötzlich vollzog sich der Wandel von der Zweierbeziehung zur freien Sexualität wie von selbst. Niemand wurde gezwungen, kaum jemand protestierte. **Es geschah „von selbst" in dem**

Sinne, wie alle Dinge, die im höheren geistigen Kraftfeld stehen, von selbst geschehen. Heute, im Rückblick, sehe ich mit Erstaunen, wie sich alle wesentlichen Schritte im Aufbau des Projekts mehr oder weniger von selbst vollzogen haben: die Entwicklung der sogenannten „Selbstdarstellung" vor der Gruppe, die Ausbreitung der Malerei, der Übergang vom privaten zum kommunitären Denken, die Einführung einer neuen Wasserwirtschaft, die Überlebenskünste unter spartanischen Bedingungen, die gegenseitige finanzielle Unterstützung in Notfällen, die Einrichtung eines Sanktuariums für misshandelte Tiere aus der Nachbarschaft, die Kooperation mit Behörden, die Kommunikation mit Naturgeistern etc. – alles kam irgendwie „von selbst", ohne Zwang, ohne Krieg, ohne die üblichen Macht- und Konkurrenzkämpfe. Ich habe gemerkt, dass wir einem immanenten Programm folgen, welches sich aus dem Gedanken der Gemeinschaft „von selbst" ergab. **Es schien im Plan der Schöpfung ein immanentes Konzept zu geben, welches wir durch die Eingabe des Schlüsselwortes „Gemeinschaft" abgerufen hatten und welches jetzt den Aufbau der Gemeinschaft Schritt für Schritt steuerte.**

Auf diesem Wege trafen wir auf die Existenz eines virtuellen Gebildes, welches als Urmatrix der Gemeinschaft in der impliziten Ordnung der Schöpfung existierte. Wir nannten sie die **urgeschichtliche Utopie**. Der Gedanke, dass es für alle Gemeinschaftsgründungen der Menschheit ein kosmisches Urbild gibt, welches für alle Völker gilt, war faszinierend. Damit hatten wir ein neues Tor geöffnet. Durch die medialen Auskünfte meiner Partnerin Sabine Lichtenfels kamen wir bald zu konkreteren Visionen für den Aufbau der globalen Heilungsbiotope. Wir sahen und verstanden, wie sehr die unbeachteten Mitbürger unseres Grundstücks, die Tiere, die Kleinlebewesen und die unsichtbaren Geister, in die Arbeit einbezogen werden mussten. Überall, wo wir Gärten anlegen und Häuser bauen, haben wir es mit kleinen Mitgeschöpfen wie Schnecken, Würmern, Käfern etc. zu tun, die mit uns zusammen ein positives oder negatives Energiefeld erzeugen. Eine funktionierende Gemeinschaft achtet darauf, zusammen mit den kleinen und großen Mitgeschöpfen ein gutes Lebensfeld aufzubauen. Eike Braunroth, Gründer der Friedensgärten, hat in seinen Forschungsarbeiten gezeigt, wie sehr alle Mitgeschöpfe, auch die kleinsten, die Anweisung des Menschen brauchen – und befolgen. Auch die Schnecken im Garten befolgen die Anweisung, welche Teile des Gartens für ihre Nahrung da sind und welche sie nicht berühren sollen. Leider sind seine Pionierarbeiten noch nicht im öffentlichen Bewusstsein. Sie müssen zuerst einmal von den neuen Zentren aufgenommen werden. Wir haben für diesen Forschungsbereich ein Experiment angelegt, welches wir den „metaphysischen Hektar" nennen (siehe S. 197).

Man lernt im Laufe der Jahre, welche Tiere oder Pflanzen in diesem System als Energie- und Informationsträger eine besondere Bedeutung haben. Die Fragen der Tierhaltung, gar des Fleischessens, erscheinen dabei in immer neuen Sinnzusammenhängen. Wir waren nach vierjähriger Fischhaltung in unseren Retentionsteichen noch nicht in der Lage, einen einzigen Fisch zu fangen, um ihn zu essen. So schwierig erscheinen auf einmal die Dinge, die wir sonst gewohnheitsmäßig verrichten. Wir befinden uns in einer Entwicklung, die noch lange nicht zu Ende ist. Wir möchten an dieser Stelle allen entstehenden Gruppen raten: Verzichtet auf zu frühe Grundsatzentscheidungen und Dogmen, die leicht zu Fanatismus und Intoleranz führen. Die anstehenden Themen sind oft so komplex, dass keine schnelle Antwort möglich ist. Das Leben ist eine sich enthüllende Vision, und: *„Erstens kommt es anders, und zweitens als man denkt"* (Wilhelm Busch).

Urgeschichtliche Utopie
Die urgeschichtliche Utopie ist das universelle, zeitlose Modell der menschlichen Gemeinschaft und Gesellschaft, ihr universelles Muster oder ihre Urmatrix. Eine besondere Forschungsrichtung unseres Projekts befasste sich unter Leitung von Sabine Lichtenfels mit prähistorischen Kulturen und ihren Dokumenten wie zum Beispiel den Tempeln auf Malta und Gozo (siehe dazu ihre beiden Bücher „Traumsteine" [24] und „Tempel der Liebe" [23]) oder dem gut erhaltenen Steinkreis Almendres bei der portugiesischen Stadt

Évora. Zusammen mit dem Geomantie-Experten Marko Pogačnik erfasste Sabine Lichtenfels das System dieses Steinkreises und erhielt eine Reihe erstaunlicher Mitteilungen. Sie schreibt dazu: *"Diese Information schlummert als Urerfahrung auch in den heute lebenden Menschen. Hier liegt euer Ursprung, aus dem ihr selbst kommt und den ihr alle vergessen habt. Systematisch wurde und wird diese Erinnerung bekämpft, denn sie ist der Keimling für die Entstehung neuer, gewaltfreier Kulturen, was von den heute Herrschenden in keiner Weise gewünscht und gewollt wird. Hier liegt der Code für eine mögliche Zukunft, der als Information und Traum schon lange in euren Zellen abrufbar schlummert. Heute waltet ein Informationskörper über der Erde, der diese Informationen systematisch ausschaltet, deshalb ist es so schwierig, bis zur Erinnerung vorzudringen."* [24]

Wir merkten bald, dass die hier dokumentierten Lebensstrukturen außerhalb der Strukturen lagen, die uns soziologisch oder psychoanalytisch bekannt waren. Es handelte sich offenbar um die weit umfassendere Form einer menschlichen Gesellschaft, die tief verankert war in den übergreifenden Ordnungen von Erde, Natur und Kosmos, von inkarnierten und nichtinkarnierten Formen des Lebens. Der Steinkreis entstand im fünften und vierten Jahrtausend vor Christus. Es war eine Situation, in der Mensch und Tier keine Angst voreinander hatten, weil sie derselben Lebensfamilie angehörten, miteinander kommunizierten und deshalb nicht auf den Gedanken kamen, sich gegenseitig umzubringen. Sie standen in Kontakt mit kosmischen und unsichtbaren Welten. Die Soziologie dieser Gesellschaft ist reinste Mysterienwissenschaft. Es hat eine Bedeutung, wenn ein Adler oder eine Schlange erscheint, wo sich ein Bienenschwarm niederlässt oder wo die Ameisen ihre Straßen und die Ratten ihre unterirdischen Städte bauen. Wir haben viel gelernt und lernen weiter. Hier liegt Neuland für eine neue Besiedelung unseres Planeten.

Ich glaube nicht, dass alle neuen Zentren mit dieser Art von Mysterienwissen anfangen müssen, vermute aber, dass sie alle in diesen neuen Kontinent des Bewusstseins eintreten werden, wenn sie einmal begonnen haben, auf die Mysterien des Lebens aufmerksam zu werden, ihre Herzen zu öffnen und Vertrauen aufzubauen. **Nicht nur eine kleine Gemeinschaft, sondern die ganze Menschheit befindet sich auf dem Weg zur urgeschichtlichen Utopie. Das ist nicht die Rückkehr zur Vergangenheit, sondern der Aufstieg zu einem urgeschichtlichen Wissen, welches als Vermächtnis in unseren Zellen sitzt und auf seine Manifestation wartet.**

Wolf Dieter Storl, der hochinspirierte Naturforscher aus dem Allgäu, ist tief eingetaucht in die Mysterien der Natur und in ein entsprechendes archaisches Naturerleben. Er hat die urgeschichtliche Utopie aus eigenem Erleben aufgeschrieben.[43] Wir gewinnen Einblicke in Heilungsgeheimnisse, die unseren Vorfahren bekannt waren und von authentischen Schamanen bis in unsere Zeit überliefert werden. Die „Medizinmänner" der ursprünglichen Indianerstämme sind Schamanen, sie haben „Medizin", das ist eine übernatürliche, numinose Kraft, mit der sie heilen können. Auch in der Kräuterheilkunde liegen Geheimnisse, die uns zu einem neuen Verständnis der kommenden urgeschichtlichen Utopie führen werden. Es geht um innere Zusammenhänge zwischen Menschwesen und Naturwesen, die in unserer Kultur verloren gegangen sind und auf neuer Ebene wiedergefunden werden müssen. Was früher in animistischen Vorstellungen lebendig war, kann heute auf holografischer Ebene neu gefunden werden. Auch wenn wir nicht alle in die animistischen Glaubenshaltungen einsteigen können, anerkennen wir die Botschaft, die darin steckt: dass wir in einer beseelten Welt leben, in der alles in einer geheimnisvollen Resonanz miteinander steht. Das gilt bis in die kleinsten alltäglichen Dinge hinein. Wenn ich durch eine Wiese laufe und achtlos auf Blumen trete – weiß ich dann, dass die Bienen diese Blumen brauchen und dass wir die Bienen brauchen, weil wir untergehen, wenn sie untergehen?

Autonomes Individuum und Basisdemokratie
Eine funktionierende Gemeinschaft braucht selbständige Menschen, keine Opportunisten. Der Begriff der Gemeinschaft trägt oft noch den schlechten Ruf von Anpassung, Gleichmacherei und Kollektivismus. Der Wunsch, einer Gemeinschaft anzuge-

hören, führt viele Menschen dazu, auf ihre eigene Meinung und ihr eigenes Gewissen zu verzichten, um von der Gruppe angenommen zu werden. Sie wagen nicht zu widersprechen, wenn die Autoritäten einer Gruppe etwas Verkehrtes beschließen. Das ist die Situation, aus der politische Parteien, kriminelle Banden oder faschistische Massenbewegungen hervorgegangen sind. Um einer Gemeinschaft angehören zu können, musste oft die individuelle Autonomie, das Recht auf Gewissensentscheidung und Meinungsfreiheit, verlassen werden. Kollektivismus statt Individualität, das war das Gesetz der Gemeinschaftsbildung in den dunklen Zeiten der Geschichte, es ist weitgehend auch noch das Gesetz der Parteien im deutschen Bundestag.

Gemeinschaft und Individuum stehen nicht im Gegensatz zueinander, sondern ergänzen einander. Es war ein schwerer Denkfehler zu glauben, die Entwicklung einer Gemeinschaft ginge auf Kosten des freien Individuums. Genau das Gegenteil ist der Fall. Eine funktionierende Gemeinschaft braucht selbstständig denkende Menschen. Nur dann kann ein festes kommunitäres Ich entstehen. Die funktionierende Gemeinschaft beruht auf Vertrauen; solange aber die Teilnehmer das Sprachrohr eines Gurus sind, können sie einander nicht vertrauen, weil sie sich gar nicht kennenlernen. Vertrauen zwischen Menschen basiert nicht nur auf einer emotionellen, sondern auch auf einer geistigen und ethischen Grundlage. Zur geistigen Grundlage gehört die individuelle Wahrheit und Autonomie der Teilnehmer. Jeder Mensch hat seine eigene entelechiale Ausprägung. Die Gemeinschaft kann in einem humanen Sinn nur funktionieren, wenn sie die individuelle Besonderheit der Teilnehmer anerkennt und unterstützt. Nur dann entsteht das kommunitäre „Über-Ich", welches höher steht als die Kompetenz der Einzelnen.

Um eine funktionierende Gemeinschaft in Gang zu bringen, muss es den Teilnehmern gelingen, sich aus dem Bannfeld der allgemeinen Hypnose zu befreien und der Mensch zu werden, der sie „eigentlich" sind. Es gibt einen tiefen Unterschied zwischen dem „eigentlichen" (authentischen, entelechialen) Menschen und der individuellen Rolle, die jemand spielt, um mit den Konflikten seiner Existenz fertig zu werden. Jeder hat sich – bewusst oder unbewusst – eine Maske zugelegt, um das eigene Überleben unter den Bedingungen der globalisierten Lüge zu sichern. Mit dem Eintritt in die Gemeinschaft wird diese Rolle in Frage gestellt, bis sie ganz abgelegt werden kann. Diese Art von Selbstoffenbarung und Transparenz ist eine Bedingung für die Entwicklung einer emanizpatorischen Gemeinschaft, denn nur Menschen, die sich ohne Maske begegnen, können einander vertrauen. Der Mensch muss lernen, „er selbst" zu werden, um ein Mitglied einer wirklichen Menschengemeinschaft zu werden. Wer in eine Gemeinschaft eintritt, trifft eine existentielle Entscheidung: Es ist ein tiefer Systemwechsel von der individuellen zu einer kommunitären Biografie. Wir stehen erst am Anfang einer kommunitären Entwicklung, die von der Basis her das Leben der zukünftigen Gesellschaft grundlegend verändern wird.

Viel diskutiert wurde seit der Studentenbewegung des vorigen Jahrhunderts das Thema der Basisdemokratie. Basisdemokratie war ein antiautoritäres Gegenkonzept gegen die autoritären Leitungsstrukturen in der herkömmlichen Gesellschaft. Die autoritären Strukturen sollten aufgelöst werden, alle Teilnehmer einer Gruppe sollten dasselbe Mitbestimmungsrecht erhalten. Das Resultat war meistens ein hoffnungsloses Chaos, solange im seelischen Untergrund der Teilnehmer noch die alten Konkurrenz- und Autoritätskämpfe herrschten. Um Basisdemokratie zu verwirklichen, muss die Innenwelt der Menschen in Richtung der Demokratietauglichkeit verändert werden. – Die Idee der Basisdemokratie ist dann richtig, wenn alle Teilnehmer fähig sind, für die Gruppe Verantwortung zu übernehmen. Dafür braucht man Menschen, die ihrem Gewissen folgen und die bereit sind, das gemeinsame Interesse über das Eigeninteresse zu stellen. Dann ergibt sich die Basisdemokratie als eine Grundform des gemeinsamen Lebens und Arbeitens von selbst. Wenn dann ein Gruppenmitglied mit dem erarbeiteten Gruppenkonsens nicht übereinstimmt und dafür echte Argumente ins Feld führt, dann wird so lange beraten, bis auch dieses Gruppenmitglied zustimmen kann oder die Entscheidung korrigiert wird. Das verlängert manchmal den Entscheidungsprozess, stabilisiert aber die Vertrauensbasis der Gruppe. In diesem Sinne ist eine funktionierende Gemeinschaft auf Basisdemokratie angewiesen. Aber diese Basisdemokratie verlangt den autonomen Menschen. Das sind Menschen, die fähig sind, durch eigenes Nachdenken an den Entscheidungsvorgängen teilzunehmen und sich keiner vorgegeben Ideologie, keiner öffentlichen Meinung und keinem *mainstream* unterzuordnen. Solche Menschen gab es bisher kaum. In der marxistischen Bewegung musste man sagen, was Marx sagte, in Poona musste man sagen, was Bhagwan sagte, auf dem Friedrichshof musste man sagen, was Otto Mühl sagte, in der CDU muss man so denken, wie Angela Merkel denkt, und in der intellektuellen Schicht empfiehlt es sich, so zu denken, wie der „Spiegel" denkt. Dies ist die kollektivistische Struktur der alten Zeit, da entstehen keine autonomen Menschen, keine verlässlichen Partner, sondern Mitläufer, auf deren Urteil man sich kaum verlassen kann. Es war weniger die Schuld der Gurus als die Sehnsucht der Anhänger nach Kontakt und Zusammengehörigkeit, die sie veranlasste, auf eigenes Denken zu verzichten. So entsteht keine Basisdemokratie, sondern geistfreier Kollektivismus. Daraufhin erfolgte die antiautoritäre Gegenbewegung, die alle Kinder mit dem Bad ausschüttete und keine Autorität mehr anerkennen wollte. Tatsache ist aber, dass es in jeder Gemeinschaft natürliche Autoritäten gibt: Das sind Menschen, die das Vertrauen der anderen besitzen und/oder sich durch besondere Sachkenntnis auszeichnen. Es ist klar, dass deren Argumente auch in einer Basisdemokratie ein besonderes Gewicht haben.

Der ganze Tumult um das Thema der Basisdemokratie löst sich auf, sobald wir die Innenwelt in die Arbeit einbeziehen und die Menschen anfangen, in einem Kreis von Vertrauen und Solidarität sie selbst zu werden. Ohne Vertrauen kann sich keine Basisdemokratie entwickeln, mit Vertrauen aber ist sie selbstverständlich. Es ist nämlich selbstverständlich, dass man die Gedanken und die Argumente eines anderen Menschen anhört, wenn man ihm vertraut. Wenn sie falsch waren, dann sagt man es ihm. Wenn sie richtig waren, korrigiert man die eigenen Gedanken.

Es ist ein Aufruf an jeden jungen Menschen: Verlasse alle Hypnosen und Ideologien. Sei, der du bist.

Warum seid ihr an den üblichen Konflikten nicht zerbrochen?
Sally Silverstone, eine Frau aus der Kerngruppe des bekannten, aber gescheiterten Projekts „Biosphäre 2" in Arizona (USA), hat uns gefragt, warum wir nicht an den üblichen Gruppenkonflikten zerbrochen sind. Welche Kraft hat die Gemeinschaft in Tamera zusammengehalten? **Eine unentbehrliche Bedingung für den Gruppenzusammenhalt ist die Herstellung von Transparenz.** Die wichtigsten Vorgänge in den heißen Bereichen von Sex, Geld und Macht müssen transparent gemacht werden. Eine Gruppe, die überleben will, sollte sich bald darauf einigen, Transparenz herzustellen. Das muss von der Gruppe beschlossen werden, denn von selbst geschieht es nicht. Von selbst reproduzieren wir nur die gewohnten Formen von Verheimlichung und Intransparenz. **Transparenz ist verbunden mit Wahrheit und Vertrauen.** Das klingt vielleicht banal, ist aber in Wirklichkeit eine sehr hohe Ebene des menschlichen Zusammenlebens, wie wir in den vorhergehenden Kapiteln gesehen haben. Für die Herstellung von Transparenz entwickelten wir die schon genannte Methode des SD-Forums. „SD" bedeutet Selbstdarstellung. Wenn ein Mitglied der Gruppe ein persönliches Thema hat, dann kann er/sie in die Mitte des Kreises kommen und das Thema darstellen, so direkt und vital wie es nur geht. Die Umsitzenden haben die Aufgabe, aufmerksam dabei zu sein und eventuell Kommentare abzugeben. Auf diese Weise ist ein neues soziales Bewusstsein entstanden, Man verurteilt sich nicht mehr, wenn man sich authentisch gesehen hat. Mehr noch, es steigt langsam eine Sympathie füreinander, auch zwischen Menschen, die sich sonst nicht wahrgenommen oder sogar bekämpft hätten. *„Gesehen werden heißt geliebt werden"*, das war die Formel, mit der wir dieses Phänomen bezeichneten. In diesem geistigen Milieu entwickelten sich Theater und Kunst in der Gemeinschaft. Das sind Wege und Möglichkeiten, die uns aus der Identifizierung mit der Opferrolle befreien und uns als Akteure hineinstellen in ein Welttheater, welches wir selber in jedem Augenblick produzieren.

In der Tamera-Gemeinschaft waren von Anfang an einige Menschen, die ein hohes menschliches Ziel hatten, so dass sie zwischen allen Diskussionen und Kämpfen hindurch den Kurs halten konnten. Um solche Menschen herum bildet sich nach und nach ein Feld des Vertrauens. Es ist für jede Gemeinschaft gut, wenn solche Menschen da sind. Die Teilnehmer einer Gemeinschaft müssen ein hohes Ziel haben, um Wahrheit und Vertrauen verwirklichen zu wollen und zu können. Wer bewusst teilnimmt am Aufbau einer Gemeinschaft, wird bald an die Stufe der Entscheidung kommen. Eindeutig geht es um die Befolgung der menschlichen Gebote, die wir unter dem Begriff der „objektiven Ethik" zusammenfassen. Auch wenn die soziale Positionierung der Teilnehmer noch unklar ist, sollte doch klar sein, dass die Spielregeln der objektiven Ethik von allen Teilnehmern eingehalten werden. Das sind die Spielregeln der Heiligen Matrix.

Damit kommen wir zu einem wichtigen Punkt der Antwort auf die Frage von Sally Silverstone: Wir haben, so gut es ging, die Spielregeln der Heiligen Matrix befolgt, dadurch erhielten wir hohen Schutz, denn wir waren eingegliedert in ein höheres Lebenssystem. **Eine Gemeinschaft, welche die Verhaltensregeln der Heiligen Matrix (die wir alle intuitiv kennen) befolgt, steht unter spirituellem Schutz.** Für die Gemeinschaften, die unmittelbar konfrontiert sind mit Paramilitärs und sonstigen Gewalttätern, zum Beispiel die Gruppen in Nahost, in Kolumbien, Brasilien oder Mexiko, ist es lebenswichtig, untereinander die Regeln der objektiven Ethik zu festigen. Menschen, die dies verbindlich tun, entwickeln untereinander ein festes Vertrauen. Dadurch entsteht eine fast unbesiegbare Kraft. Wir wissen, wie schwer es für viele Gruppen ist, die Regeln der Ethik unter den gegenwärtigen Bedingungen durchzuhalten. Es wird gelingen, sobald unsere Einzelentscheidungen gelenkt werden von einem planetarischen Kraftfeld der Zusammengehörigkeit.

Zum Schluss möchte ich noch einen Punkt nennen, ohne den keine Gemeinschaft langfristig existieren kann: **Das geistige Magnetfeld.** Die Gruppe muss wissen, was sie will. Sie muss ein geistiges Bild, ein Konzept, haben, an dem sie ihre Arbeit orientiert.

Das Gründerteam des Projekts hatte von Anfang an ein hohes geistiges Bild von der Lebensgemeinschaft eines Heilungsbiotops. Die meisten Teilnehmer der Gemeinschaft kannten dieses Bild noch nicht, deshalb kam es zu Konflikten; etliche wurden wütend und verließen das Projekt. Konflikte sind unvermeidlich, aber alle Konflikte erlöschen von selbst, wenn sich die dahinter liegende Wahrheit durchsetzt. In diesem Fall war es zum Beispiel die Wahrheit der freien Sexualität. Es gibt unverhandelbare Wahrheiten, ohne die kein dauerhaftes Zusammenleben möglich ist. So war es zum Beispiel von vornherein klar, dass die Liebe von allen Gemeinheiten befreit werden muss, dass wir in eine neue, gewaltfreie Beziehung zu Tieren eintreten müssen und dass wir ein neues System brauchen für Wasser, Nahrung und Energie. Auch wo die Vorstellungen noch unklar waren, kannten wir doch die Richtung und konnten unterscheiden zwischen den Kräften, die dem Leben dienen, und den anderen, die es zerstören. Alle Teilnehmer einer Gemeinschaft sollten in diesem Punkt einigermaßen übereinstimmen: Parteinahme für das Leben! Sobald sich dieser Punkt klar herauskristallisiert hatte, gab es eine Basis, die uns zusammenhielt. Und *last not least*: sobald die freie Sexualität funktioniert, existiert an der Basis eine Lebenskraft und eine Wahrheit, die anders nicht zu gewinnen ist.

4.3 Die Heilige Allianz des Lebens

Der nächste Schritt der Evolution ist auf „Konvergenz" gerichtet: dem Einen entgegen. Im globalen Bewusstsein der neuen Zeit erfolgt die Wiedereinordnung aller Lebensvorgänge in die „Heilige Allianz des Lebens", also in die große Lebensfamilie, der wir alle, wir Menschen mit allen Mitgeschöpfen, angehören. Alle Geschöpfe sind Organe im Organismus der großen Lebensfamilie. Wenn wir dies anerkennen, erfolgen die weiteren Denkschritte von selbst, sie gehören zur Liturgie des neuen Evangeliums. Die Lebensfamilie ist gesund, wenn die Organe gesund sind. Die Organe sind gesund, wenn sie in der Energie der universellen Lebensschwingung miteinander verbunden sind. Das ist die Energie des Vertrauens. Die Tiere kommen auf den Menschen zu, wenn sie keine Angst mehr vor ihm haben müssen. Die alte Jesaja-Geschichte ist im Prinzip wahr! Das Lamm liegt beim Löwen. In einer Bibelübersetzung lesen wir:

„Dann werden der Wolf und das Lamm einträchtig zusammenleben, der Leopard und die Ziege werden beieinander liegen. Kalb, Löwe und Vieh werden Freunde, und ein kleiner Junge wird sie hüten. Kuh und Bär werden miteinander weiden. Ihre Jungen werden nebeneinander ruhen. Der Löwe wird Stroh fressen wie das Vieh. Der Säugling spielt am Schlupfloch der Otter. Ja, ein Kleinkind steckt seine Hand in eine Giftschlangenhöhle. Auf meinem ganzen heiligen Berg wird niemand mehr etwas Böses tun oder Unheil stiften, denn wie das Wasser das Meer füllt, so wird die Erde mit der Erkenntnis des Herrn erfüllt sein." (Jesaja 11:6-9)

Es ist erstaunlich, wie eine solche Vision im siebten Jahrhundert vor Christus von einem jüdischen Propheten empfangen werden konnte. Die Dinge, die wir in Tamera über die Kontaktfreude der Tiere erlebt haben, bestätigen diese Vision. Wir kennen die bereits genannten Bilder, welche ans Herz gehen: Löwen, die ihren zurückgekehrten Wärter umarmen, die Riesenschlange, die sich von einem Baby den Kopf bürsten lässt, etc. In dieser Urmatrix gibt es keine Gewalt.

Wir Menschen sind das Auge der Evolution, wir können erkennen, wie die Biosphäre zusammenhängt und wodurch ihre

Teile voneinander getrennt wurden. Indem wir dies sehen, wissen wir auch, wie die Teile wieder zusammenkommen können. Hier liegt ein Schlüssel für alles Weitere. Wenn jemand fragt, was denn das Herzstück von Terra Nova sei, dann können wir antworten: Es ist die heilige Allianz aller Lebewesen. Wenn wir von der neuen planetarischen Gemeinschaft sprechen, dann meinen wir auch die heilige Allianz aller Mitgeschöpfe, denn sie gehören zur planetarischen Gemeinschaft. Sobald Friede eingekehrt ist, wo bisher Angst war, werden wir erkennen, welchen Lebensdienst die Tiere leisten, die wir bisher aus unserem Leben verbannt hatten: die Schlangen, Ratten, Kröten oder die sogenannten „Schädlinge" im Garten. Wir können Tränen der Erkenntnis vergießen, wenn wir erkennen, wie wir uns diesen Tieren gegenüber verhalten haben, und wenn wir ahnen, wie sie immer unsere Gegenwart gesucht haben. Wir hatten geglaubt, sie seien Schädlinge; sie aber kamen zu uns, weil sie im großen Schöpfungsplan unsere Hilfe und Kooperation brauchen.

Es gibt momentan wahrscheinlich nicht viele Menschen auf der Erde, die noch in ursprünglicher Weise mit dem Leben und seinen Geschöpfen verbunden sind – aber es gibt sehr viele, die es wieder werden können, denn alle tragen das Bild der heiligen Allianz in ihrem „Metabewusstsein". Das Metabewusstsein ist nicht aktuell bewusst, aber es ist bewusstseinsfähig, denn es ist eingebaut in unsere genetische Struktur. Das Metabewusstsein enthält das universelle Wissen („Akasha-Chronik"), denn das Wissen der Welt ist holografisch im Menschen abgebildet. Wenn also eine Gruppe von Menschen eine neue Lebensordnung für die heilige Allianz aufbaut, dann aktiviert sie ein Lebensbild, das (latent) in allen Zeitgenossen enthalten ist. Das Bild kann jetzt überall empfangen werden. Überall sind Sensoren, die das Bild aufnehmen; überall sind Kräfte, die es umsetzen.

Ein krankes Kind kann gesund werden, wenn sich der kleine Hund zu ihm legt. Heilsam ist jeder Kontakt, bei dem sich verschlossene Herzen wieder öffnen können. Wir kommen hier in einen Bereich, der nicht oft erwähnt wird, weil wir uns unserer Gefühle schämen. Ich bitte die Leserinnen und Leser dieses Buches, öffnet eure Herzen und gebt den Gefühlen eine klare, direkte, nüchterne Sprache. Sie sind die Grundlage der Wahrheit. Wilhelm Reich hat eine interessante Definition der Wahrheit gefunden: *„Wahrheit ist der direkte, unmittelbare Kontakt zwischen dem Leben, welches wahrnimmt, und dem Leben, welches wahrgenommen wird."*

Jedes Mitgeschöpf der heiligen Allianz ist ein Organ im Ganzen und hilft mit, das Ganze in Gang zu halten. Wenn bei einem Organ eine Störung eintritt, müssen alle anderen dazu beitragen, die Störung zu überwinden. Wir haben einige Indizien dafür, dass verschiedene Mitgeschöpfe, z.B. Wale und Delphine, die Aufgabe übernommen haben, dem Menschen bei seiner Überlebensaufgabe zu helfen; auch bei Ratten können wir infolge unserer Beobachtungen in Tamera eine ähnliche Unterstützerfunktion vermuten. Bei genauerer Betrachtung offenbaren sich immer mehr Mitgeschöpfe als Helfer des Menschen. Ohne Bienen könnten wir nicht leben, weil es dann keine Früchte mehr gäbe. Unter diesem Gesichtspunkt eines hoch komplexen und fein abgestimmten Gesamtsystems wird es dringend notwendig, unsere Beziehung zu Tieren von Grund auf neu zu durchdenken.

Eine liebevolle Kooperation mit den Mitgeschöpfen kann durch verschiedene Maßnahmen unterstützt werden. Die Friedensgärten von Eike Braunroth geben schier unglaubliche Beispiele für das Zusammenleben von Mensch und sogenanntem „Ungeziefer" in den Gärten. Die Schnecken erhalten eine Mitteilung, welche Pflanzen sie essen dürfen und welche nicht – und sie halten sich daran. In Tamera hat sich eine freundschaftliche Kooperation mit Wildschweinen entwickelt. Die Schweine halten sich (meistens) an die Grenzen, die sie nicht überschreiten dürfen. Wir brauchen keine Zäune um unsere Gärten zu ziehen. Hilfreich für das morphogenetische Feld der heiligen Allianz ist die Einrichtung eines „Tiersanktuariums" für kranke und verletzte Tiere. Als der indische Kaiser Ashoka (200 v. Chr.) infolge eines Erleuchtungserlebnisses keine Kriege mehr führen wollte, da ließ er in Indien Tausende von Trinkstellen und Krankenhäuser für Tiere aufbauen. Wir haben viele Möglichkeiten, um uns im Sinne einer vertrauensvollen Kooperation erkenntlich zu zeigen.

In Tamera gibt es eine Einrichtung, die wir humoristisch den „metaphysischen Hektar" genannt haben. Das ist ein wilder Garten, etwa ein Hektar groß, wo die Wahrnehmung und Kooperation mit allen sichtbaren und unsichtbaren Wesen experimentell gepflegt wird. Es gibt ja neben den physischen Wesen auch die unsichtbaren, zum Beispiel die „Devas", welche auf anderer Bewusstseinsebene die Kooperation mit uns Menschen suchen und unterstützen. Schließlich stellen wir fest, dass die Gemeinschaft des Lebens gar keine Grenze hat, weder nach oben, noch nach unten. Oben wirken hohe geistige Wesen in aufsteigender Stufenleiter, unten wirken mikroskopisch kleine Wesen in absteigender Stufenleiter. Die in Tamera entstehende „Schule des Lebens" kam auf den glorreichen Gedanken, die Bakterien der Biogas-Anlage in ihr Gemeinschaftskonzept aufzunehmen. Im Moment ist noch Humor dabei, bald könnte es nüchterne Selbstverständlichkeit werden.

4.4 Der Globale Campus

Der Globale Campus ist eine weltweite Ausbildungsstätte für den Aufbau dezentraler Autarkiemodelle, die den Ausstieg aus den Systemen der Gewalt ermöglichen. Sabine Lichtenfels hat auf ihren internationalen Pilgerschaften in den Jahren 2005 bis 2010 zusammen mit Benjamin von Mendelssohn den Gedanken einer Weltuniversität in Gestalt des Globalen Campus entwickelt. Seitdem finden in verschiedenen Krisengebieten der Erde internationale Camps statt, wo die materiellen, sozialen und geistigen Grundlagen von Terra Nova vermittelt werden. Das Basislager für den Globalen Campus befindet sich im Friedensforschungszentrum Tamera in Portugal. Weltweit beteiligt sind Projekte und Gruppen, die sich entschlossen haben, auf globaler Ebene zusammenzuarbeiten. Sie sehen die Notwendigkeit neuer Friedensmodelle und setzen sich für deren Verwirklichung ein. Im Kern der Arbeit steht auch hier das Bündnis des Menschen mit allen Mitgeschöpfen sowie die Entwicklung dezentraler autarker Systeme. Wegweisend ist der Gedanke, dass der Frieden im Äußeren nur hergestellt werden kann, wenn er im Inneren unter Menschen entsteht. Das Projekt orientiert sich in Theorie und Praxis an folgenden Leitlinien:

- Wiedereinordnung der Menschenwelt in die universelle Lebensordnung
- Aufbau funktionierender Gemeinschaften
- Beendigung des Geschlechterkriegs und aller sexuellen Erniedrigungen
- Wahrheit in der Liebe. Kein Betrug in den Partnerschaften
- Keine Rache. Grace statt Vergeltung
- Befolgung der objektiven Ethik
- Gewaltfreie Kooperation mit allen Mitgeschöpfen. Keine Gewalt gegen Tiere
- Heilung des Wassers durch den Bau von Wasser-Retentionslandschaften
- Auf dieser Grundlage Entwicklung von Permakultur und autarker Ernährung

- Ausstieg aus der Ölwirtschaft, Entwicklung autarker, dezentraler Energiesysteme

Das sind Kriterien der Zusammenarbeit, Richtlinien der kommenden Weltgesellschaft mit ihren neuen Siedlungen und Universitäten. Mit ihnen entsteht eine neue planetarische Ordnung für das Zusammenleben aller Wesen gemäß den Gesetzen der Heiligen Matrix. Im Herbst 2013 veranstaltete der Globale Campus *workshops* in fünf verschiedenen Ländern: Kolumbien, Brasilien, Kenia, Israel-Palästina und Portugal. Vierzig Mitarbeiter von Tamera verteilten sich auf diese Länder, um dort vier Wochen lang die notwendige Arbeit zu tun.

Ein weiteres Organ im weltweiten Netzwerk ist die Schule Terra Nova. Sie besteht aus einem globalen Netzwerk von Gruppen, die sich dem Studium der Grundgedanken widmen und gelegentliche Aktionen durchführen, um die neue Information zu verbreiten. Sie feiern jedes Jahr am 9. November den „Global Grace Day" für die öffentliche Zelebration der Grundgedanken von Terra Nova. Mitbürger, welche die Gedanken von Terra Nova verstehen und lieben, sind aufgefordert, diese Gruppen zu unterstützen oder selbst eine neue Gruppe zu gründen. Möge sich in der neuen Epoche das Netzwerk der Stützpunkte dieser Schule über den Globus spannen wie in der alten Epoche das Netzwerk der Banken und Konzerne!

4.5 Das Wassergeheimnis

„Wer das Wassergeheimnis kennt, hat die Macht."
Viktor Schauberger

Für die globale Heilungsarbeit brauchen wir vor allem zwei Lebensquellen: gesundes Wasser und lebendige Liebe. Was die Liebe für den Menschen ist, das ist das Wasser für die Natur. Mit der Liebe heilen wir den Menschen, mit der Heilung des Wassers heilen wir die Natur. Die Heilung des Wassers und die Heilung der Liebe erfordern gleichermaßen eine vollkommene Umwälzung der bestehenden gesellschaftlichen Verhältnisse. In beiden Bereichen treffen wir auf die gleichen Grundgesetze im Urkraftfeld des Lebens. Das neue Zeitalter entwickelt sich in dem Maße, wie die Grundgesetze des Lebens von den neuen Zentren entdeckt, wahrgenommen und befolgt werden.

Die Menschheit braucht eine andere Wasserwirtschaft, um überleben zu können. Alle Fachleute wissen, dass die Erde schon in wenigen Jahren in eine planetarische Katastrophe hineingerät, wenn die jetzige Wasserwirtschaft beibehalten wird. Die erste Bedingung des Überlebens besteht darin, der Natur ihre ursprünglichen Wasserkreisläufe zurückzugeben. Ein natürlicher Wasserkreislauf führt das Regenwasser durch den Erdboden zu einer natürlichen Quelle, von der es dann, gereinigt und klar, als bestes Trinkwasser seinen weiteren Lauf nimmt zu den nächsten Bächen, Flüssen etc. bis ins Meer. Wenn aber die Erde gerodet, Grundwasser verschwendet und Wasser in riesigen Stauseen gestaut wird, dann verkümmern die ursprünglichen Kreisläufe, das Wasser wird immer weniger, und bald steht kein genießbares Trinkwasser mehr zur Verfügung. *„Das Wasser wird weniger"* – dies ist ein spezielles Thema der Wasserforschung von Viktor Schauberger. Die Menge des Wassers auf der Erde ist nicht ein für allemal gegeben, sondern sie hängt auch vom Menschen ab. Wasser entsteht an vielen Stellen von selbst, wenn der Mensch solche Stellen nicht zerstört. Schauberger sagt allen Ernstes, dass Wasser an jeder beliebigen Stelle der Erde in jeder beliebigen

Menge „hergestellt" werden kann. Damit stoßen wir auf ein Thema der Wasserforschung, welches so neu und überwältigend ist, dass darüber ein eigenes Buch geschrieben werden müsste. Schaubergers Wasserkonzept avancierte im vorigen Jahrhundert zu einer Geheimwissenschaft, die von den Machthabern sehr gefragt war. Natürlich haben Hitlers Ingenieure und später die Amerikaner gemerkt, welcher Zündstoff hier liegt. Schauberger wurde mehrfach entführt, um im Geheimen zu arbeiten. Er schrieb über die kulturelle Bedeutung des Wassers: *„Aus dem Wasser ist alles entstanden. Das Wasser ist daher der universelle Rohstoff jeder Kultur oder das Fundament jeder körperlichen und geistigen Entwicklung. Die Entschleierung des Wassergeheimnisses ist das Ende jeder Art von Spekulation mit ihren Auswüchsen, zu denen Krieg, Hass, Neid, Unduldsamkeit und Zwieträchtigkeit in jeder Form und Art zählen. Die restlose Erforschung des Wassers bedeutet daher im wahrsten Sinne des Wortes das Ende der Monopole, das Ende jeder Beherrschung und den Anbeginn eines Sozialismus durch die Ausgestaltung des Individualismus in vollendetster Form."* [39]

Wasser ist ein globaler Informationsträger. Der anthroposophische Strömungsforscher Theodor Schwenk meint, dass im wirbelnden und strömenden Wasser viele kleine Wassersegmente entstehen, auf deren Grenzflächen die Informationen der Welt enthalten sind.[42] Wenn wir derartige Befunde erweitern mit den Forschungen von Viktor Schauberger, Masaru Emoto, Sepp Holzer und anderen, kommen wir zu einer gänzlich neuartigen Vorstellung vom Wesen des Wassers und von der Bedeutung des Wassers für das Leben auf der Erde. Durch das Wasser werden Informationen des Lebens über die ganze Erde verbreitet, auch die neuen Informationen von Terra Nova. Wir haben das Wassermannzeitalter betreten. Man muss nicht an Astrologie glauben, um zu ahnen, dass wir einer Zukunft entgegengehen, in der das Wasser eine fundamentale Rolle spielen wird.

4.6 Religion: Die Existenz der göttlichen Welt ist eine Tatsache

Als Papst Franziskus im Jahre 2013 nach Rio de Janeiro kam, versammelten sich drei Millionen Menschen. Als sie nachts nicht auseinandergehen wollten, gingen sie mit ihren Schlafsäcken an den Strand der Copacabana, um dort zu übernachten. Zwei Millionen junge Menschen schliefen am Strand von Rio, um an der Botschaft teilzuhaben. Das Luftbild zeigte eine endlose Reihe von Schlafsäcken bis an den Horizont. Ich bitte meine Leserinnen und Leser, einmal innezuhalten und gewahr zu werden, was hier geschieht. Hinter allem Aufruhr gibt es diese kollektive Sehnsucht junger Menschen nach einer tieferen Antwort auf ihre Lebensfagen. Was wäre, wenn eine globale Friedensbewegung tatsächlich eine Antwort auf die religiöse Frage der Menschen hätte? Es ist ja keine Privatfrage, sondern eine menschheitliche.

Wir kommen aus einer höheren Welt, die wir (noch) nicht kennen. Alles Leben, alles Wachstum, jede Liebe haben dort ihren Anker und ihr Geheimnis. Um realistisch handeln und planen zu können, müssen wir uns mit dieser Metawelt verbinden, ihre Funktionslogik, ihre Verbindungen und Gesetze kennenlernen, damit wir uns immer sicherer daran orientieren können. Viktor Schauberger hat gesagt: Wer das Wassergeheimnis kennt, hat die Macht. Ebenso können wir sagen: Wer das religiöse Liebesgeheimnis kennt, hat die „Macht". Es ist eine weiche Macht, die das neue Zeitalter bestimmt. (Siehe das Buch von Sabine Lichtenfels „Weiche Macht" [25]) Das religiöse Liebesgeheimnis liegt auf dem Grund aller Dinge.

Und eben deshalb haben Staat und Kirche alles getan, um den Menschen von den göttlichen Quellen fernzuhalten, denn ein Mensch, der mit diesen Quellen verbunden ist, ist nicht leicht regierbar. Um verfügbare Untertanen zu schaffen, musste den Menschen ihre sexuelle und ihre religiöse Quelle entzogen werden. Die Botschaft von Jesus wurde ebenso gefälscht und unterdrückt wie die Isis-Kulte aus Ägypten. Wir kommen aus einer Epoche des Kampfes gegen die göttliche Welt. Wer dem religiösen Geheimnis zu nahe kam wie zum Beispiel Meister Eckhart, wurde von der Inquisition beseitigt. (Meister Eckhart ist noch rechtzeitig gestorben, sonst wäre er als Ketzer verbrannt worden).

Der Mensch ist eine Manifestation Gottes. Wer oder was dieser Gott auch immer sein mag, wir sind die Manifestation eines Universums, das wir in uns tragen. Das physiologische Universum unserer Zellen und Ganglien ist verbunden mit dem seelischen Universum unserer Gedanken, Träume, Erinnerungen, Antriebe und Fähigkeiten. Die zukünftige Gesellschaft basiert auf einer neuen Kenntnis des Menschen und seiner inneren Verbindung mit jener kosmischen Größe, die den Namen Gottes trägt. Wir stehen erst am Anfang, wir sind Embryonen unserer eigenen Entwicklung.

Im Laufe der verhängnisvollen historischen Entwicklung ist der Mensch von seinen Quellen vertrieben worden. Heute stehen wir vor der Tatsache, dass kaum noch jemand in wirklicher Verbindung mit seiner göttlichen Quelle lebt. Der Mensch unserer Zeit ist amputiert, er hat ein wichtiges Organ verloren. Er ist nicht mehr verbunden mit dem großen Stromkreislauf des Lebens und erzeugt deshalb Ersatzkreisläufe, die ihn immer weiter ins kosmische Abseits treiben. Wir haben die Aufgabe, die Sache zu reparieren und neue Tore zu öffnen für die nächste Entwicklungsstufe des Homo sapiens. Sowohl der religiöse wie auch der sexuelle Stromkreislauf müssen neu installiert werden, damit unsere Zukunftsplanung auf den Boden einer höheren Realität kommt. Die menschliche Gesellschaft braucht ein neues Betriebssystem.

Wir leben heute in einem „Multiversum" mit vielen Parallelwelten. Hellsichtige Geister behaupten, dass an manchen Tagen mehr nicht-inkarnierte als inkarnierte Menschen auf den Straßen von Rio de Janeiro herumlaufen. Wir hören auf solche Nachrichten mit einer Mischung von Humor und Neugier. Was geschieht denn nach dem Tod? Welche Familien, Gemeinschaften, Seilschaften, Kolonien und Städte gibt es dort, im Jenseits? Was hat es auf sich mit den seltsamen Büchern des brasilianischen Mediums

Francisco Xavier? Wo ist unser Geist nachts unterwegs, wenn wir träumen? Die Welt befindet sich in heftiger Transformation, und es könnte sein, dass sich unserem forschenden Geist bald ein gewaltiges Tor öffnet. Ich liebe das kleine Märchen von Henri Nouwen über die Zwillinge im Mutterleib, das im Internet kursiert. Hier ist es:

„Ein ungeborenes Zwillingspärchen unterhält sich im Bauch der Mutter.
„Sag mal, glaubst du eigentlich an ein Leben nach der Geburt?" fragt der eine Zwilling.
„Ja, auf jeden Fall! Hier drinnen wachsen wir und werden für das, was draußen kommen wird, vorbereitet", antwortet der andere Zwilling.
„Ich glaube, das ist Blödsinn", sagt der erste. „Es kann kein Leben nach der Geburt geben – wie sollte das denn bitteschön aussehen?"
„So ganz weiß ich das auch nicht. Aber es wird sicher viel heller als hier sein. Und vielleicht werden wir herumlaufen und mit dem Mund essen?"
„So einen Unsinn habe ich noch nie gehört! Mit dem Mund essen, was für eine verrückte Idee. Es gibt doch die Nabelschnur, die uns ernährt. Und wie willst du herumlaufen? Dafür ist die Nabelschnur viel zu kurz."
„Doch, es geht bestimmt. Es wird eben alles nur ein bisschen anders."
„Du spinnst! Es ist noch nie einer zurückgekommen nach der Geburt. Mit der Geburt ist das Leben zu Ende. Punktum."
„Ich gebe ja zu, dass keiner weiß, wie das Leben nach der Geburt aussehen wird. Aber ich weiß, dass wir dann unsere Mutter sehen werden, und sie wird für uns sorgen."
„Mutter???? Du glaubst doch wohl nicht an eine Mutter? Wo ist sie denn bitte?"
„Na hier – überall um uns herum. Wir sind und leben in ihr und durch sie. Ohne sie könnten wir gar nicht sein!"
„Quatsch! Von einer Mutter habe ich noch nie etwas bemerkt, also gibt es sie auch nicht."
„Doch, manchmal, wenn wir ganz still sind, kannst du sie singen hören. Oder spüren, wenn sie unsere Welt streichelt."

Hier wird in einer wunderbaren Parabel unsere Situation charakterisiert. Sobald wir anfangen, an das Ganze zu denken, in dem wir Tag für Tag leben, überkommt uns eine merkwürdige Befremdung. Wir glauben, dass „da draußen" etwas ist, aber wir haben die „Mutter" (der Zwillinge) verloren. Religion im guten Sinn ist ein Seelenzustand des Menschen, worin diese Befremdung aufgehoben ist durch ein tiefinneres, urbekanntes Gefühl von Vertrauen, Liebe und Heimat. Durch die ganze Menschheit geht – bewusst oder unbewusst – eine Sehnsucht nach dieser Heimat. Religion ist der Seelenzustand, der diese Sehnsucht stillt.

Religion ist die Verbundenheit mit der göttlichen Welt. Aber diese Welt ist nicht fern von uns, nicht über uns, sondern sie umgibt und durchdringt uns mit jedem Atemzug. In ihr wurden wir gezeugt, in ihr beginnen wir zu atmen, zu denken, zu lieben. Wir sind aus ihrem Stoff gemacht, und je länger wir wachsen, desto ähnlicher werden wir, der Embryo Mensch, unserem „Schöpfer" – bis wir selbst die göttliche Welt werden, von der wir als Zwillinge im Mutterleib noch nichts wussten. Was für eine tiefsinnige Parabel! Es gibt kaum einen Systemwechsel, der radikaler sein könnte, als der Systemwechsel in der Religion. Deshalb kann es zu Missverständnissen führen, wenn wir in einem revolutionären Zusammenhang das Wort „Religion" benutzen. Die neue Religion ist keine Kirche, keine Orthodoxie und keine Konfession, sondern ein Bewusstseinszustand. Man darf sich diesen Zustand sehr vital vorstellen, fast biologisch. Er erzeugt eine andere Funktionsweise unserer leiblichen Organe, er heilt „unheilbare" Krankheiten und vollbringt große Wunder. Jeder Mensch wird seine eigenen Erfahrungen durchlaufen. **Es geht nicht um die Auferstehung nach dem Tod, sondern um die Auferstehung vor dem Tod, im gegenwärtigen Leben. Die Religion des auferstandenen Menschen ist nicht mehr die Unterwerfung unter einen übermächtigen Gott, sondern das Gegenteil, nämlich die Erhebung des Menschen zu der göttlichen Wirklichkeit, aus der wir kommen und zu der wir für immer gehören.** Die neue Religiosität ist sinnlich und leiblich. Sie öffnet unsere Kanäle zu allen Quellen der Liebe, der Heilung und der Kunst. Sie öffnet unsere Kanäle für die Kinder. Sie öffnet dem wissenschaftlichen Denken neue Tore, von denen wir vorher nur träumen konnten. Religion ist die Erfüllung unserer Seele mit jenem Glauben, der „Berge versetzen" kann. Das ist fast wörtlich gemeint. In dem Maße, wie wir diese Form des Glaubens gewinnen, können „wir" die Welt im Sinne der Heiligen Matrix umgestalten. Ich setze das „wir" in Anführungszeichen, weil nicht mehr wir es sind, die das bewirken, sondern die KRAFT, die durch uns hindurchwirkt. In diesem Zustand erfahren wir, was es heißt, glücklich zu sein. „*Das ist höchstes Menschenglück, Kanal zu sein für die Geistkräfte des Alls*", hat Prentice Mulford geschrieben. [33]

Es wird eine Weile dauern, bis sich die neue Religion in der kommenden Kultur durchsetzt. Es ist ein historischer Prozess, vergleichbar dem der freien Sexualität. Aber er wird überall eintreten, denn die Existenz der göttlichen Welt ist eine Tatsache, die wir nicht länger ignorieren können. Sie ist keine Frage des Glaubens oder Unglaubens, sondern des Sehens und des Wissens. Wie weit sie in unserem Leben wirksam wird, hängt ab von unserer inneren Öffnung und Bereitschaft. Mit verschlossenem Herzen lässt sich Religion nicht verstehen. Es ist keine Ideologie, die göttliche Welt anzuerkennen; es ist Ideologie, sie abzulehnen. Der Kampf, der heute noch von journalistischer und wissenschaftlicher Seite her gegen die Religion geführt wird, basiert auf Unkenntnis der Dinge und wird bald zu Ende sein.

Wie kommen wir vom Unglauben zum Glauben? Was antwortet das Kind im Mutterleib, wenn es gefragt wird, ob es an die Existenz der Mutter glaubt? Was antwortet ein Fisch, wenn man ihn fragt, ob er an die Existenz des Wassers glaubt? Der Fisch lebt im Raum des Wassers, wie wir im Raum der göttlichen Welt leben. Wie soll man an etwas glauben oder nicht glauben, was immer da ist und einen ständig umgibt, so wie die beiden Zwillinge immer vom Leib der Mutter umgeben sind? „*Gott ist immer bei uns, wir aber sind nicht immer zu Hause*", so ähnlich hat es Meister Eckhart formuliert. Warum sind wir nicht immer zu Hause? Weil unsere heimlichen Gedanken und Wünsche woanders sind. **Oft ist es ein heimliches Liebesthema, das uns im Innern so** sehr beschäftigt, dass wir für Informationen aus der göttlichen Welt nicht mehr empfänglich sind, auch wenn wir uns darum bemühen. Unsere Seele ist besetzt. Wir stehen im Bannkreis eines ungelösten Liebesthemas. Die ganze Welt leidet an einer unbewussten Okkupation durch ein kollektives Trauma in der Liebe. Es gehört deshalb zum Masterplan der Heilungsbiotope, dass sie ihre Klosterschule mit der Liebesschule verbinden. Wir müssen beständig an der Auflösung des historischen Traumas arbeiten, um wieder frei und empfänglich zu werden für die Nachrichten und Kräfte aus der höheren Welt.

Der Verlust des Glaubens an eine göttliche Welt ist ein historisches Phänomen und geht nicht auf das Konto unserer privaten Borniertheit. Trotzdem ist es unsere Aufgabe, aus dieser historischen Borniertheit auszutreten und langsam die Tatsachen anzuerkennen. Wir Menschen sind ein Teil der göttlichen Welt; es ist deshalb ganz selbstverständlich, an sie zu glauben. Wir sind so selbstverständlich von göttlicher Natur, wie wir von leiblicher Natur sind. Niemand kommt auf den Gedanken, an seiner leiblichen Natur zu zweifeln. Niemand käme auf den Gedanken, an seiner göttlichen Natur zu zweifeln, wenn nicht das Urvertrauen in einem furchtbaren historischen Prozess zerstört worden wäre. Es ist unsere historische und menschheitliche Aufgabe, zur Selbstverständlichkeit des religiösen Glaubens zurückzufinden. Leben ist Anteilnahme, Leben ist Vertrauen, Leben ist Liebe, Leben ist Religion.

Durch den Glauben an unsere göttliche Natur öffnen sich die Möglichkeiten, die Kräfte und Informationen, die unserer göttlichen Natur innewohnen. Kräfte des Denkens, der Liebe und der Heilung. In diesem Zusammenhang steht das schöne Zitat von K.O. Schmidt:

„Wir erkennen dann, dass wir als Geistwesen in einem geistigen Universum leben und an seinen Kräften und Möglichkeiten teilhaben, sowie und soweit wir dies gläubig bejahen. (...) Und nur weil wir uns bisher alle zu wenig zutrauten, als Kleingläubige noch nicht wagten, uns in unserer wirklichen Größe als Kinder Gottes und Träger aller göttlichen Kräfte zu bejahen und zu betätigen,

haben wir bis heute erst einen winzigen Bruchteil der Kräfte aktiviert, die in uns auf ihren Einsatz durch uns warten.
Seltsam genug, dass wir diese allereinfachste Wahrheit so schwer begreifen und so zaghaft darangehen, aus der Tatsache unserer Harmonie und Kommunion mit dem Unendlichen voll Glauben und Vertrauen die positiven Folgerungen zu ziehen und wirklichkeitsbewusst, das heißt sorglos und freudig, gesund und glücklich aus dem Geiste zu leben." [40]

Wir gewinnen vor diesem Hintergrund eine andere Sicht der Dinge. Besonders im Heilungsbereich erkennen wir neu die Mitgift, die uns gegeben wurde. Wenn ein Krebsknoten in Sekunden zu einem Nichts zusammenschrumpft, gewissermaßen entmaterialisiert wird, oder wenn zerquetschtes Gewebe in kürzester Zeit wieder seinen gesunden Zustand erreicht, dann ist das keine Durchbrechung oder Aufhebung naturgesetzlicher Abläufe, sondern eine durch höhere Kräfte bewirkte Erweiterung und Ergänzung.

Wir leben im göttlichen Milieu und haben teil an allen Möglichkeiten, die diesem Milieu innewohnen. Sobald wir innerlich mit der Heiligen Matrix übereinstimmen, können wir die Kräfte der göttlichen Welt empfangen. Das ist ein Naturgesetz und eine ethische Verpflichtung. Denn wir müssen die Regeln der göttlichen Welt befolgen, um in die höhere Übereinstimmung zu kommen. Mit dem festen Entschluss, diesen Regeln zu folgen – es sind die Regeln der „objektiven Ethik" – öffnen sich die Möglichkeiten des höheren Lebens, die wir für die globale Transformationsarbeit brauchen. Eine Gemeinschaft, die im Kraftfeld höherer Kräfte steht, erspart sich sehr viel Arbeit, denn in ihr verwirklicht sich ohne Ironie das mutige Wort: „Let God do".

Religion ist kein Lehrfach in der Schule und keine kirchliche Konfession, sondern ein Lebenszustand. Wir alle kommen aus dem „göttlichen Milieu", leben darin und bleiben darin nach dem Tod, denn das göttliche Milieu ist die Welt, das Universum.

Das Geheimnis Gottes ist das Geheimnis des Universums, das uns in jeder Pflanzenblüte entgegen leuchtet. Wenn wir bewusst in unseren religiösen Urzustand einkehren, erleben wir diesen Vorgang meistens nicht als Ekstase, sondern als ruhige Selbstverständlichkeit. Wir sind dann einfach dort, wo wir hingehören. Es wird Zeit, dass wir Menschen anfangen, uns darüber zu verständigen und hier auf der Erde die realen Heimatplätze der göttlichen Welt zu errichten. Was wir mit dem Projekt der Heilungbiotope tun, ist nichts anderes, als solche Heimatplätze zu schaffen. Wir setzen etwas fort, was von Ashoka, Buddha, Jesus, Mani und anderen Religionsstiftern vor Jahrtausenden begonnen wurde; wir bringen es aber auf eine neue Ebene, indem wir weibliche Quellen einbeziehen und für die Möglichkeit der Realisierung eine neue soziale Ordnung entwickeln. Bisher richtete sich der religiöse Appell an den Einzelmenschen, heute errichten wir kollektive Systeme für die „Erleuchtung", d.h. wir entwickeln **soziale Strukturen, in denen die Verbindung mit der göttlichen Welt für alle ermöglicht wird.** Es ist immer wieder der Grundgedanke, das „Königreich Gottes" real auf die Erde zu bringen, in unsere Wohnsysteme und Arbeitsplätze, in unsere Gedankenwelt und unsere Liebesbeziehungen. Eros und Religion sind die beiden Grundkräfte des Lebens, die sich heute – nach einer unseligen Geschichte der Trennung und Unterdrückung – vereint erheben und uns dorthin führen, wo sie in einem gemeinsamen Urgrund zusammenfallen und identisch werden.

Kann man das verstehen? Die Menschen haben alles versucht, haben tausend Wege entwickelt, um zu Gott zu kommen, haben gefastet und sich kasteit, haben sich erniedrigt und erhöht, um Gott näher zu sein, haben in der Wüste gehaust oder Kathedralen gebaut, haben alles getan, was sie tun konnten – aber eines haben sie nicht getan: Sie haben nicht das Geschenk der Geschlechterliebe angenommen, haben nicht ihre falschen Tabus korrigiert – obwohl sie gerade darunter besonders gelitten haben. Sie haben den Eros ausgeklammert und bekämpft. Die männliche Religion war gegen den Eros gerichtet, deshalb hat sie so fürchterlich viel Unheil angerichtet. **Eros und Religion gehören** zusammen! Gott ohne Eros wird kalt, starr und grausam, und Eros ohne Gott kann auf Dauer nicht funktionieren, weil er sich verliert in Exzess, Eifersucht und Gewalt. Heute wird viel von „Nachhaltigkeit" gesprochen. Im Sinne der Nachhaltigkeit wünschen wir eine erotische Freude, die ein Leben lang anhält und von unseren Nachkommen fortgeführt wird. Wiedervereinigung von Eros und Religion: Grundlage einer neuen Zivilisation auf unserem Planeten.

4.7 Charta der Lebensrechte für alle Kreatur

Im Zentrum einer Charta für eine planetarische Friedensordnung steht der neue Bund des Menschen mit allen Mitgeschöpfen, das Lebensrecht aller Wesen und die Heiligkeit des Lebens. Die Stützpunkte der Bewegung Terra Nova einigen sich auf folgende Grundsätze:

1. Alle Wesen – Menschen, Tiere, Pflanzen, Stämme und Völker – haben ihren speziellen Sinn und ihre spezielle Funktion im Aufbau der Schöpfung. Alle haben ein Recht auf eine angstfreie Entwicklung.

2. Alle Wesen haben ein Recht auf freie Bewegung, die sie für ihre Entwicklung, ihre Freude, ihre körperliche und geistige Gesundheit brauchen. Sie dürfen nicht gefesselt oder in engen Käfigen gefangen gehalten werden.

3. Alle Wesen haben spezielle Organe für die Entdeckung des Lebens und den Kontakt mit der Welt: Gliedmaßen, Genitalien, Flügel, Hörner, Krallen, Schwänze, Flossen etc. Sie dürfen nicht durch Beschneidung und Verstümmelung daran gehindert werden.

4. Alle Wesen kommen (als Embryonen und Kinder) aus einer Welt der Geborgenheit und des Vertrauens. Alle haben ein Recht darauf, sich ein Leben lang in diesem Vertrauen zu entwickeln. Alle haben ein Recht auf jene fundamentale Gesundheit und Freiheit, die aus dem Vertrauen kommt.

5. Alle Wesen haben ein Recht auf Nahrung und auf diejenigen Lebensbedingungen, durch die sie Nahrung erhalten.

6. Alle Wesen sind mit uns zusammen Teil einer großen Familie des Lebens. Sie sind deshalb unsere Freunde und Partner in einer gemeinsamen Evolution des Lebens.

4.8 Politische Theorie: Feldkräfte und der morphogenetische Weltprozess. Ausbreitung und Wachstum von Terra Nova

Erde und Biosphäre einschließlich der Menschheit bilden zusammen ein Holon, das ist ein offenes holistisches System mit den Eigenschaften eines lebendigen Organismus. Wenn wir an einer Stelle dieses Organismus eine neue Energie oder Information eingeben, wirkt sie im ganzen Organismus. Akupunktur und viele medizinische Applikationen beruhen auf diesem Prinzip. Alle Wesen der Erde sind im „genetischen Biofeld" miteinander verbunden. Wenn in diesen genetischen Kommunikationskreislauf eine neue Information eintritt, wirkt sie verändernd auf das gesamte Feld und bewirkt jenen Vorgang, den wir als „morphogenetischen Weltprozess" bezeichnen. Dies ist der Kern des globalen Heilungskonzeptes, welches wir in Tamera als „Politische Theorie" bezeichnet haben. Wegen der grundlegenden Bedeutung dieses Konzepts wollen wir noch einmal genauer hineinleuchten.

Das Leben ist ein Gewebe, worin alle Teilnehmer, von den Mikroorganismen bis zu den Menschen, auf vielfältige Weise miteinander vernetzt sind. Die Vernetzung der Neuronen im Gehirn, die Vernetzung der Organe im Leib, die Vernetzung der Lebewesen in der Biosphäre, die Vernetzung der Gewässer auf der Erde, die Vernetzung der Moleküle in einer Zelle bis zur Vernetzung der Galaxien im kosmischen Raum – all dies bildet ein multidimensionales System von komplexester Vernetzung, eine Art von kosmischem Internet. Hier werden die Informationen des Lebens erzeugt und übertragen. Überall sind Sensoren und Rezeptoren, welche die Informationen empfangen und weitergeben. Das Netzwerk des Lebens ist ein Netzwerk der Information.

Wenn wir eine neue Information ins Netzwerk geben, dann wirkt sie überall, falls ein geeigneter Empfänger (zum Beispiel das menschliche Gehirn) vorhanden ist. Wenn Informationen und Gedanken eingegeben werden, die von zentraler Bedeutung sind für das Ganze, dann entsteht eine große Wahrscheinlichkeit dafür, dass sie bald überall gedacht werden. Ich vermute, dass dies gerade bei denjenigen Gedanken der Fall sein wird, die heute noch abwegig oder unrealistisch erscheinen mögen, zum Beispiel bei den Gedanken von freier Sexualität, von Kooperation mit Wildtieren, von Kommunikation mit Naturgeistern oder von der Heilbarkeit aller Krankheiten. Wir haben in unserem Projekt gelernt, wie schnell und leicht sich neue Gedanken durchsetzen können, wenn die Kanäle nicht durch Vorurteile blockiert sind. Die Empfänger sind dann offen für neue Gedanken, wenn diese im Sinne der Evolutionslogik zeitgemäß sind. *„Nichts ist mächtiger als eine Idee, deren Zeit gekommen ist,"* sagte Victor Hugo.

Die ganze Evolution folgt dem **Feldgesetz**: Wenn in der Entwicklung des Lebens auf der Erde eine neue Entdeckung gemacht wird, die für die weitere Entwicklung einer Spezies von Bedeutung ist, dann entsteht ein „morphogenetisches Feld": in allen Vertretern dieser Population wirkt ab jetzt die neue Information. In der Evolution des Lebens gab es viele solche Erneuerungen, ohne sie wäre die Entwicklung vom Einzeller zum Menschen nicht möglich gewesen. Bereits die Entstehung der ersten Zelle, die sich aus einer bestimmten Verbindung von Aminosäuren mit anderen organischen Molekülen ergab, erzeugte ein kolossales morphogenetisches Feld, bald wimmelte es in den Ozeanen von Einzellern. Dann kam die Entwicklung des Zellkerns, also eines biologischen Zentrums. Damit war eine neue Stufe im Leben gewonnen, es entstand ein neues „Feld". Jede Stufe bewirkte einen morphogenetischen Feldprozess. Nach jeder Stufe folgte eine neue bis zur Entstehung des Menschen.

Auch die Entwicklung der menschlichen Zivilisation folgt dem Feldgesetz. Unsere sozialen, technischen, wissenschaftlichen Errungenschaften, unsere sexuellen Gewohnheiten, unsere körperlichen Leistungen und Anforderungen folgen dem Feldgesetz, die Entwicklung der monotheistischen Religion, die Erfindung der Dampfmaschine, die Nutzung des Erdöls, die Besteigung des Mount Everest ohne Sauerstoffgerät oder die Verbreitung der abstrakten Malerei sind Beispiele der Feldbildung. **Wenn eine bestimmte Neuerung geleistet wurde, welche für eine bestimmte Population interessant oder wichtig ist, dann braucht diese Neuerung nicht mehr von allen Individuen einzeln erarbeitet zu werden, sondern sie existiert bereits als latente Möglichkeit in greifbarer Nähe und kann abgerufen werden, wenn sie gebraucht wird.** Wenn jemand auf den Fidschi-Inseln ein Auto reparieren will, dann wird er das nach kurzer Anweisung können, weil dafür ein weltweites morphogenetisches Feld besteht.

Sobald die ersten Heilungsbiotope, die ersten Wasser-Retentionslandschaften mit Permakultur und funktionierender Gemeinschaft wirklich funktionieren, werden sie überall auftreten, falls diese Entwicklung nicht mit militärischer Gewalt gestoppt wird. Durch den Aufbau der ersten Heilungsbiotope verdichtet sich ein geistiges Feld auf der Erde, die Noosphäre gerät in einen „angeregten Zustand", es entsteht eine hohe „Auftrittswahrscheinlichkeit" für weitere Heilungsbiotope. Die Information der neuen Kultur wird überall aufgenommen, wo das menschliche Bewusstsein dafür bereit ist. Wir brauchen dafür keine Missionarsarbeit zu leisten; wir müssen aber die Information so weit entwickeln, dass sie „feldfähig" wird. Solange noch innere Widersprüche bestehen, hat die Information noch nicht die „morphogenetische Reife", die sie für ihre Verbreitung braucht. Überall dort, wo sich Menschen in der universellen Lebensschwingung befinden und deshalb klaren Geistes sind, kann die neue Information abgerufen werden. Die Ethik der freien Sexualität, die Symbiose von freier Sexualität und Partnerschaft, die Gebote der objektiven Ethik, die Grundlinien der Nächstenliebe, die Kooperation mit der Natur und die Bilder der heiligen Allianz mit allen Mitgeschöpfen werden überall auf dem inneren Bildschirm erscheinen. Es ist die objektive, universelle Gestalt von Terra Nova. Sobald sie sich an einem ersten Ort manifestiert, kann sie sich überall manifestieren.

Die Frauen aus Istanbul, aus Bolivien und Togo, die im Sommercamp 2013 in Tamera waren, brauchen jetzt viel Unterstützung, um die neue Information an ihren Heimatorten umsetzen zu können. Sie sind Akteure in einem Weltprozess, der nicht mehr zu stoppen ist, weil er getragen ist von der Wahrheit des universellen Lebens. Wir haben die Liebe gespürt, die uns mit diesen Frauen verbunden hat. Es war eine Ahnung jener universellen Liebe, die uns trifft, wenn wir das Bild von Terra Nova sinnlich vor uns sehen. Das Bild steht für die Solidarität und Kooperation aller Völker im weltweiten Aufbau des heiligen Landes. Wir müssen es verbinden mit einem neuen Bild der Geschlechterliebe, in dem freie Liebe und Partnerliebe harmonisch miteinander verbunden sind. Sobald dieses Bild widerspruchsfrei steht, wird es eine morphogenetische Feldbildung auslösen, weil es den Gesetzen der Heiligen Matrix entspricht. Sobald die ersten Heilungsbiotope tatsächlich funktionieren im Sinne einer tiefen Übereinstimmung mit den Gesetzen der Liebe, werden sie sich weltweit durchsetzen, denn Liebe ist etwas, das allen gefällt.

Wo die morphogenetische Feldbildung in Kraft tritt, da wirken besondere „Feldkräfte". Ein kleines Beispiel für die Wirkung von Feldkräften sahen wir beim Feuerlauf. Irgendwo zeigte jemand, dass man barfuß über glühende Kohlen gehen kann. Auf einmal entstand daraus eine Feuerlauf-Bewegung. An vielen Orten wurde der Feuerlauf veranstaltet, und meistens konnten die mutigen Teilnehmer den ca. sieben Meter langen Teppich glühender Kohlen unversehrt überqueren. Weil es irgendwo gelang, gelang es überall. Es waren Feldkräfte, die das Wunder bewirkten. Ohne diese Kräfte hätten sich die meisten Teilnehmer die Füße verbrannt. Die Feldkraft wird durch eine Information gebildet. Im Falle des Feuerlaufs hieß die Information: „Es geht". Ähnliches gilt für die Besteigung des Mount Everest ohne Sauerstoffgerät. Bevor Reinhold Messner es vollbrachte, erschien es unmöglich. Auf einmal gab es die neue Information: „Es geht!" Und viele konnten es!

Und wenn wir einen geistigen Sprung machen, sehen wir, dass es auch im sozialen und sexuellen Bereich gilt. Sobald sich eine Sache herumspricht, dreht sich der innere Schalter von „unmöglich" auf „möglich", von „nein" auf „ja", von „hässlich" auf „wunderbar". Die Variabilität des menschlichen Urteils ist beinahe grenzenlos. In den Feldkräften wirkt eine Kraft, die jenseits subjektiver Beliebigkeiten steht. Es sind keine individuellen Geschmacksfragen, sondern Feldkräfte, die in den folgenden Jahren die freie Sexualität ins Szenarium der planetarischen Gemeinschaft aufnehmen werden. Ähnliches gilt für den gewaltfreien Umgang mit Tieren, für die Abschaffung aller Schlachthöfe, für die Entdeckung der Heiligen Matrix, für den Aufbau der globalen Heilungsbiotope und schließlich für die ganze globale Revolution, welche den Weltprozess des Kapitalismus beendet und an seine Stelle das hochvernetzte System dezentraler autonomer Zentren setzt. Was heute erst ansatzweise in den ersten Gruppen gelingt, wird morgen Kulturgut der ganzen Menschheit sein. Die Erneuerungen im sozialen und sexuellen Bereich werden einen festen Platz im neuen Kulturkanon einnehmen – ebenso wie die Prinzipien einer dezentralen Versorgung mit Wasser, Nahrung und Energie. Unabhängige, freie Gemeinschaften werden auf ihrem Grund und Boden die Prinzipien der autarken Subsistenzwirtschaft befolgen und den Überschuss weitergeben. Es wird keine fremden Mächte mehr geben, die ihr Land verwalten und Geld verlangen für die Nutzung. Der Spuk der Vergangenheit ist vorbei. Wie konnte es dazu kommen??? **Um den Spuk zu beseitigen, muss eine hohe Feldkraft aufgebaut werden für das morphogenetische Feld der Befreiung.**

Über sieben Milliarden Menschen müssen sich neu organisieren. Es sind Feldkräfte, die eine solche kollektive Wandlung möglich machen. Sie werden erzeugt in den Zentren und Projekten, den Bewegungen und Veranstaltungen, die weltweit für den Aufbau von Terra Nova unternommen werden. Die ganze Welt funktioniert mithilfe unsichtbarer Kraftfelder. In der großen Transformation, in der wir uns heute befinden, vollzieht sich ein tiefer Wandel der Kraftfelder. Wir unterwerfen uns nicht mehr einem übermächtigen Gott, sondern wir aktivieren den Gott, den wir in uns tragen. Wir vermehren nicht unsere Kraft, indem wir die Natur beherrschen, sondern indem wir mit ihr kooperieren. Für alle Grundthemen des menschlichen Lebens – von der materiellen Basis bis zu den Seelenbereichen von Eros und Religion – entstehen neue geistige Kraftfelder. Jedes Kraftfeld ist ein Attraktor und wirkt nach dem Prinzip der spirituellen Anziehung. Wer das Kraftfeld der Liebe aufbaut, zieht alles an, was der Liebe dient. Wenn wir das Kraftfeld eines Heilungsbiotops aufbauen, ziehen wir alles an, was dessen Aufbau dient. Die Arbeit, die wir Menschen zu tun haben, ist vor allem der Aufbau geistiger Kraftfelder. Es ist gut, wenn jedes neue Heilungsbiotop eine Schule und eine „Kirche" hat, wo die geistigen Kraftfelder aufgebaut und affirmiert werden. In Tamera machen wir jeden Sonntag eine „Matinee", das ist eine Art weltlicher Gottesdienst, wo die geistigen Grundlagen unserer Arbeit gefestigt werden.

Draußen steht eine große Sonnenblume. Es ist 9 Uhr morgens, ihre Blüte schaut nach Osten. Heute Mittag wird sie nach Süden zeigen, denn sie folgt dem Weg der Sonne. Ihre Bewegung geschieht „von selbst", sie muss sich nicht bemühen. Die schwere Blüte steht im Kraftfeld der Sonne, dadurch braucht sie keine mechanische Kraft und keine Eigenkraft, um die Bewegung zu vollbringen. **Es lohnt sich, hier kurz innezuhalten, denn wir stehen vor dem Wunder der unsichtbaren Kraftfelder und ihrer Wirkung auf die materielle Welt.** Es scheint dem Menschen beinahe alles möglich zu sein, wenn er in der Lage ist, die entsprechenden Kraftfelder aufzubauen. Ein Mann lässt sich zwischen zwei Autos spannen, die dann in entgegengesetzter Richtung losfahren wollen. Sie kommen nicht von der Stelle, denn der Mann hat das Kraftfeld der Unzerreißbarkeit eingeschaltet. Die *story* ist wahr.

Religion, Eros, Liebe, Gemeinschaft, Heimat, Vertrauen, Solidarität und Kooperation sind Grundbegriffe der menschlichen Existenz. Wenn für alle diese Begriffe ein neues Kraftfeld aufgebaut wird, dann haben wir zusammen das Kraftfeld des morphogenetischen Weltprozesses, welcher die neue Zivilisation hervorbringt. Wenn es gelingt, ein weltweites Kraftfeld für Terra Nova zu errichten, dann werden wir den Jubel einer Welt erleben, die zu lange schon unter der Tyrannei falscher Kraftfelder gelitten hat.

TEIL V
TAMERA - EINE GLOBALE FRIEDENSSCHULE

Das Projekt Tamera
"Solange auch nur ein einziges Kind verhungert, ein Tier gequält, ein afrikanisches Mädchen beschnitten, eine Frau vergewaltigt, ein Andersgläubiger misshandelt, ein junger Mensch zum Krieg gezwungen wird, ist diese Welt nicht in Ordnung. Es ist unsere definitive Aufgabe, die Welt von den unsäglichen Schmerzen zu befreien. Wir können immer sagen, das sei eine Illusion. Aber sobald unsere Augen aufgehen, sobald wir sehen, wie die Opfer leiden, sobald wir selbst eines der gequälten Wesen werden, gibt es nur einen einzigen Schrei: den Schrei nach Erlösung." So steht es in einem unserer Gründungstexte.[48]

Und weil wir diesen Schrei kennengelernt haben, haben wir alles unternommen, um eine Antwort zu finden. Das Ausmaß der globalen Gewalt verlangte Methoden der Friedensarbeit, die weit über die gängigen Konzepte hinausgingen. Vor 36 Jahren (im Mai 1978) wurde in Süddeutschland das Projekt mit dem damaligen Namen „Bauhütte" gegründet, aus dem das heutige Projekt „Tamera" in Portugal hervorgegangen ist.

Es war von Anfang an ein interdisziplinäres Forschungsprojekt mit einer innigen Verbindung von Naturforschung, Gemeinschaftsforschung und spiritueller Forschung. Es war eine dauernde Verbindung von Theorie und Praxis. Themen der Sexualität waren so wichtig wie ethische und theologische Fragen. Es ging ja darum, die materiellen, sozialen und geistigen Bedingungen unseres Zusammenlebens so zu gestalten, dass daraus einerseits eine funktionierende Gemeinschaft und andererseits eine verallgemeinerbare Sicht der globalen Friedensarbeit hervorgehen konnte. Im Zentrum unserer Arbeit stand und steht ein neues Bündnis von männlichen mit weiblichen Kräften, eine neue Liebe der Geschlechter, eine neue Kooperation mit den Naturwesen und eine neue Verbindung mit den Kräften und Gesetzen der göttlichen Welt. Ziel ist der Aufbau von „Biosphäre Drei", einem umfassenden Modell regionaler Autarkie in Verbindung mit einer Universität, wo die Grundthemen von Terra Nova erforscht und gelehrt werden sollen. Der interne Unterricht findet im „politischen Ashram" statt.

So turbulent es menschlich oft zuging, so blieb es doch immer ein Forschungsprojekt und ein Friedensprojekt. Wir selbst, die Gründer, mussten unsere eigenen Annahmen und Verhaltensweisen immer wieder korrigieren. Der Konflikt mit der zeitgenössischen Denkwelt war heftig; wir hatten Schwierigkeiten, die schon genannten Verleumdungen und Verfolgungen heil zu überstehen. Auch das gehörte offenbar zum Lehrplan. Die Arbeit aller Mitarbeiter war und ist darauf gerichtet, in allen Konfliktfällen den Gedanken des Friedens und der Heilung zu aktivieren. Das gilt auch für interne Liebesbeziehungen. Beim jetzigen Stand der Projektentwicklung bin ich sicher, dass infolge der bislang geleisteten Arbeit wesentliche Linien für eine kommende Friedenskultur gefestigt werden konnten. Es sind ethische, soziale und ökologische Informationen entstanden, die als Keimkräfte einer kommenden Weltgesellschaft gelten können. Das Projekt orientiert sich in Theorie und Praxis an den Leitlinien, die wir im Abschnitt über den Globalen Campus schon genannt haben und hier kurz in Erinnerung rufen: Wiedereinordnung der Menschenwelt in die übergeordnete Welt des Lebens und der Schöpfung, Aufbau funktionierender Gemeinschaften, Beendigung des Geschlechterkriegs und aller sexuellen Erniedrigungen, Wahrheit in der Liebe, kein Betrug in den Partnerschaften, keine Rache, Grace statt Vergeltung, gewaltfreie Kooperation mit allen Mitgeschöpfen, keine Gewalt gegen Tiere, Heilung des Wassers durch den Bau von Retentionslandschaften, auf dieser Grundlage die Entwicklung von Permakultur und autarker Ernährung, Ausstieg aus der Ölwirtschaft, Entwicklung autarker Energiesysteme, Aufbau dezentraler Subsistenzwirtschaften.

In Tamera leben und arbeiten ca. 160 Menschen. Es gibt ein Kinderzentrum, die „Escola da Esperança" (eine Schule für Kinder und Jugendliche), eine Hochschule für konkrete Utopie und eine Schule für weibliches Friedenswissen. Parallel dazu ein Ökologie-Zentrum, eine Technologie-Abteilung, eine Abteilung für regionale Autarkie, ein experimenteller Hektar für die Kooperation mit sichtbaren und unsichtbaren Wesen, ein

Testfeld für die Entwicklung eines autarken Solarvillage, eine Liebesschule, das Institut für globale Friedensarbeit (IGF) (ein Büro für internationale Vernetzung und Informationsaustausch). All das auf einer Gesamtfläche von 140 ha.

Im Laufe von 36 Jahren (seit 1978) ist ein menschliches und politisches Netzwerk entstanden, welches nicht mehr an menschlichen Konflikten scheitern wird. Es war ein schier unfasslicher, unbegreiflicher, abenteuerlicher Durchlauf, den niemand hätte voraussehen können. Viele sind jetzt nicht mehr dabei, Neue sind dazugekommen. Für alle, die hier mitgewirkt haben, wird es eine bleibende Erinnerung sein. Ich danke allen, die mit uns durch dick und dünn gegangen sind. Einige haben jetzt Kinder, die so alt sind wie sie selbst zur Zeit ihres Eintritts; vier Generationen leben hier zusammen. Ich danke der Gemeinschaft für die Solidarität und den Zusammenhalt, den sie in schwierigen Situationen gezeigt hat, und ich danke unserer geistigen Führung, ohne die wir einige Tiefschläge kaum überstanden hätten. Die Arbeit geht weiter. Vor uns liegt der Aufbau von „Biosphäre Drei", einem hochkomplexen Autarkie-System in Verbindung mit dem Solarvillage, sowie der Bau einer *„universal hall"*, einer Kongresshalle für globale Friedensarbeit. Für die Fortsetzung der Arbeit brauchen wir Fachleute und Gelder. Der morphogenetische Weltprozess ist noch lange nicht zu Ende. Jetzt müssen weitere Kräfte, die Gruppen der Schule Terra Nova und alle Freunde im Netzwerk mithelfen, dass das Werk gelingt.

Im Namen aller Liebenden.
Im Namen der Kinder.
Im Namen aller Kreatur.

Danke und Amen!

Anlässlich der aktuellen Situation noch ein Nachtrag
Die Entwicklungsarbeiten in Tamera stehen heute an einem Punkt, wo wir den schlimmsten Elendsgebieten der Erde ein realistisches Autarkie-Konzept und somit eine feste materielle Grundlage ihrer Autonomie anbieten können. Wir denken an Regionen wie Haiti nach dem Erdbeben von 2010 oder die Philippinen nach dem Taifun im Jahre 2013. Wir brauchen noch einige Spezialisten und Gelder, um die Entwicklungen zur nötigen Reife bringen zu können. In Verbindung mit dem morphogenetischen Feld der neuen Kultur könnten die zerstörten Gebiete in einem neuen Sinn aufgebaut werden. Statt restlos zu verelenden, könnten hier die realen Keimplätze entstehen für die Zivilisation des neuen Zeitalters. Es ist sehr einfach. Diejenigen, die im Völkervergleich die Letzten waren, könnten sich an die Spitze einer neuen planetarischen Entwicklung stellen. Wenn es den internationalen Hilfsorganisationen gelingt, die neuen ökologischen und sozialen Gedanken dort umzusetzen, sind diese Gebiete angeschlossen an das Kraftfeld von Terra Nova. Sie befinden sich somit – nach Jahrhunderten von Versklavung und Ausbeutung – am Anfang einer neuen Evolution in Richtung Autonomie, Freiheit und Mitgliedschaft in der neuen planetarischen Gemeinschaft. In diesem Zusammenhang bitten wir um finanzielle Unterstützung für unseren Welthilfe-Fond, mit dem es lernbereiten Menschen aus Krisengebieten ermöglicht wird, nach Tamera zu kommen, den Aufbau dezentraler Autarkie-Modelle zu erlernen und in ihren Heimatländern umzusetzen.

Die Journalistin Leila Dregger hat ein Buch über Tamera geschrieben. Darin lesen wir:
„Wenn man heute nach Tamera geht, wandert man durch eine Kaskade von Seen und Teichen, an deren Ufern die Permakultur-, Lehr- und Versorgungsgärten gedeihen. In den nächsten Jahren soll die Wasserlandschaft erweitert werden, so dass auch auf den Hügeln wieder Wald wächst und die Bäume gesund werden.
Die Sommerküche des Testfeldes für ein Solarvillage demonstriert technische Möglichkeiten, mit Sonnenenergie und Biogas zu kochen, Strom zu erzeugen, Lebensmittel haltbar zu machen

und Wasser zu pumpen. Fast alle Anlagen wurden in eigenen Werkstätten gefertigt. Im Forschungsgewächshaus werden neue Technologien erprobt, die den Siedlungen der Zukunft die völlige Unabhängigkeit von zentralen Versorgungssystemen bieten sollen.

An Baustellen werden einfache, traditionelle Bautechniken mit modernen Architekturkonzepten verknüpft. In Seminarräumen studieren die Teilnehmer der Friedensausbildung. Musik- und Theatergruppen proben ihre Auftritte auf den Bühnen der Aula. Die Teilnehmer der „Jugendschule für globales Lernen" werden von jungen Erwachsenen unterrichtet, die vor wenigen Jahren noch selbst hier Schüler waren.

Frauen und Männer aus verschiedenen Ländern und Kulturen arbeiten zusammen und helfen bei der Errichtung der Anlagen. Sie bringen ihr Wissen und ihre Erfahrung ein und sammeln Erkenntnisse für den Aufbau autarker Siedlungen in ihrer Heimat.

Das Wichtigste bei allem ist das Zusammenkommen. So arbeiten Menschen Hand in Hand, die in anderer Umgebung gelernt haben, sich als Feinde wahrzunehmen, zum Beispiel aus Palästina und Israel. Durch die gemeinsame Arbeit für ein Ziel, das beiden Seiten wichtiger ist als ihr Konflikt, hat Feindschaft keinen Platz mehr, statt dessen sind Verantwortung für das Ganze und gegenseitige Unterstützung die ethischen Grundlagen für das Zusammenleben in Tamera. (...)

Durch diese Kombination entsteht ein weltweites Netzwerk von Gruppen und Initiativen, die mit Tamera verbunden sind, das Wissen in ihre Projekte einbringen oder ähnliche Projekte aufbauen wollen. In eine solche planetarische Perspektive investieren junge Menschen ihre ganze Kraft und Freude gern.

Schauen wir nun auf den Globus. Richten wir den Blick nicht auf die jetzigen Ballungszentren, sondern dorthin, wo die neuen Friedenszentren entstehen. Wenn wir fein hinschauen, entdecken wir die Zeichen eines globalen Aufbruchs. Noch auf leisen Sohlen, behutsam, aber doch unaufhaltsam bildet sich eine mächtige Bewegung – eine Bewegung der Verbundenheit mit der Natur, der Versöhnung untereinander und der Gewissheit einer anderen Zukunft. Eine Bewegung für eine freie Erde." [13]

Tamera in Bildern

Sabine Lichtenfels, Mitbegründerin von Tamera, Leiterin der Globalen Liebesschule

Dieter Duhm, Mitbegründer von Tamera, Initiator des „Plans der Heilungsbiotope"

In der Aula von Tamera

Bau einer Biogasanlage mit Thomas Culhane (li.) in Tamera

Solarvillage Testfeld in Tamera

Vasamalli Kurtaz, Repräsentantin des Stammes der Todas (Indien), bereitet mit den Kindern von Tamera ein indisches Gericht zu

Kindertheater „Der schwarze Schatten und das Rästel des Burgfräuleins"

Vor (oben) und nach (rechts oben) dem Anlegen der Wasserretentionslandschaft von Tamera

Bau eines Retentionsraums

Retentionslandschaft nach Anlegen von „See 1"

Blick in die sich erholende Natur von Tamera

Grace-Pilgerschaft in Israel-Palästina

Grace-Pilgerschaft in Kolumbien

Steinkreis bei Évora, Portugal

Tibetanische Lamas geben Segnung an Sabine Lichtenfels in Tamera

SD-Forum während eines Kunstkurses

Innere und äußere Bewegungen im SD-Forum

Mutübungen in einer Studiengruppe

Kunstkurs

Wir lieben Schweine

Olivenernte in Tamera

Nach der Ernte

 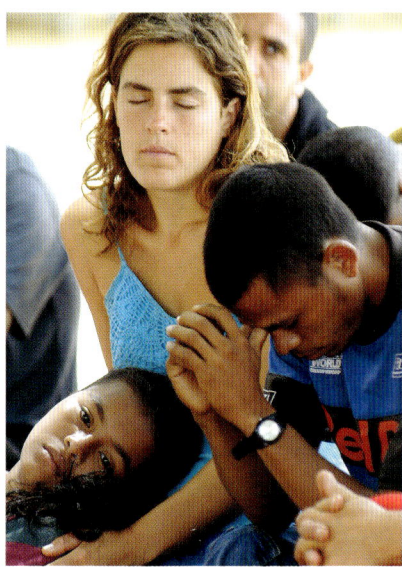

Globaler Campus in einem Slum von São Paulo, Brasilien

Andacht, Globaler Campus, Tamera

Begegnung mit dem Militär, Globaler Campus, Kolumbien

Teilnahme und weitere Informationen

Alle, die die Gedanken dieses Buches vertiefen und an ihrer Verwirklichung mitarbeiten wollen, sind eingeladen, sich der Bewegung Terra Nova anzuschließen. Sie sorgt dafür, dass die hier vorgestellte Zukunftsperspektive ins öffentliche Bewusstsein gelangt, dass sie weitergegeben wird von Mensch zu Mensch, durch alle möglichen Medien und kreativen Aktionen.

Wer eine Studiengruppe gründen oder sich einer solchen anschließen möchte, ist eingeladen an der Schule Terra Nova teilzunehmen. Die Schule Terra Nova ist ein weltweites Netzwerk von lokalen Studiengruppen in verschiedenen Ländern und Städten. Gemeinsam studieren sie die Grundgedanken von Terra Nova, folgen einem gemeinsamen ethischen Code der Friedensarbeit und bauen nach und nach Treffpunkte für die Bewegung auf.

Wir freuen uns über weitere TeilnehmerInnen und AktivistInnen für Terra Nova und über alle Formen der Unterstützung bei der Umsetzung dieses globalen Friedensplans!

Helfen Sie mit!

Mehr Informationen:
Institut für globale Friedensarbeit c/o Tamera
Monte do Cerro • P 7630-303 Colos, Portugal
Tel: +351 - 283 635 484 • eMail: igf@tamera.org
www.tamera.org • www.terra-nova-school.org

Der „Plan der Heilungsbiotope" ist auf finanzielle Unterstützung angewiesen. Wir danken allen, die es durch ihre Spende ermöglichen, den Plan umzusetzen.

Spendenkonto:
Kontoinhaber: Grace-Stiftung zur Humanisierung des Geldes
Bank: Raiffeisenbank Zürich (PC-Konto der Bank: 87-71996-7)
Clearing 81487

Für Überweisungen in Euro:
Kto.Nr.: 92188.69
IBAN: CH9881487000009218869
BIC: RAIFCH22

Für Überweisungen in CHF:
Kto.Nr.: 92188.56
IBAN: CH6181487000009218856
BIC: RAIFCH22

Über den Autor

Dr. Dieter Duhm, geb. 1942 in Berlin. Kunsthistoriker, Psychoanalytiker und promovierter Soziologe. Als Jugendlicher engagiert er sich einige Jahre in der Aktion „Brot für die Welt", wird ab 1967 Aktivist in der deutschen Studentenbewegung. Er verbindet den Gedanken der politischen Revolution mit dem der individuellen Befreiung, wird bekannt durch sein Buch „Angst im Kapitalismus". Prozesse wegen Landfriedensbruch, Amnestie durch Bundespräsident Heinemann. Einige Jahre Arbeit in der marxistischen Linken, danach Streifzüge durch Landkommunen und Alternativprojekte. Zwei Jahre psychoanalytische Praxis, die er mit politischen Inhalten verbinden und in kollektive Heilungsarbeit übersetzen möchte. Drei Professur-Angebote, die er ablehnt. Es folgten einige Besuche auf dem österreichischen Friedrichshof, geleitet von dem Künstler Otto Mühl. Dort führte er eine ideologische Auseinandersetzung, die zu einer endgültigen Trennung führte. 1976 geht er für fünf Monate in eine Einsiedelei in Niederbayern, um nachzudenken. Ab Frühjahr 1978 Aufbau des Projekts „Bauhütte". Neben ökologischer Pionierarbeit Einführung der freien Sexualität, was in der deutschen Öffentlichkeit zu den heftigsten Verleumdungen führte. Es folgte ein langjähriges öffentliches Redeverbot und ein Verbot der „Duhm-Bücher" in vielen linken Buchläden. Wegen der öffentlichen Verleumdungen 1990 Umzug nach Lanzarote, wo er verstärkt seinem Hang zur Malerei folgt, und 1995 nach Portugal, wo er mit seiner Partnerin Sabine Lichtenfels zusammen das Projekt „Tamera" aufbaut, ein Zentrum für konkrete Utopie und internationale Friedensarbeit. Veröffentlichung des Buches „Die Heilige Matrix", Aufbau des „politischen Ashrams", der Friedensschule von Tamera. Heute leitet er die Abteilung für Kunst und Heilung – und arbeitet zusammen mit Sabine Lichtenfels und einigen anderen am Masterplan einer planetarischen Friedensgemeinschaft.

Weitere Informationen: www.dieter-duhm.com

Literatur

1. Abrams, Douglas: Das geheime Tagebuch des Don Juan (Heyne)
2. Alexandersson, Olof: Lebendes Wasser. Über Viktor Schauberger und eine neue Technik, um unsere Umwelt zu retten (Ennsthaler)
3. Bloch, Ernst: Das Prinzip Hoffnung (Suhrkamp)
4. Bohm, David u. Möhring K.-U.: Die implizite Ordnung (Goldmann)
5. Briggs, John u. Peat F.D.: Die Entdeckung des Chaos (dtv)
6. Bumb, Birger u. Möller, B. (Hrsg.): Sommercamp im Wilden Westen. Bleibt freie Liebe Utopie? (Texte des Projekts und Dokumente der Sektenkampagne) (Verlag Meiga)
7. Caddy, Peter: Liebe und Vertrauen. Neue Wege zum Bewusstsein (Aquamarin)
8. Chardin, Teilhard de: Der Mensch im Kosmos (Beck)
9. Dahl, Jürgen: Der unbegreifliche Garten und seine Verwüstung (Klett-Cotta)
10. Deschner, Karlheinz: Das Kreuz mit der Kirche (Econ)
11. Duhm, Dieter: Die Heilige Matrix (Verlag Meiga)
12. Duhm, Dieter: Der unerlöste Eros (Verlag Meiga)
13. Dregger, Leila: Tamera. Ein Modell für die Zukunft (Verlag Meiga)
14. Estés, Clarissa: Die Wolfsfrau (Heyne)
15. Fukuoka, Masanobu: Der große Weg hat kein Tor (Pala)
16. Geusen, Madjana: Der heilige Gral des Mannes ist die Frau. Gemälde, Zeichnungen und Texte von Dieter Duhm (Verlag Meiga)
17. Herrigel, Eugen: Zen und die Kunst des Bogenschießens (O.W. Barth)
18. Hillesum, Etty u. Gaarlandt, J.G.: Das denkende Herz (Rowohlt)
19. Kleinhammes, Sabine (Hrsg.): Rettet den Sex. Ein Manifest von Frauen für einen neuen sexuellen Humanismus (Verlag Meiga)
20. Lanchero, J. Eduar: El caminar de la resistencia: una búsqueda histórica (Editorial Códice)
21. Lichtenfels, Sabine: Grace. Pilgerschaft für eine Zukunft ohne Krieg (Verlag Meiga)
22. Lichtenfels, Sabine: Quellen der Liebe und des Friedens. Morgenandachten (Synergie bei Verlag Meiga)
23. Lichtenfels, Sabine: Tempel der Liebe. Reise in das Zeitalter der sinnlichen Erfullung (Verlag Meiga)
24. Lichtenfels, Sabine: Traumsteine. Reise in das Zeitalter der sinnlichen Erfüllung (Hugendubel)

25. Lichtenfels, Sabine: Weiche Macht. Perspektiven eines neuen Frauenbewusstseins und einer neuen Liebe zu den Männern (Verlag Meiga)
26. Long, Barry: Sexuelle Liebe auf göttliche Weise (MB Verlag)
27. Lusseyran, Jacques: Das wiedergefundene Licht (dtv)
28. Lusseyran, Jacques: Ein neues Sehen der Welt (Verlag Freies Geistesleben)
29. Margulis, Lynn: Die andere Evolution (Spektrum Akademischer Verlag)
30. Meister Eckhart u. Quint, J.: Buch der göttlichen Tröstung (Insel Verlag)
31. Miller, Alice: Abbruch der Schweigemauer (Hoffmann und Campe)
32. Miller, Alice: Am Anfang war Erziehung (Suhrkamp)
33. Mulford, Prentice: Unfug des Lebens und des Sterbens (Fischer)
34. Peace Pilgrim: Schritte zum inneren Frieden (erhältlich im Internet)
35. Reich, Wilhelm: Massenpsychologie des Faschismus (Kiepenheuer & Witsch)
36. Reich, Wilhelm: Christusmord (Zweitausendeins)
37. Satprem: Der Sonnenweg (Institut für Evolutionsforschung)
38. Satprem: Der kommende Atem (Daimon)
39. Schauberger, Viktor: Das Wesen des Wassers (AT Verlag)
40. Schmidt, K.O.: So heilt der Geist (Drei Eichen Verlag)
41. Schubart, Walter: Religion und Eros (Beck)
42. Schwenk, Theodor: Das sensible Chaos (Verlag Freies Geistesleben)
43. Storl, Wolf Dieter: Streifzüge am Rande Midgards (Koha)
44. Talbot, Michael: Das holografische Universum (Droemer/Knaur)
45. Thomas, Claude AnShin: Krieg beenden, Frieden leben (Theseus)
46. Tolle, Eckhart: Eine neue Erde: Bewusstseinsprung anstelle von Selbstzerstörung (Goldmann – Arkana)
47. Villon, François: Die lasterhaften Balladen und Lieder des François Villon. Nachdichtung von Paul Zech (dtv)
48. Winiecki, Martin (Hrsg.): Grundsteine legen für eine neue Zivilisation. Beiträge zur Perspektive der globalen Revolution. Studientexte der Schule Terra Nova (Verlag Meiga)
49. Ywahoo, Dhyani: Am Feuer der Weisheit (Theseus)